Programme 2016

La grammaire au jour le jour

CE2-CM1 CM1-CM2 CE2-CM1-CM2

Françoise Picot
Inspectrice de l'Éducation nationale honoraire

lea.fr Nathan

Une méthode testée en classe

Cette méthode de grammaire conçue par Françoise Picot a été testée en classe par 17 enseignants.
Inscrits sur le portail pédagogique ***Lea.fr***, ils ont mis en œuvre dans leur classe les séquences proposées, suggéré des modifications, complété les exercices. Ce travail collaboratif a donné lieu à de nombreux échanges entre pairs, par exemple au sujet de la demarche de transposition de texte, de collecte, ou autour des résultats obtenus par leurs élèves lors des évaluations.

L'auteure et l'éditeur tiennent à remercier :
Sébastien Alain, Flora Baret, Olivier Bernolin, Aurélie Bourdaud'hui, Stéphanie Collard, Céline Costy, Valérie Dechaume, Cindy Demailly, Marie-Chritine Dreux, Céline Evrard, Isabelle Lefol-André, Isabelle Lemoine, Chantal Maghsoudian, Adam Niesser, Claire Patte, Michaël Pierret, Christelle Romer.

@bonnez-vous et retrouvez des documents de l'ouvrage à télécharger sur le portail Lea.fr

Rendez-vous sur le portail Lea.fr / Communauté pédagogique / Travail collaboratif / La grammaire au jour le jour CE2-CM1-CM2 à l'adresse suivante :
http://lea.nathan.fr/actualite/la-grammaire-au-jour-le-jour-le-chimpanze

Cliquez sur :
Je m'abonne > Offres d'abonnement et, en bas de page, ***Activez votre code d'abonnement multi-accès.***
Vous pourrez intégrer le groupe de travail collaboratif du l'ouvrage et y découvrir toutes les ressources supplémentaires mises à votre disposition :

en format Word :
- les textes de chaque période ;
- les textes transposés ;
- les exercices ;
- les évaluations.

en format PDF :
- les collectes ;
- les 3 cahiers de l'élève.

Vous pourrez également dialoguer avec l'auteure et l'interroger.

Lea.fr

Avec cet ouvrage, vous bénéficiez d'une offre découverte : **un mois d'accès illimité offert au portail pédagogique.**
L'École Aujourd'hui est un portail pédagogique à destination des enseignants de l'école primaire. Il propose des ressources pédagogiques, des conseils métiers, des espaces d'échanges entre paris et avec les auteurs, des actualités sur le monde éducatif.

Comment activer votre accès d'un mois offert ? **Contactez la rédaction : contactlea@nathan.fr.**
Vous recevrez en retour de mail un code d'activation de votre abonnement d'un mois.

Coordination éditoriale : Catherine Bourges
Relecture : Anne Martinetti
Conception graphique : Sophie Auvin
Couverture : Élodie Breda

MIXTE
Papier issu de sources responsables
FSC www.fsc.org FSC® C022030

 • 25 avenue Pierre de Coubertin - 75013 Paris • ISBN : 978-209-124336-8

Sommaire

Guide pédagogique

Séquences

Les cahiers de l'élève

Présentation de l'ouvrage

Cet ouvrage est conçu pour les classes
ayant des cours multiples.

Il s'adresse aux élèves de cycle 2 (CE2) et de cycle 3 (CM1-CM2).
Il s'appuie sur les connaissances et compétences associées des nouveaux programmes 2016 du cycle 2 et du cycle 3, et prend en compte la démarche suggérée pour chacun des cycles.

Une démarche très structurée pour travailler jour par jour
avec les élèves de CE2, CM1 et CM2.

Cette démarche regroupe des activités de grammaire, de morphologie verbale et d'orthographe grammaticale, en lien étroit avec la lecture et l'écriture.
Chaque séance prévue sur quatre jours dans la semaine dure entre 45 minutes et une heure.

Le travail grammatical est organisé sur cinq périodes de sept semaines,
la septième semaine étant réservée à des exercices et à l'évaluation.

- **Les différentes activités sur une semaine :** lecture du texte ; transposition du texte en changeant le temps ou la personne ; activités sur les phrases ; activités sur les groupes nominaux ; travail de vocabulaire ; travail de production écrite.

- **Des étapes spécifiques :** la transposition de texte pour consolider la compréhension ; les collectes pour catégoriser ; les activités pour structurer les apprentissages.

Les activités sont clairement différenciées
pour chaque niveau :

CE2 **CM1** **CE2/CM1** **CM2** **CM1/CM2** **CE2/CM1/CM2**

Cet ouvrage est conforme à la nouvelle orthographe
www.orthographe-recommandee.info

Guide

pédagogique

[illegible] …yant des cours multiples et s'adresse aux élèves de cycle 2 (CE2) et de cycle 3 [illegible] …ances et compétences associées du programme de Cycle 2 et du programme de [illegible] …ggérée pour chacun des cycles qui sont reprises dans cet ouvrage.

[illegible] …e la langue
[illegible] …ogrammes 2016

[illegible] …re

[illegible] …tifs de l'étude de la langue sont clairement énoncés. Ils sont liés à la **lecture** et à [illegible] …s acquises permettent de traiter des problèmes de compréhension et des problèmes [illegible] …e de la langue est mise au service des activités de compréhension de textes et [illegible] …dence des régularités et de commencer à construire le système de la langue ».

[illegible] … avec le socle commun

[illegible] …dans ses composantes traditionnelles (grammaire – conjugaison – vocabulaire – [illegible] …spondant aux domaines du **socle commun.** Des **connaissances grammaticales** [illegible] …es (en bleu ci-dessous) et ce sont ces connaissances et compétences associées [illegible]

[illegible] …67/3/2015_programmes_cycles234_4_12_ok_508673.pdf

Sept compétences des domaines 1 et 2 du socle sont travaillées au cycle 2

- **Maitriser** les relations entre l'oral et l'écrit.
- **Mémoriser et se remémorer** l'orthographe de mots fréquents et de mots irréguliers dont le sens est connu.
- **Identifier** les principaux constituants d'une phrase simple en relation avec sa cohérence sémantique.
- **Raisonner** pour résoudre des problèmes orthographiques, d'accord essentiellement.
- **Comprendre** comment se forment les verbes et orthographier les formes verbales les plus fréquentes (lien avec l'écriture).
- **Identifier** des relations entre les mots, entre les mots et leur contexte d'utilisation ; s'en servir pour mieux comprendre (lien avec la lecture et l'écriture).
- **Étendre** ses connaissances lexicales, mémoriser et réutiliser des mots nouvellement appris.

Cinq compétences des domaines 1 et 2 du socle sont travaillées au cycle 3

- **Maitriser** les relations entre l'oral et l'écrit.
- **Acquérir** la structure, le sens et l'orthographe des mots.
- **Maitriser** la forme des mots en lien avec la syntaxe.
- **Observer** le fonctionnement du verbe et l'orthographier.
- **Identifier** les constituants d'une phrase simple en relation avec sa cohérence sémantique.

La répartition par cours

Les différentes connaissances associées aux compétences sont données pour l'ensemble du cycle. Néanmoins des repères de progressivité au cycle 2 distinguent bien ce qui relève plus particulièrement du CP par rapport au CE1-CE2. De même, au cycle 3, les repères de progressivité distinguent ce qui concerne d'une part le CM et d'autre part la 6e.

C'est le **conseil de cycle** qui décide ensuite de la répartition des contenus grammaticaux entre le CE1 et le CE2 ou entre le CM1 et le CM2. Dans cet ouvrage, une répartition de ces contenus est proposée et résulte d'un choix de l'auteure. Étant donné la manière dont les contenus grammaticaux sont travaillés, il est tout à fait possible de faire un autre choix et de faire glisser les séquences de structuration d'un cours à l'autre.

Une démarche

Certains principes énoncés, les activités proposées en regard des compétences associées induisent une démarche active de construction des connaissances grammaticales basée sur la manipulation de la langue, la mémorisation et allant de l'acquisition implicite à la structuration et au réemploi en situation de lecture et d'écriture.

Ainsi, au cycle 2, comme au cycle 3 les élèves trient, classent, comparent, manipulent les énoncés, établissent des régularités, catégorisent, mémorisent, structurent leurs connaissances et acquièrent des mots du langage spécialisé, s'entrainent et consolident leurs acquis dans des situations de lecture et de productions d'écrits.

Les attendus de fin de cycle

Les activités proposées dans l'ouvrage et la démarche mise en œuvre contribuent à la maitrise des attendus de fin de cycle. Il conviendra cependant de proposer aux élèves des activités complémentaires d'orthographe lexicale notamment autour de la mémorisation de mots.

Cycle 2

- **Orthographier** les mots les plus fréquents (notamment en situation scolaire) et les mots invariables mémorisés.
- **Raisonner** pour réaliser les accords dans le groupe nominal d'une part (déterminant, nom, adjectif), entre le verbe et son sujet d'autre part (cas simples : sujet placé avant le verbe et proche de lui ; sujet composé d'un groupe nominal comportant au plus un adjectif).
- **Utiliser** ses connaissances sur la langue pour mieux s'exprimer à l'oral, pour mieux comprendre des mots et des textes, pour améliorer des textes écrits.

Cycle 3

- **En rédaction** de textes dans des contextes variés, maitriser les accords dans le groupe nominal (déterminant, nom, adjectif), entre le verbe et son sujet dans des cas simples (sujet placé avant le verbe et proche de lui, sujet composé d'un groupe nominal comportant au plus un adjectif ou un complément du nom ou sujet composé de deux noms, sujet inversé suivant le verbe) ainsi que l'accord de l'attribut avec le sujet.
- **Raisonner** pour analyser le sens des mots en contexte et en prenant appui sur la morphologie.

L'orthographe de cet ouvrage est conforme aux rectifications orthographiques publiées par le journal officiel de la République française le 6 décembre 1990.

II. Apports théoriques en grammaire

Ces apports théoriques sont nécessaires pour comprendre la grammaire que les programmes demandent d'enseigner, une grammaire centrée sur des régularités à mettre en évidence et le système de la langue qu'il faut comprendre.
Dans ces apports théoriques, seul ce qui est au programme du cycle 2 et du CM est mentionné et développé.

1. Des définitions de la phrase

- **Une phrase, à l'oral,** est délimitée par deux pauses importantes et marquée par une intonation qui varie avec le type de phrase.
- **Une phrase, à l'écrit,** est une suite de mots délimitée par une majuscule initiale et se terminant par un point.
- **La phrase peut être définie** par sa cohérence sémantique : de quoi on parle, ce qu'on en dit.
- **La phrase est une suite de mots** entretenant entre eux des relations conformes à des règles de grammaire.
- **Une phrase est associée** à un acte de langage déterminé avec une structure syntaxique, une morphologie et une intonation spécifique : déclarer, questionner, exprimer un sentiment, une émotion, donner un ordre…
- **Une phrase est à la forme affirmative ou négative.**

2. Les groupes qui constituent la phrase simple

Trois niveaux d'analyse de la phrase simple.

a) Sur le plan sémantique

[Le chat] [guette une souris].
Le chat → de quoi on parle ; guette une souris → ce qu'on en dit

On peut ajouter des précisions indiquant ***où, quand, comment,*** etc.

[Le chat] [guette une souris] [dans le grenier].
dans le grenier → où le chat guette une souris

b) Sur le plan de la syntaxe

[Le chat] [guette une souris].
Le chat → sujet ; guette une souris → prédicat

À ces deux groupes peut s'ajouter un troisième groupe **facultatif** dont la fonction est d'être **complément de phrase** ; le complément de phrase peut être déplacé et occuper ainsi différentes positions dans la phrase.

[Dans le grenier], [le chat] [guette une souris].
Dans le grenier → complément de phrase

[Le chat] [guette une souris] [dans le grenier].   [Le chat], [dans le grenier], [guette une souris].

c) Sur le plan de la nature

Dans le premier groupe dont la fonction dans la phrase est d'être **sujet,** l'élément essentiel est le nom : c'est un **groupe nominal.**

Dans le deuxième groupe, dont la fonction dans la phrase est d'être **prédicat,** l'élément essentiel est le verbe : c'est un **groupe verbal.**

Le troisième groupe est un groupe introduit par une préposition : c'est un **groupe prépositionnel.**

3. Les caractéristiques du sujet

Les caractéristiques du sujet sont les suivantes :

- le sujet **indique** de quoi on parle dans la phrase ;
- le sujet est le **premier constituant** de la phrase simple ;
- il **régit l'accord du verbe** en personne et en nombre (en genre dans les temps composés) ;
- le sujet peut-être encadré par ***c'est... qui*** ;
- le sujet peut être un nom propre, un groupe nominal ou un pronom.
- le sujet est le plus souvent placé juste avant le verbe mais il peut être plus ou moins éloigné du verbe ou être situé derrière le verbe.

4. Le groupe verbal

Le groupe verbal est le deuxième constituant de la phrase simple. Il a le rôle de prédicat dans la phrase. Le groupe verbal peut être constitué d'un verbe seul ou d'un **verbe** suivi d'un ou plusieurs compléments du verbe qui lui apportent un complément de sens.
Ces **compléments du verbe** ne peuvent être ni placés en début de phrase ni supprimés sans changer le sens de la phrase ou alors, il faut les remplacer par des pronoms. Le complément du verbe est rattaché directement ou indirectement au verbe. Le verbe peut être suivi d'un ou deux compléments du verbe.

Le chat guette une souris.

La fillette téléphone à son frère.

Ce garçon offre des fleurs à sa mère.

Les touristes vont à Paris.

Certains verbes dont le plus fréquent est le verbe ***être*** peuvent être suivis d'un adjectif ou d'un groupe nominal attribut du sujet.

Les baleines sont des mammifères.

Les baleines sont énormes.

5. Le groupe nominal

- Le groupe nominal est composé d'un déterminant et d'un nom. Ce nom noyau peut être accompagné d'un adjectif ou d'un autre groupe nominal qui complète le nom noyau : ***une bouteille pleine – une bouteille d'eau***
- Le groupe nominal peut être sujet, complément de phrase ou complément du verbe précédé ou nom d'une préposition, attribut du sujet, complément d'un nom.
- Le groupe nominal porte les marques de genre et de nombre du nom.

6. Les manipulations syntaxiques

Les manipulations syntaxiques permettent d'analyser la phrase et de mettre en évidence les caractéristiques des éléments qui la composent.
Il y a cinq manipulations syntaxiques fondamentales auxquelles les programmes ajoutent la pronominalisation :
effacement – déplacement – remplacement – addition – encadrement

L'effacement permet de repérer si un groupe de la phrase est obligatoire ou facultatif, si un mot du groupe nominal est obligatoire ou non. Le complément de phrase est effaçable. L'adjectif et le complément du nom sont effaçables.

Anaïs | a fêté son anniversaire | à l'école.
Anaïs | a fêté son anniversaire.
un large chapeau de soleil – un chapeau

L'addition consiste à ajouter un mot ou un groupe de mots dans une phrase pour l'enrichir.

Anaïs | a fêté son anniversaire.
La semaine dernière, Anaïs | a fêté son anniversaire | à l'école.
un chapeau – un joli chapeau de paille

Le déplacement permet de savoir si un groupe ou un mot peut être changé de place (notamment placé en début de phrase) dans une phrase sans nuire à la syntaxe de celle-ci. Le complément de phrase est déplaçable. Le complément du verbe ne peut pas être placé en début de phrase.

La semaine dernière, Anaïs | a fêté son anniversaire.
Anaïs | a fêté son anniversaire | la semaine dernière.
une large fenêtre avec des rideaux – une fenêtre

Le remplacement consiste à remplacer un mot ou un groupe de mots dans une phrase afin de mieux l'analyser. Il permet de déterminer les fonctions et les classes de mots et de délimiter un groupe.

La semaine dernière, Anaïs | a fêté son anniversaire.
Mardi, Anaïs | a fêté Mardi-Gras.

une large fenêtre avec des rideaux
une grande fenêtre à trois vitrages
une grande fenêtre vitrée

L'encadrement consiste à encadrer un groupe par ***c'est... qui (ce sont... qui)*** et permet ainsi d'identifier le sujet.

La chienne des voisins aboie toute la journée.
C'est la chienne des voisins qui aboie toute la journée.

La pronominalisation consiste à remplacer un groupe nominal par un pronom. Elle aide à l'identification du sujet et des compléments du verbe.

La corne des rhinocéros pousse sur l'os du nez.
Elle pousse sur l'os du nez.

Il connait cette chanson. Il la connait.
Elle parle à ses frères. Elle leur parle.
Il mange du pain. Il en mange.
Vous partez à Londres. Vous y partez.

7. Les classes de mots

Chaque mot appartient à une classe. La classe de mots est un ensemble qui comporte tous les mots pouvant se substituer les uns aux autres dans une phrase même si on en change le sens.

Le	*garçon*	*découpe*	*une*	*étoile*	*dans*	*un*	*carton*	*blanc.*
Cette	*fille*	*accroche*	*la*	*décoration*	*à*	*la*	*branche*	*cassée.*
Elle		*attache*	*la*	*boule*	*avec*	*une*	*ficelle*	*solide.*

Les programmes parlent au cycle 2, de noms, verbes, déterminants, adjectifs, pronoms, mots invariables, au cycle 3 de noms, verbes, déterminants, adjectifs, pronoms.

8. Les caractéristiques du verbe

- Le verbe est l'élément fondamental du groupe verbal.
- Il se reconnait par ses variations de forme : c'est un mot qui se conjugue, il reçoit des marques liées au nombre, au temps, à la personne, au genre (temps composés). Le verbe connait des variations de radical.
Dans les programmes les verbes sont classés par rapport à la terminaison de leur infinitif : ***-er, -dre, -oir, -ir…***
- Suivant sa construction, un même verbe peut avoir des sens différents : ***jouer avec – jouer à – manquer à – manquer de – etc.***

9. La morphologie du verbe (conjugaison)

- **Une forme verbale** se décompose en deux parties : le radical et la terminaison.
*parlait : **parl-*** radical, ***-ait*** terminaison
- **Le radical** est l'élément qui porte le sens lexical du verbe. Certains verbes ont un radical unique comme la plupart des verbes en ***-er,*** mais beaucoup de verbes, et ce sont les plus fréquents, ont un radical qui prend plusieurs formes.
- **La terminaison** (désinence) qui se « colle » au radical apporte des informations sur la personne, le nombre et le temps. Ainsi dans ***chantait, –ai–*** marque de l'imparfait, ***–t*** marque de la 3e personne du singulier.
- **Les formes simples** du verbe sont constituées d'un radical et d'une terminaison ; les formes composées sont formées d'un auxiliaire *(**être** ou **avoir**)* et d'un participe passé (radical du verbe et une voyelle suivie ou non d'une consonne : ***é – u – i – it – is***). Quelques verbes ont un participe comme ***fait*** terminé par une consonne sans voyelle caractéristique.
- **Les programmes** proposent d'approcher l'aspect verbal (valeur des temps) à travers l'emploi des verbes dans les textes lus ou produits ; les temps de l'indicatif ont une valeur temporelle, ils situent ce qu'exprime le verbe dans le passé, le présent ou l'avenir. Le temps d'un verbe peut aussi présenter ce qu'exprime le verbe dans son déroulement, en cours de réalisation ou non encore accompli (présent, imparfait, passé simple, futur) ou comme achevé (passé composé).
- **Le présent** indique un événement ou un état de choses contemporain du moment où il est énoncé par l'auteur, le narrateur ou un personnage. Le présent est employé aussi pour exprimer des faits toujours vrais ou des faits répétitifs :
En hiver, il fait froid. Je me lève à six heures tous les jours.
Le présent historique ou de narration est utilisé pour évoquer des faits passés, qu'ils soient réels ou fictifs :
Au temps de la Préhistoire, les hommes chassent et pêchent pour se nourrir.
Le présent de narration est utilisé pour raconter une histoire réelle ou fictive afin de la rendre plus vivante.
- **L'imparfait** est un temps du passé. Il présente l'arrière-plan d'un récit : la description du décor, la présentation, le portrait des personnages. Il est employé aussi pour raconter des actions répétées ou habituelles, pour donner des explications ou pour raconter des actions qui ne sont pas délimitées dans le temps.
- **Le passé composé** est utilisé pour raconter un événement vécu et terminé. Il est aussi employé dans les récits de fiction à la place du passé simple pour les rendre plus vrais et plus proches du lecteur.
- **Le passé simple** est un temps du passé, il est employé dans un récit essentiellement à la 3e personne, il présente les actions ou les états de premier plan dans le récit.
- **Le futur** situe l'événement dans l'avenir.

10. Le nom

Le nom est l'élément central du groupe nominal. Il est en général précédé d'un déterminant.
On distingue les **noms propres** et les **noms communs.**
Les noms propres désignent des êtres, des objets, des lieux particuliers. Ils s'écrivent avec une majuscule. Souvent, ils n'ont pas de déterminant ou alors ils se construisent avec ***le – la – les :***
la Terre, le Rhin, les Alpes.
Le genre d'un nom est déterminé dans le lexique.

11. Le déterminant

Le déterminant est le mot qui précède un nom pour constituer un groupe nominal.
Le déterminant porte les marques de genre et de nombre du groupe nominal.
Les programmes ne prévoient pas la distinction des différents déterminants.

12. L'adjectif

L'adjectif est un mot dont la forme peut varier en genre et en nombre. Dans le groupe nominal, l'adjectif n'est pas indispensable, il se rapporte au nom ; dans le groupe verbal, l'adjectif est essentiel, il est relié au sujet par le verbe.

13. Le pronom

Les programmes parlent de pronoms de reprise et de pronoms personnels.
Ce qu'il convient en fait de distinguer ce sont :

- les pronoms qui sont l'équivalent d'un groupe nominal :
*Les enfants goutent. **Ils** mangent une tartine. **Celui-ci la** dévore avec appétit. **Celui-là la** grignote.*
- les pronoms qui dans une situation de communication, identifient la ou les personnes qui parlent ou à qui on s'adresse ou de qui on parle : ***je – tu – nous – vous – il / elle – ils / elles.***
Le pronom ***on*** est un pronom indéfini mais il est souvent considéré comme un pronom personnel quand il est employé à la place de ***nous.***

III. Ce que l'on étudie au cycle 2 (CE2) et au cycle 3(CM)

CE2

La phrase simple : de qui on parle et ce qu'on en dit

La forme affirmative et **la forme négative**

Le verbe et **le sujet** (un groupe nominal ou un pronom)

L'accord sujet/verbe (sujet placé juste avant le verbe)

Le Groupe Nominal : nom et déterminant, genre et nombre

Les accords dans le Groupe Nominal

Le présent des verbes en ***-er*** et des verbes :
être – avoir – aller – faire – prendre – voir – dire – venir – vouloir – pouvoir

L'adjectif et **l'accord** dans le groupe nominal

Le futur des verbes en ***-er*** et des verbes :
être – avoir – aller – faire – prendre – voir – dire – venir – vouloir – pouvoir

L'imparfait des verbes en ***-er*** et des verbes :
être – avoir – aller – faire – prendre – voir – dire – venir – vouloir – pouvoir

La formation du **passé composé** avec l'auxiliaire ***avoir***

Approche implicite du **complément de phrase.**

CM1 – CM2

Les groupes de la phrase simple : sujet /prédicat / groupe facultatif

Le sujet : un pronom ou un nom

Dans **le Groupe Verbal,** le verbe, le complément du verbe, l'attribut

L'accord sujet/verbe (sujet placé juste avant ou derrière le verbe, éloigné du verbe)

L'accord de l'attribut

Le complément de phrase, un groupe facultatif que l'on peut déplacer (un groupe nominal/un groupe prépositionnel/un adverbe)

Le Groupe Nominal : déterminant/nom/ l'adjectif/le complément du nom/genre et nombre

Les accords dans le Groupe Nominal

Le présent des verbes en ***-er*** et des verbes :
être – avoir – aller – faire – prendre – voir – dire – devoir – vouloir – pouvoir – devoir – venir [2]

[2] Le verbe venir ayant été vu au cycle 2 est revu ici bien que ne figurant pas dans les programmes de cycle 3.

Le futur des verbes en *–er* et des verbes :
être – avoir – aller – faire – prendre – voir – dire – venir – vouloir – pouvoir – devoir

L'imparfait des verbes en *–er* et des verbes :
être – avoir – aller – faire – prendre – voir – dire – venir – vouloir – pouvoir – devoir

Le passé composé avec auxiliaire ***avoir*** et ***être*** des verbes en *–er* et des verbes :
être – avoir – aller – faire – prendre – voir – dire – venir – vouloir – pouvoir – devoir

Le passé simple à la 3e personne des verbes en *–er* et des verbes :
être – avoir – aller – faire – prendre – voir – dire – venir – vouloir – pouvoir – devoir

Pour information, en 6e

les élèves distinguent les articles, les déterminants démonstratifs, possessifs. Ils distinguent les pronoms personnels, possessifs, démonstratifs. Ils identifient le sujet (GN, pronom, nom propre, infinitif). Ils étudient l'impératif et le présent du conditionnel. Ils distinguent phrase simple/phrase complexe.

IV. Une démarche d'apprentissage d'étude de la langue

La démarche d'apprentissage en étude de la langue est suggérée dans les programmes :

Au cycle 2

« L'étude de la langue s'appuie essentiellement sur des tâches de tri et de classement, donc de comparaison, des activités de manipulation d'énoncés (substitution, déplacement, ajout, suppression) à partir de corpus soigneusement constitués, afin d'établir des régularités.
Les connaissances se consolident dans des exercices et des situations de lecture et de production d'écrits. La mémoire a besoin d'être entretenue pour que les acquis constatés étape par étape se stabilisent dans le temps. Des activités ritualisées fixent et accroissent les capacités de raisonnement sur des énoncés et l'application de procédures qui s'automatisent progressivement. »

Au cycle 3

« L'étude de la langue s'appuie, comme au cycle 2, sur des corpus permettant la comparaison, la transformation (substitution, déplacement, ajout, suppression), le tri et le classement afin d'identifier des régularités.
Au cycle 3, les élèves confortent les savoirs du cycle 2 et les complètent grâce à la mise en place d'un faisceau d'activités : des séances de réflexion et d'observation pour chercher ; des séances d'entrainement pour structurer les savoirs ; des séances de réinvestissement pour les consolider.
Ils développent les activités de manipulations syntaxiques (remplacement, déplacement, pronominalisation, encadrement, réduction, expansion) déjà pratiquées au cycle 2. »

La démarche d'apprentissage proposée dans l'ouvrage repose sur plusieurs principes.

Un lien fort entre lecture et étude de la langue

Le point départ est un texte qu'on lit en adoptant une démarche de compréhension de texte. Les textes choisis sont de types différents : récits, saynète de théâtre, fiches de fabrication, textes informatifs, compte rendu d'expérience, interview.
Avec les indicateurs de temps et d'espace qu'ils relèvent régulièrement et les substituts qu'ils interprètent, les élèves comprennent comment **la cohérence du texte est assurée.**
Le vocabulaire est expliqué en contexte mais à la fin de la semaine, on revient sur la construction et le sens de certains mots.

La manipulation de la langue

Une transposition du texte lu, à l'oral puis à l'écrit en changeant la personne ou le temps, permet d'acquérir des connaissances implicites sur la langue en observant, raisonnant, mobilisant ses acquis antérieurs ; en réalisant chaque semaine, les accords entre le sujet et le verbe, à l'intérieur du Groupe Nominal, les élèves acquièrent des automatismes
Les manipulations syntaxiques au niveau de la phrase et des groupes nominaux aident à l'**identification des éléments grammaticaux.**

La catégorisation avec des collectes

Les éléments grammaticaux importants observés lors de la transposition, du travail sur les phrases ainsi que les groupes nominaux sont **collectés et classés dans un cahier.** Ils servent de supports aux séances de structuration (nommées synthèses dans l'ouvrage). Au fil de ces collectes, semaine par semaine, se dégagent des régularités, des procédures d'identification et des principes de fonctionnement.

La structuration lors des synthèses

Après un temps d'apprentissage implicite, de classements, les connaissances sont structurées.
Les mots du langage spécifiques sont donnés, des **exercices d'entrainement** sont proposés.

Le réinvestissement en production écrite

Chaque semaine, une courte situation de production écrite en lien avec le texte lu est proposée pour mobiliser et utiliser en contexte les connaissances acquises dans la semaine. La séance de production écrite est précédée d'une séance de vocabulaire en lien avec la lecture mais qui peut aussi permettre de rechercher les mots et expressions utiles à la production.

V. La mise en œuvre jour par jour

Le travail grammatical est organisé sur cinq périodes de sept semaines, la septième semaine étant réservée à la réalisation d'exercices et à l'évaluation.

L'organisation sur une semaine

SEMAINE	JOUR	SÉQUENCES
1 **Autour d'un texte informatif**	**1** **2** **3** **4**	• **Lecture** du texte *Le chimpanzé* et transposition à la 3e personne du pluriel : *Les chimpanzés.* • **Activités** sur les phrases. • **Activités** sur les groupes nominaux. • **Vocabulaire** et **production écrite.**

Quand il y a une leçon de **structuration** (séquence spécifique), celle-ci se déroule à la place d'une activité prévue ordinairement.

SEMAINE	JOUR	SÉQUENCES
4 **Autour d'une fiche de fabrication**	**1** **2** **3** et **4**	• **Lecture** du texte *Une grosse araignée pour Halloween* et transposition à la 2e personne du singulier du présent de l'indicatif. • **Activités** sur les phrases et les groupes nominaux. • **Structuration : le verbe et le sujet.**

Dès le début de l'année, les activités pour les CE2-CM1-CM2 sont différenciées au niveau de la longueur des textes et des transpositions ainsi que de la complexité des activités et des exercices. Certaines leçons de structuration (synthèses) sont différentes suivant les cours comme on le voit ci-dessous en période 4.

■ CE2 ■ CM1 ■ CE2 / CM1 ■ CM2 ■ CM1 / CM2 ■ CE2 / CM1 / CM2

SEMAINE	JOUR	SÉQUENCES
2 **Autour d'un récit**	**1** **2** **3** **4**	• **Transposition en autonomie** au CE2 et transposition du texte *Les vacances de Jules :* transposition à la 3e personne du pluriel. • **Activités** sur les groupes nominaux et sur les classes de mots. • **Activités en autonomie – Structuration : le complément du nom.** • **Production écrite – Exercices** sur le complément du nom

SEMAINES	JOURS	SÉQUENCES
6	**1** **2** **3** et **4**	• **Activités** sur les phrases. • **Exercices** sur les groupes nominaux – **Structuration : l'attribut.** • **Structuration : la phrase négative – Exercices** sur le complément du nom et l'attribut.

Les différentes activités sur une semaine

Lecture du texte

Il s'agit d'un véritable moment de lecture au cours duquel on apprend à comprendre un texte.

- **La présentation** du texte est observée, les paragraphes sont repérés.
- **Le texte** est lu silencieusement, puis oralisé. Le professeur pose des questions pour s'assurer de la compréhension globale du texte. Les questions sont généralement de trois types : la réponse peut être trouvée dans le texte, la réponse est trouvée en mettant en relation des éléments du texte, la réponse est trouvée grâce à ses connaissances sur le sujet traité.
  - Pour **un récit,** les personnages, le lieu et le moment de l'action, les différentes actions sont repérées ;
  - Pour **un texte documentaire,** les différentes informations apportées sont dégagées. ;
  - Pour **un texte expliquant une fabrication,** les différentes étapes sont mises en évidence.
- Ensuite, **les mots** que les élèves ne comprennent pas sont explicités grâce au contexte ou à un rapprochement avec un mot de la même famille.
- **La ponctuation** est repérée et interprétée. Les paroles rapportées sont distinguées du récit.
- S'il s'agit d'un récit, **le narrateur** est identifié.
- Les différents éléments qui bloquent en général la compréhension d'un texte sont pris en compte : recherche des **référents des substituts,** relevé et **explicitation** des **indicateurs de temps, de lieu, logiques.**
- **Résumé** de chaque paragraphe du texte.

Transposition du texte en changeant le temps ou la personne

- **Recherche** du ou des temps employés dans le texte.
- **Conduite de la transposition.** (*Se reporter à Conduire une transposition de texte.*)
- **Collecte** des phrases nécessaires aux synthèses de conjugaison.
- **Exercice :** une courte transposition à réaliser en autonomie.

Activités sur les phrases

- **Recherche** du nombre de phrases dans un paragraphe, des phrases à la forme négative.
- **Transformation** de phrases en passant de la forme négative à la forme affirmative ou vice versa.
- **Constitution** d'une phrase avec des groupes de mots donnés afin d'asseoir la notion de phrase.
- **Manipulations** syntaxiques pour identifier les groupes dans la phrase.
- **Collecte** des phrases nécessaires aux synthèses.
- **Exercices** à réaliser en autonomie.

Activités sur les groupes nominaux

- Dans des groupes nominaux du texte, **identification** de leurs constituants.
- **Manipulations** au niveau des constituants des groupes nominaux.
- **Classement** de groupes nominaux en genre et en nombre.
- **Écriture** de groupes nominaux en changeant le nombre.
- **Exercices** à réaliser en autonomie.
- **Collecte** des groupes nominaux nécessaires aux synthèses.

Travail de vocabulaire

Il comporte toujours une **recherche dans le dictionnaire** d'un des mots du texte.
En fonction du texte lu, il porte sur les points développés dans les programmes : champ lexical, synonymes, antonymes, famille de mots, le sens d'un mot en contexte, les différents sens d'un mot, des préfixes et des suffixes.

Travail de production écrite

Il s'agit de produire un court texte en réinvestissant les connaissances grammaticales, orthographiques et lexicales acquises implicitement ou explicitement.

Une activité spécifique : la transposition de textes

Le texte a été lu, l'histoire ou les informations données ont été comprises.

Phase orale

- **le texte est écrit** ou projeté au tableau avec une ligne vierge entre chaque ligne ;
- **faire lire le texte oralement** par plusieurs élèves, chacun lit une phrase (cette activité conforte la notion de phrase) ;
- **expliquer** que l'on va dire le texte en changeant la personne ou le temps, le professeur commence ;
- **poursuivre collectivement** (au début de l'année surtout) ou faire poursuivre par des élèves à tour de rôle, chacun disant une ou deux phrases ;
- **lire ainsi le texte plusieurs fois** pour parvenir à une lecture fluide ;
- **faire le point** sur les éléments dont on perçoit le changement à l'oral, souligner ces éléments, faire expliciter certains changements par les élèves s'ils en sont capables : *Le* ***tu*** *est changé en* ***vous*** *parce que on parle à deux personnes au lieu d'une, etc.*

Phase écrite

- **Sur tout ou partie du texte** (en fonction des capacités des élèves), écrire collectivement ces changements ; écrire toujours le verbe avec son sujet (si le sujet est un groupe nominal que l'on a déjà écrit, faire pronominaliser le sujet avant de l'écrire avec le verbe) et l'intégralité d'un groupe nominal.
- **Le professeur dit le groupe de mots à écrire.** Avant que chacun ne l'écrive, la classe réfléchit sur son orthographe et explicite les relations entre les mots : sujet/verbe, déterminant/nom/adjectif.
- Quand, dans le texte, on retrouve plusieurs fois le même type de changements, les élèves peuvent alors l'**écrire en autonomie** quand il a déjà été écrit une fois.
- **Constater** que certains changements existent à l'écrit, mais qu'ils ne se prononcent pas.
- **Donner le texte transposé reproduit.** Le lire et demander de surligner les changements dans la partie du texte qui n'a pas été faite collectivement par écrit.
- **Le soir,** les élèves ont à relire le texte d'origine et le texte transposé.

Pour catégoriser : les collectes

En début d'année, prévoir un **cahier de collectes-synthèses.** Se reporter aux différents cahiers.
À la suite des collectes, les traces écrites réalisées après les synthèses sont collées sur ce cahier.
Les textes étudiés et leurs transpositions peuvent être collés sur ce même cahier en le prenant à l'envers ou à partir du milieu.

Les collectes sont réalisées après chaque transposition de texte, après les activités sur les phrases et celles sur les groupes nominaux. On collecte les éléments sur lesquels on a travaillé et qui seront utiles lors de la structuration.
Voici ce que l'on collecte au fil de l'année. (Ce qui est en italique est le titre de la page du cahier.)

■ CE2 / CM1 / CM2 ■ CE2 ■ CM2 ■ CM1 / CM2

Présent1 : Des phrases avec des verbes en ***–er*** conjugués au présent.
Présent 2 : Des phrases avec les verbes *faire, prendre, voir, dire, venir, **devoir vouloir*** et ***pouvoir*** conjugués au présent.
Présent 3 : Des phrases avec ***être, avoir, aller*** conjugués au présent.

Passé 1 : Des phrases avec les verbes en ***–er,*** les verbes ***être, avoir, aller, faire, prendre, voir, dire, venir, devoir, vouloir*** et ***pouvoir*** conjugués à l'imparfait.
Passé 2 : Des phrases avec les verbes en ***–er*** et le verbe ***être*** au passé composé conjugué avec l'auxiliaire ***avoir.***
Passé 3 : Des phrases avec les verbes ***avoir, faire, prendre, voir, dire, devoir vouloir*** et ***pouvoir*** conjugués au passé composé avec l'auxiliaire ***avoir.***
Passé 4 : Des phrases avec les verbes en ***–er, aller, venir,*** au passé composé conjugué avec l'auxiliaire ***être.***
Passé 5 : Des phrases avec les verbes en ***–er,*** les verbes ***être, avoir, aller, faire, prendre, voir, dire, venir, devoir, vouloir*** et ***pouvoir*** conjugués au passé simple à la 3e personne.

Futur 1 : Des phrases avec des verbes en ***–er*** conjugués au futur.
Futur 2 : Des phrases avec les verbes, ***être, avoir, aller, faire, prendre, voir, dire, venir, devoir, vouloir*** et ***pouvoir*** conjugués au futur.

Phrases négatives et phrases affirmatives correspondantes
Compléments (compléments de phrase)
Groupe Verbal 1 (attributs)
Groupe Verbal 2 (compléments du verbe)
Groupes Nominaux 1 (déterminant /nom ou nom propre)
Groupes Nominaux 2 (déterminant/nom/adjectif)
Groupes Nominaux 3 (déterminant/nom/ complément du nom)

Il n'est pas question pour des problèmes de temps mais aussi pour des problèmes de correction orthographique indispensable de faire recopier les éléments collectés sur le cahier par les élèves.
On peut donc écrire les phrases ou les groupes nominaux que l'on collecte sur une feuille, la photocopier en autant d'exemplaires que d'élèves et la donner en début de semaine.
Ci-dessous un exemple de cette feuille pour la semaine de collectes pour *Le chimpanzé est-il intelligent ?*

Ci-dessous un exemple de cette feuille pour la semaine de collectes du texte *Le chimpanzé est-il intelligent ?*

COLLECTE de la semaine 1

- Il trouve une solution. / Ils trouvent une solution.
- Le primate fabrique des sortes de tongs. / Les primates fabriquent des sortes de tongs.
- Le chimpanzé utilise de nombreux outils. / Les chimpanzés utilisent de nombreux outils.

- Il veut manger une noix. / Ils veulent manger une noix.
- Ainsi, il peut passer. / Ainsi, ils peuvent passer.
- Il prend un bâton. / Ils prennent un bâton.
- Il fait un coussin. / Ils font un coussin.
- Il franchit un ruisseau. / Ils franchissent un ruisseau.

- Les chimpanzés sont des as de la débrouille. / Le chimpanzé est un as de la débrouille.

- Mais ce n'est pas un problème ! Mais c'est un problème !

- Avec des brindilles, le primate fabrique des sortes de tongs.
- Avec des feuilles, le chimpanzé fait un coussin.

- Le chimpanzé est un grand bavard. / Les chimpanzés sont des grands bavards.
- Ce primate est omnivore. / Ces primates sont omnivores.

…

- le chimpanzé
- ses pieds
- des épines
- des brindilles - une brindille
- les insectes
- une noix
- ce singe
- un ruisseau

- les fourmis rouges
- l'outil idéal

- le tronc de cet arbre

Après la transposition du texte, les élèves découpent la première bande et le professeur indique sur quelle page du cahier il faut la coller. Et ainsi de suite pour la deuxième et la troisième bande. Le lendemain de l'activité sur les phrases, les élèves collent les 4e, 5e et 6e bandes puis, le jour suivant, les autres bandes.

Comme les élèves ont travaillé sur ce qui est collecté, ils comprennent très vite pourquoi on met ensemble tel élément avec tel autre et très vite, ils n'ont plus besoin qu'on leur donne le numéro de la page, ils ont alors compris implicitement la notion grammaticale contenue dans ce qui est collecté. Le temps est venu de structurer.

Les activités pour structurer les apprentissages

On peut dire qu'une notion a été comprise et qu'il est temps de faire le point pour expliciter, nommer et structurer les connaissances acquises implicitement :
- quand le nombre de phrases collectées est suffisant ;
- quand les élèves savent placer seuls, à la bonne page, la phrase, le groupe de mots collectés ;
- quand ils font systématiquement des observations pertinentes sur les éléments collectés.

Dans cet ouvrage, les séquences de structuration sont prévues à des moments précis dans l'année mais elles peuvent être avancées ou retardées en fonction des capacités et besoins des élèves. Certaines séquences de structuration sont placées plutôt au CM1 ou plutôt au CM2 mais il appartient au conseil de cycle d'effectuer ce choix.

■ CE2 / CM1 / CM2 ■ CE2 ■ CM2 ■ CM1 / CM2

PÉRIODE	STRUCTURATIONS
1	• **Le sujet et dans le groupe verbal : le verbe – Le présent** des verbes en ***-er***
2	• **Le présent des autres verbes** des programmes • **Le GN :** déterminant/nom – Le genre et le nombre des noms • **Le complément de phrase**
3	• **L'adjectif** • **L'imparfait** • **Le passé composé** des verbes en ***-er*** et du verbe ***être*** avec l'auxiliaire ***avoir***
4	• **Le passé composé des autres verbes** des programmes avec l'auxiliaire ***avoir***, avec l'auxiliaire *être* • **Le complément du nom** • **L'attribut**
5	• **Le passé simple** à la 3e personne • **La phrase négative** • **Le futur** • **Le complément du verbe**

Il n'y a pas de séquences de structuration pour **la phrase** car la phrase est vue tout au long de l'année ainsi que le découpage en groupes au CE2 (de qui on parle / ce qu'on en dit), au CM (sujet/prédicat/complément de phrase).
Le **complément de phrase** est approché implicitement au CE2 et structuré au CM1 : c'est le troisième groupe de la phrase, il est facultatif, il peut être supprimé ou déplacé.
L'**attribut** et le **complément du verbe** sont approchés implicitement au CM1 et structurés au CM2.

Il n'y a pas de séquences de structuration pour les **homophones grammaticaux** mais à chaque transposition de texte on fait remarquer l'orthographe de ***et, à, son*** et on fait expliciter leur rôle : petit mot qui en relie deux autres, petit mot devant un groupe nominal, déterminant. On les relève et on constitue une affiche collective mettant en évidence ce rôle.

En ce qui concerne la morphologie du verbe, les programmes insistent sur les transformations du verbe au présent, à l'imparfait, au futur et au passé simple 3e personne et sur la mémorisation des formes verbales d'un nombre de verbes donnés à ces temps.

Pour le **passé composé,** les indications ne sont pas aussi précises : au cycle 2, il est indiqué dans les repères de progressivité que les élèves « **étudient systématiquement la construction du passé composé, et qu'ils comprennent la formation des temps composés en étudiant le passé composé** » ; au cycle 3, dans les repères de progressivité, il est précisé que les élèves « **comprennent le fonctionnement du passé composé par l'association avant tout du verbe *avoir* au présent et d'un participe passé. Pour la liste fermée des verbes qui se conjuguent avec le verbe *être,* la gestion de l'accord du participe passé est à rapprocher de l'attribut du sujet** ». Aucune indication supplémentaire n'est donnée comme ça l'est pour les autres temps sur les verbes à étudier.

Étant donné que le passé composé est sûrement le temps le plus utilisé par les élèves, dans l'ouvrage, il a été fait le **choix suivant :**

- **manipulation** au passé composé de tous les verbes ;
- **au CE2** étude des verbes qui se conjuguent avec l'auxiliaire ***avoir*** : verbes en ***-er*** et verbes ***avoir, faire, prendre, voir, dire, vouloir et pouvoir ;***
- **au CM** étude des verbes qui se conjuguent avec l'auxiliaire ***avoir*** ou avec l'auxiliaire ***être*** : verbes en ***-er*** et verbes ***être – avoir – aller – faire – prendre – voir – dire – devoir – vouloir – pouvoir – venir.***

Sur le cahier, **les tableaux de conjugaison** ne reprennent pas la conjugaison des verbes en ***-ir*** comme ***finir*** car même si les élèves travaillent sur les formes de ces verbes, ils n'ont pas à les mémoriser.

Pour **chaque leçon** la démarche est détaillée. Elle comprend plusieurs étapes :

- **lecture** des pages de collectes et reprise des observations faites lors de l'étude des textes ;
- **structuration** de la notion et élaboration d'une trace écrite ;
- **exercices** pour consolider l'acquisition de la notion.

Séquences

Période 1

Septembre - Octobre

Programmation

SEMAINE	JOUR	SÉQUENCES
1 **Autour d'un texte informatif**	1 2 3 4	• **Lecture** du texte *Le chimpanzé* et transposition à la 3e personne du pluriel : *Les chimpanzés.* • **Activités** sur les phrases. • **Activités** sur les groupes nominaux. • **Vocabulaire** et **production écrite.**
2 **Autour d'un conte**	1 2 3 4	• **Lecture** du texte *Jack et John échangent leur vache contre un haricot* et transposition à la 3e personne du singulier. • **Activités** sur les phrases. • **Activités** sur les groupes nominaux. • **Vocabulaire** et **production écrite.**
3 **Autour d'un conte**	1 2 3 4	• **Lecture** du texte *Jack fait fortune* et transposition à la 1e personne du singulier : *Je fais fortune.* • **Activités** sur les phrases. • **Activités** sur les groupes nominaux. • **Vocabulaire** et **production écrite**.
4 **Autour d'un texte injonctif**	1 2 3 et 4	• **Lecture** du texte *Une grosse araignée noire pour Halloween* et transposition à la 2e personne du singulier du présent de l'indicatif. • **Activités** sur les phrases et les groupes nominaux. • **Synthèse sur le verbe et le sujet.**
5 **Autour d'un texte injonctif**	1 2 3 4	• **Transposition** de *Une grosse araignée noire pour Halloween* à la 2e personne du pluriel du présent de l'indicatif. • **Vocabulaire** et **production écrite.** • **Exercices** sur le verbe et son sujet. • **Évaluation sur la phrase, le verbe et son sujet.**
6 **Autour d'un texte informatif**	1 2 3 4	• **Lecture** du texte *Des animaux étranges* et transposition à la 1e personne du pluriel. • **Structuration : le présent des verbes en *-er.*** • **Exercices.** • **Activités** sur les groupes nominaux, les classes de mots et **production écrite.**
7 **Révisions et évaluation**		• **Exercices** de la période qui n'auraient pas été réalisés et **évaluation sur le présent.**

CE2 CM1 CE2/CM1 CM2 CM1/CM2 CE2/CM1/CM2

Semaine 1 Le chimpanzé

Autour d'un texte informatif

Le chimpanzé est-il intelligent ?

Sans aucun doute ! Le chimpanzé est un as de la débrouille. Il trouve une solution à tout problème. Il adore le fruit du kapokier, or le tronc de cet arbre a des épines. Mais ce n'est pas un problème. Le primate fabrique des sortes de tongs avec des brindilles pour protéger ses pieds. Le chimpanzé utilise de nombreux outils. Il aime les fourmis rouges, alors il invente un système avec une brindille pour se régaler sans se faire piquer par les insectes. Quand il veut manger une noix, ce singe cherche l'outil idéal pour briser la coque. S'il franchit un ruisseau sur un tronc, il prend un bâton comme perche d'équilibre et ainsi il peut passer sans risquer de tomber. Il fait un coussin avec des feuillages pour poser ses fesses sur un sol mouillé.

Comment communique-t-il ?

Le chimpanzé est un grand bavard. Il utilise des mimiques, des sourires, des grimaces, des gestes et des cris sonores pour communiquer. Si un chimpanzé d'un groupe concurrent approche, notre chimpanzé rameute les autres en tapant sur le sol ou sur le tronc d'un arbre. Le chimpanzé exprime aussi de la tendresse et de l'affection par des caresses et des séances d'épouillage mutuel.

Que mange-t-il ?

Ce primate est omnivore. Il mange des fruits, des insectes, mais il se régale avec de la chair fraiche. Il raffole d'un petit singe très agile : le colobe. Le chimpanzé le traque en bande organisée.

Lecture compréhension du texte

- Sur quel animal le texte apporte-t-il des informations ? Sur quels points particuliers les informations sont-elles apportées ? Que fait le chimpanzé pour ne pas se faire piquer par les épines du kapokier ? Comment attrape-t-il les fourmis rouges ? Pourquoi a-t-il besoin d'un outil pour manger des noix ? Comment franchit-il les ruisseaux sans se mouiller ? Pourquoi fabrique-t-il un coussin avec des feuillages ? Comment le chimpanzé communique-t-il ? Que mange-t-il ?
- **Expliquer :** *un as de la débrouille – le kapokier – le primate – une brindille – des mimiques – sonore – concurrent – rameute – épouillage – raffole – traque – bande organisée.*
- **Interpréter les différents signes de ponctuation :** point d'exclamation (renforcer la certitude), d'interrogation (dans les sous- titres), deux points (préciser le nom du petit singe très agile).
- **Trouver** qui est désigné par les mots soulignés.

JOUR 1 > Transposition du texte

- **Faire remarquer** que le texte est écrit au présent de l'indicatif à la 3e personne du singulier.
- **Transposer le texte** en parlant *des chimpanzés.*
  Bien lire le texte à l'oral en le transformant puis écrire les changements.
  (Voir Comment conduire une transposition de texte ? page 15)

CE2 CM1 CE2/CM1 CM2 CM1/CM2 CE2/CM1/CM2

- **Faire remarquer** les changements au moment où on les écrit :
  - les pronoms ***il*** > ***ils*** : rappeler que ce sont des pronoms personnels ;
  - les verbes changent suivant la personne ; les identifier et faire préciser leur infinitif, attirer l'attention sur les terminaisons ;
  - les déterminants ***ses*** > ***leurs***, ***notre*** > ***nos*** ;
  - les noms, les adjectifs ;
  - Attirer l'attention sur les accords de ***grand bavard*** et ***omnivore.***

- **Faire remarquer** l'orthographe de ***à*** et faire expliciter son rôle : petit mot devant un groupe nominal ***(à tout problème).*** Le relever et constituer une affiche collective qui mettra en évidence ce rôle.

Les CE2 s'arrêtent à ***mouillé.*** Ils recopient la 3e et la 8e phrase non transposées puis transposées et soulignent les deux verbes.
Poursuivre avec les CM puis les CM2.
Les CM1 recopient les deux premières phrases écrites en vert transposées.

Collecte

Présent 1

Il trouve une solution. / Ils trouvent une solution.
Le primate fabrique des sortes de tongs. / Les primates fabriquent des sortes de tongs.
Le chimpanzé utilise de nombreux outils. / Les chimpanzés utilisent de nombreux outils.

Présent 2

Il veut manger une noix. / Ils veulent manger une noix.
Ainsi, il peut passer. / Ainsi, ils peuvent passer.
Il prend un bâton. / Ils prennent un bâton.
Il fait un coussin. / Ils font un coussin.
Il franchit un ruisseau. / Ils franchissent un ruisseau.

Présent 3

Les chimpanzés sont des as de la débrouille. / Le chimpanzé est un as de la débrouille.

Exercice

Transposer avec *Les chimpanzés.*

Le chimpanzé est un bricoleur : il utilise plus de soixante-cinq outils.
En cas de maladie, il peut trouver les plantes capables de le guérir.
Il mémorise une série de nombres et il peut la retrouver parmi d'autres.
Quand il n'est pas content, il hurle et il tape du pied.

Texte transposé

Les chimpanzés sont-ils intelligents ?

Sans aucun doute ! Les chimpanzés sont des as de la débrouille. Ils trouvent une solution à tout problème. Ils adorent le fruit du kapokier, or le tronc de cet arbre a des épines. Mais ce n'est pas un problème. Les primates fabriquent des sortes de tongs avec des brindilles pour protéger leurs pieds. Les chimpanzés utilisent de nombreux outils. Ils aiment les fourmis rouges, alors ils inventent un système avec une brindille pour se régaler sans se faire piquer par les insectes. Quand ils veulent manger une noix, ces singes cherchent l'outil idéal pour briser la coque. S'ils franchissent un ruisseau sur un tronc, ils prennent un bâton comme perche d'équilibre et ainsi ils peuvent passer sans risquer de tomber. Ils font un coussin avec des feuillages pour poser leurs fesses sur un sol mouillé.

Comment communiquent-ils ?

Les chimpanzés sont des grands bavards. Ils utilisent des mimiques, des sourires, des grimaces, des gestes et des cris sonores pour communiquer. Si des chimpanzés d'un groupe concurrent approchent, nos chimpanzés rameutent les autres en tapant sur le sol ou sur le tronc d'un arbre. Les chimpanzés expriment aussi de la tendresse et de l'affection par des caresses et des séances d'épouillage mutuel.

Que mangent-ils ?

Ces primates sont omnivores. Ils mangent des fruits, des insectes mais aussi de la chair fraiche. Ils raffolent d'un petit singe très agile : le colobe. Les chimpanzés les traquent en bandes organisées.

JOUR 2 > Activités sur les phrases

- **Compter** le nombre de lignes, le nombre de phrases dans le premier paragraphe. Rappeler qu'une phrase commence par une majuscule et se termine par un point.
- **Lire la phrase négative** du texte et faire énoncer la phrase affirmative correspondante. Faire entourer les mots de la négation. Remarquer que l'on utilise ***n'*** au lieu de ***ne*** devant une voyelle.
- **Lire les phrases interrogatives** des titres du texte et du texte transposé. Faire remarquer que la réponse à la première question est *oui, non, peut-être, sûrement…* La dire en utilisant ***est-ce que.*** Remarquer la présence d'un ***t*** entre tirets.
  Constater que les deux autres questions appellent des réponses en fonction du mot interrogatif les introduisant.
  Substituer d'autres mots interrogatifs à ceux utilisés : ***Quand communique-t-il ? – Avec qui communique-t-il ? – Pourquoi communique-t-il ? – Où mange-t-il ? – etc.*** Remarquer la présence d'un ***t*** entre tirets quand la phrase est à la 3e personne du singulier.
- **Constituer une phrase :** *avec une pierre – les coques – les chimpanzés – des noix – cassent – une pierre – les coques – les chimpanzés – des noix – utilisent – pour casser*
  Faire constater que le groupe de mots ***avec une pierre*** peut se trouver en début de phrase, en fin de phrase ou après ***les chimpanzés,*** entre deux virgules.
- **Dans chaque phrase, entourer** avec des couleurs différentes les différents groupes et indiquer leur fonction : de quoi on parle, c'est le sujet, et ce qu'on en dit, c'est le prédicat.
  Avec des brindilles, le primate fabrique des sortes de tongs.
  Avec des feuilles, le chimpanzé fait un coussin.
  D'autres chimpanzés approchent.
  Dans les prédicats (fabrique des sortes de tongs - fait un coussin - approchent), remarquer qu'un mot change si on fait varier le sujet (comme dans la transposition), c'est le verbe. Le souligner.
  Constater que le prédicat est composé d'un verbe accompagné d'un groupe de mots ou d'un verbe seul.
  Remarquer que dans les deux premières phrases, il y a un autre groupe de mots, l'entourer. Redire les phrases en déplaçant ce groupe puis en le supprimant.
- **Faire écrire :** ***Le garçon est un grand bavard.*** Trouver de qui on parle (le sujet) et ce qu'on en dit (le prédicat). Remplacer ***le garçon*** par ***la fillette*** puis ***les fillettes*** puis ***les garçons.*** Constater la présence du verbe ***être.***

Collecte

Phrases négatives et phrases affirmatives correspondantes

Mais ce n'est pas un problème ! / Mais c'est un problème !

Groupes verbaux 1

Le chimpanzé est un grand bavard. / Les chimpanzés sont des grands bavards.
Ce primate est omnivore. / Ces primates sont omnivores.

Compléments

Avec des brindilles, le primate fabrique des sortes de tongs.
Avec des feuilles, le chimpanzé fait un coussin.

Exercices

Constituer une phrase.

attrapent – dans la forêt – avec des brindilles – les singes – des fourmis
attrapent – dans la forêt – avec des brindilles – les singes – des fourmis – et – ils – par les insectes – piqués – ne sont pas

Écrire à la forme négative.

Le chimpanzé est intelligent.
Il aime les fruits.
Le chimpanzé est un grand bavard.

■ CE2 ■ CM1 ■ CE2/CM1 ■ CM2 ■ CM1/CM2 ■ CE2/CM1/CM2

JOUR 3 > Activités sur les groupes nominaux

- **Rechercher dans le texte** des mots qui désignent des animaux, des choses. Rappeler que ce sont des noms. Les redire avec un article : ***le, la, les, un, une, des*** ou ***l'.***
  Retrouver, dans le texte, des noms qui ne désignent ni des animaux ni des choses.

Collecte

Groupes nominaux 1
le chimpanzé
ses pieds
des épines
des brindilles – une brindille
les insectes
une noix
ce singe
un ruisseau

Groupes nominaux 2
les fourmis rouges
l'outil idéal

Groupes nominaux 3
le tronc de cet arbre

Exercice

Recopier les mots suivants et entourer les noms.
chapeau – branche – coller – beau – singe – panier – lion – courir – amusant – grimace – couleur – roman – parler – donner – triste – bonheur – grammaire – bouteille.

JOUR 4 > Vocabulaire et production écrite

Vocabulaire

- **Dans le dictionnaire, chercher** le mot *chimpanzé.* Rappeler qu'il faut partir de la première lettre du mot, trouver si elle se situe au début au milieu ou à la fin de l'alphabet et ouvrir le dictionnaire en conséquence. Utiliser les mots en haut de chaque double page pour se repérer.
  Chercher ensuite : *intelligent, tronc.*
  Les CM cherchent *fourmi – faner – fidèle* et interprètent les abréviations situées à côté de chaque mot.
- **Rechercher dans le texte** les synonymes de *aimer.* Rechercher des synonymes pour : *fabriquer, inventer.*

Production écrite

- **Rédiger un court texte** sur ce que sont capables de faire certains animaux. Échanger avec les élèves au sujet de l'intelligence des animaux et de ce qu'ils sont capables de réaliser. Apporter oralement quelques informations, écrire au tableau les mots soulignés :
  Le cochon trouve rapidement la sortie d'un labyrinthe.
  La pieuvre peut ouvrir un récipient pour prendre ce qu'il y a dedans.
  Le corbeau fabrique un crochet pour soulever un panier et trouver de la nourriture.
  Le perroquet imite les bruits, les voix et peut mémoriser 800 mots.
  Le chien retrouve des personnes dans les décombres lors d'ouragan, de tremblement de terre, dans la neige après une avalanche.
  Commencer par poser la question : Les animaux sont-ils intelligents ? Puis écrire des phrases en utilisant les verbes *faire – pouvoir – utiliser – trouver – fabriquer – ouvrir – imiter – etc.* à la 3e personne du pluriel.
  Commencer la phrase pour un des animaux choisis en dictée collective à l'adulte en faisant bien remarquer les accords. Continuer avec le même animal ou un autre. Les CE2 écrivent deux phrases, les CM1, trois et les CM2, quatre.
  Faire relire les productions en vérifiant la ponctuation, les terminaisons des verbes et l'accord de l'attribut quand il y en a un.

COLLECTE de la semaine 1

- Il trouve une solution. / Ils trouvent une solution.
- Le primate fabrique des sortes de tongs. / Les primates fabriquent des sortes de tongs.
- Le chimpanzé utilise de nombreux outils. / Les chimpanzés utilisent de nombreux outils.

- Il veut manger une noix. / Ils veulent manger une noix.
- Ainsi, il peut passer. / Ainsi, ils peuvent passer.
- Il prend un bâton. / Ils prennent un bâton.
- Il fait un coussin. / Ils font un coussin.
- Il franchit un ruisseau. / Ils franchissent un ruisseau.

- Les chimpanzés sont des as de la débrouille. / Le chimpanzé est un as de la débrouille.

- Mais ce n'est pas un problème ! Mais c'est un problème !

- Avec des brindilles, le primate fabrique des sortes de tongs.
- Avec des feuilles, le chimpanzé fait un coussin.

- Le chimpanzé est un grand bavard. / Les chimpanzés sont des grands bavards.
- Ce primate est omnivore. / Ces primates sont omnivores.

- le chimpanzé
- ses pieds
- des épines
- des brindilles / une brindille
- les insectes
- une noix
- ce singe
- un ruisseau

- les fourmis rouges
- l'outil idéal

- le tronc de cet arbre

CE2 · CM1 · CE2/CM1 · CM2 · CM1/CM2 · CE2/CM1/CM2

Semaine 2 Jack et le haricot magique (1)

Autour d'un conte

Jack et John échangent leur vache contre un haricot.

Jack et John sont très pauvres. Ils travaillent avec leur mère, dans une petite ferme. Un matin, Jack et John vont au marché. La veille, ils ont décidé de vendre leur vieille vache car elle ne donne plus de lait. Sur le chemin, ils rencontrent un vieil homme. Celui-ci les appelle et leur dit :

« Vous êtes bien matinaux, Jack et John. Où allez-vous avec cette vache ? Vous avez l'intention de la vendre ?

– Nous n'avons plus d'argent alors nous devons vendre notre vache. Nous allons au marché.

– Si vous voulez, vous pouvez devenir riches, dit le petit vieux. Vous voyez ce haricot, il est magique. Si vous le plantez, en une nuit, il poussera jusqu'au ciel. Je vous le donne en échange de votre vache. »

Jack et John sont émerveillés à l'idée de posséder une plante magique, alors ils acceptent.

En les voyant avec le haricot, leur mère est furieuse. Elle finit par s'effondrer sur une chaise en pleurant comme une fontaine. Alors Jack et John lancent le haricot par la fenêtre et ils se couchent le cœur gros. Le lendemain, quand ils veulent ouvrir les volets, impossible ! Devant la maison, ils découvrent un énorme pied de haricot, si haut que sa tige se perd dans les nuages. Sans hésiter, Jack et John commencent à grimper de branche en branche, de feuille en feuille. Ils grimpent… grimpent… grimpent… encore… plus haut… jusqu'au ciel. C'est le soir quand ils arrivent devant un château plein de richesses qui semble inhabité. Ils entrent et parcourent toutes les pièces. Tout à coup, devant eux, arrive une géante.

Lecture compréhension du texte

- **Lire le titre et indiquer** qu'il s'agit du conte ***Jack et le haricot magique*** qui a été réécrit pour pouvoir être ensuite transformé en parlant de Jack seul.
- Pourquoi Jack et John veulent-ils vendre leur vache ? Qui rencontrent-t-ils ? Où ? Que leur propose le vieil homme ? Pourquoi Jack et John acceptent-ils le haricot ? Pourquoi la mère de Jack et John est-elle furieuse ? Que découvrent-ils le lendemain en voulant ouvrir les volets de la maison ?
- **Expliquer :** *pleurer comme une fontaine – inhabité.*
- **Indiquer ce qui se passe** chaque jour et dégager les différentes étapes du récit : la décision de vendre la vache, la rencontre avec le vieil homme, le retour, la montée sur le haricot.
- **Faire remarquer** que le récit est écrit par un narrateur extérieur.
- **Interpréter** les différents signes de ponctuation : point d'exclamation (étonnement), point d'interrogation (question), deux points (paroles rapportées), points de suspension après le verbe (action qui n'en finit pas), guillemets et tirets pour le dialogue.
- **Trouver** qui est désigné par les mots soulignés. Identifier les pronoms personnels sujets.
- **Distinguer** récit et paroles rapportées. Faire lire les paroles rapportées et identifier qui les prononce.
- **Relever** les mots ou groupes de mots qui donnent des indications de temps : *un matin – la veille – pendant… – le lendemain – tout à coup – quand…* – etc. Relever les mots ou groupes de mots qui indiquent des lieux : *sur le… – dans… – jusqu'… – devant… – etc.*
- **Relever** l'indicateur logique : ***alors.***

JOUR 1 > Transposition du texte

- **Faire indiquer** à quel temps est écrit le texte, quelle partie de phrase est au passé et quelle phrase est au futur.
- **Transposer le texte** en parlant de Jack seul.
  Bien lire le texte à l'oral en le transformant puis écrire les changements.
  (Voir Comment conduire une transposition de texte ? page 00)
- **Faire remarquer** les changements au moment où on les écrit :
  - les pronoms ***ils*** > ***il***, ***nous*** > ***je***, ***vous*** > ***tu***, ***les*** > ***l'***, ***le***, ***vous*** > ***te***, ***eux*** > ***lui*** ; rappeler que ce sont des pronoms personnels ;
  - les verbes changent suivant la personne, les identifier et préciser leur infinitif, attirer l'attention sur les terminaisons ;
  - les déterminants ***leur*** > ***sa***, ***notre*** > ***ma***, ***votre*** > ***ta*** ;
  - les noms, les adjectifs ;
  - poursuivre le relevé sur l'affiche collective : ***à grimper*** (petit mot devant un verbe à l'infinitif) ;
  - attirer l'attention sur les accords de ***pauvre – matinal – riche – émerveillé.***
- **Faire remarquer** l'orthographe de ***et*** et faire expliciter son rôle : petit mot qui en relie deux autres (Jack et John). Le relever et constituer une affiche collective mettant en évidence ce rôle.
  Les CE2 s'arrêtent à ***accepte.*** Ils recopient la transposition de l'extrait suivant :
  « Vous êtes bien matinaux, Jack et John. Où allez-vous avec cette vache ? Vous avez l'intention de la vendre ?
  – Nous n'avons plus d'argent alors nous devons vendre notre vache. Nous allons au marché. »
  Ils entourent les changements par rapport au texte de départ.
  Poursuivre avec les CM puis les CM2.
  Les CM1 recopient la 4e phrase écrite en vert transposée.

Collecte

Présent 1

Jack échange sa vache contre un haricot. / Jack et John échangent leur vache contre un haricot.
Tu le plantes. / Vous le plantez.
Celui-ci l'appelle.

Présent 2

Tu vois ce haricot. / Vous voyez ce haricot.
Si tu veux, tu peux devenir riche. / Si vous voulez, vous pouvez devenir riches.
Je dois vendre ma vache. / Nous devons vendre notre vache.

Présent 3

Jack est très pauvre. / Jack et John sont très pauvres.
Tu es bien matinal. / Vous êtes bien matinaux.
Il est magique.
Tu as l'intention de la vendre ? / Vous avez l'intention de la vendre ?
Je n'ai plus d'argent. / Nous n'avons plus d'argent.
Un matin, Jack va au marché. / Un matin, Jack et John vont au marché.
Où vas-tu avec cette vache ? / Où allez-vous avec cette vache ?
Je vais au marché. / Nous allons au marché.

Exercice

Transposer en parlant de Léa et Lina et de Tom et Enzo.

Léa et Lina sont devant l'arrêt de bus. Elles rencontrent Tom et Enzo.
– Où allez-vous, Tom et Enzo ?
– Nous allons à la patinoire. Vous pouvez venir avec nous, si vous voulez.
– Nous n'avons pas le temps.
Finalement, Léa et Lina partent avec Tom et Enzo. Elles patinent avec eux pendant deux heures.
Elles sont contentes de leur après-midi.

Texte transposé

Jack échange un haricot contre sa vache

Jack est très pauvre. Il travaille avec sa mère, dans une petite ferme. Un matin, Jack va au marché. La veille, il a décidé de vendre sa vieille vache car elle ne donne plus de lait.
Sur le chemin, il rencontre un vieil homme. Celui-ci l'appelle et lui dit :
« Tu es bien matinal, Jack. Où vas-tu avec cette vache ? Tu as l'intention de la vendre ?
– Je n'ai plus d'argent alors je dois vendre ma vache. Je vais au marché.
– Si tu veux, tu peux devenir riche, dit le petit vieux. Tu vois ce haricot, il est magique. En rentrant, tu le planteras et pendant la nuit, il poussera jusqu'au ciel. Je te le donne en échange de ta vache. »
Jack est émerveillé à l'idée de posséder une plante magique, alors il accepte.
En le voyant avec le haricot, sa mère est furieuse. Elle finit par s'effondrer sur une chaise en pleurant comme une fontaine. Alors Jack lance le haricot par la fenêtre et il se couche le cœur gros.
Le lendemain, quand il veut ouvrir les volets, impossible ! Devant la maison, il découvre un énorme pied de haricot, si haut que sa tige se perd dans les nuages. Sans hésiter, Jack commence à grimper de branche en branche, de feuille en feuille. Il grimpe… grimpe… grimpe… encore… plus haut… jusqu'au ciel. C'est le soir quand il arrive devant un château plein de richesses qui semble inhabité. Il entre et parcourt toutes les pièces. Tout à coup, devant lui, arrive une géante.

JOUR 2 > Activités sur les phrases

- **Identifier** les phrases dans le premier paragraphe. Distinguer ligne et phrase.
- **Lire** les parties de phrases négatives. Redire ces parties de phrases à la forme affirmative. Entourer les mots négatifs et observer par quels mots ils sont remplacés à la forme affirmative.
- **Lire** les phrases interrogatives. Faire remarquer que la réponse à ***Vous avez l'intention de la vendre ?*** est ***oui, non, peut-être…*** La dire en utilisant ***est-ce que*** puis l'inversion du sujet. Remarquer la présence d'un tiret.
Constater que l'autre question appelle une réponse impliquant un lieu. Entourer le mot interrogatif. Remarquer la présence du tiret.
- **Constituer une phrase :** *contre un haricot magique – échange – Jack – sur le chemin – sa vache – lance – le haricot magique – John – du vieil homme – par la fenêtre – avant de se coucher*
Observer les différentes positions dans la phrase de ***sur le chemin – avant de se coucher – par la fenêtre,*** penser à mettre les virgules.
- **Dans chaque phrase, entourer** avec des couleurs différentes les différents groupes : de qui on parle, c'est le sujet, et ce qu'on en dit, c'est le prédicat.
Sur le chemin, Jack et John rencontrent un vieil homme.
Un matin, le vieil homme donne un haricot à Jack.
Jack accepte.
Les deux garçons vont au marché.
Dans chaque prédicat, remarquer qu'un mot change si on fait varier le sujet (comme dans la transposition), c'est le verbe. Le souligner.
Constater que le prédicat est composé d'un verbe accompagné d'un groupe de mots (on parle alors de groupe verbal) ou d'un verbe seul.
Remarquer que dans deux phrases, il y a un autre groupe, l'entourer. Redire les phrases en déplaçant ce groupe puis en le supprimant.
Les CE2 recopient les phrases suivantes. Ils entourent le sujet et le prédicat. Dans le prédicat, ils soulignent le verbe.
Sur le marché, Jack vend la vache au vieil homme.
Le lendemain, les deux garçons découvrent un énorme pied de haricot.
Avec les CM, trouver de qui on parle (le sujet) et ce qu'on en dit (le prédicat). Récrire les phrases en respectant les consignes :
Jack et John sont très pauvres. Remplacer ***Jack et John*** par ***Jack.***
Les garçons sont bien matinaux. Remplacer ***les garçons*** par ***le garçon.***
Le haricot est magique. Remplacer ***le haricot*** par ***les haricots.***
Constater les accords et la présence du verbe ***être.***

■ CE2 ■ CM1 ■ CE2/CM1 ■ CM2 ■ CM1/CM2 ■ CE2/CM1/CM2

Collecte

Phrases négatives et phrases affirmatives correspondantes

Leur vieille vache ne donne plus de lait. / Leur vieille vache donne encore du lait. / Leur vieille vache donne toujours du lait.
Je n'ai plus d'argent. / J'ai encore de l'argent. / J'ai toujours de l'argent.

Compléments

Sur le chemin, Jack et John rencontrent un vieil homme.
Un matin, le vieil homme donne un haricot à Jack.

Groupes verbaux 1

Jack et John sont très pauvres. / Jack est très pauvre.
Les garçons sont bien matinaux. / Le garçon est bien matinal.
Le haricot est magique. / Les haricots sont magiques.

Exercices

Constituer une phrase.

sa vache – part – le jeune garçon – de bonne heure – un matin – au marché – pour vendre.

Écrire à la forme négative.

Il a encore faim.
Elle est toujours en colère contre son frère.
Vous lisez encore des bandes dessinées.

JOUR 3 > Activités sur les groupes nominaux

- **Rechercher dans le texte** des mots qui désignent des animaux, des personnes, des choses. Rappeler que ce sont des noms. Les redire avec un article : ***le, la, les, un, une, des*** ou ***l'.*** Remarquer les noms qui ont une majuscule. On les appelle des noms propres.
  Faire classer les noms suivant leur genre : **masculin – féminin.**

Collecte

Groupes nominaux 1

Jack
Jack et John
leur mère, sa mère
le chemin
cette vache
notre vache, ma vache, votre vache, ta vache
ce haricot
une nuit

Groupes nominaux 2

une petite ferme
leur vieille vache
un vieil homme
le petit vieux

Exercices

Recopier les noms dans la colonne qui convient en leur ajoutant *un* ou *une.*

ampoule – limonade – voiture – pantalon – manteau – chaise – ciel – poule – sœur – danseur – pigeon – magicienne.

Puis les classer suivant leur genre.

personne	animal	chose

JOUR 4 > Vocabulaire et production écrite

Vocabulaire

- **Dans le dictionnaire, chercher** le mot ***travailler.*** Écrire le mot qui vient avant, celui qui vient après.
  Écrire le premier mot et le dernier mot de la page où on le trouve.
  Chercher ensuite : ***grimper.***
  Les CM cherchent ***gourmand – griffer – genou – girafe*** et interprètent les abréviations situées à côté de chaque mot.
- **Rechercher des expressions imagées** employant la comparaison : ***pleurer comme une fontaine – filer comme une flèche – tourner comme un ours en cage – sauter comme un cabri – nager comme un poisson dans l'eau – avancer comme une tortue – manger comme quatre – malin comme un singe – haut comme trois pommes – sourd comme un pot – blanc comme neige – etc.***
- **Trouver le contraire** de ***habité : inhabité.*** Entourer le préfixe ***in-.***
  Trouver d'autres mots opposés construits ainsi : ***connu / inconnu – prévu / imprévu – sonore / insonore – etc.***
  Les CM2 peuvent en relever en cherchant dans le dictionnaire les mots commençant par ***in-.***

Production écrite

Pendant les vacances, Sarah a l'habitude d'aller chez ses grands-parents. D'habitude, elle prend le bus mais là, elle décide de prendre le train.

- **Continuez le texte** en utilisant ***aller à la gare – chercher le quai… – rencontrer son amie Clara.***
  Écrire un dialogue entre Clara et Sarah en utilisant les verbes ***être – aller – avoir – pouvoir – vouloir – etc.***
- **Écrire au tableau** les mots dont les élèves peuvent avoir besoin. Commencer en dictée à l'adulte puis laisser les élèves écrire en autonomie deux (CE2) ou trois phrases (CM).
- **Faire relire les productions** en vérifiant la ponctuation du dialogue et les terminaisons des verbes.

COLLECTE de la semaine 2

- Jack échange sa vache contre un haricot. / Jack et John échangent leur vache contre un haricot.
- Tu le plantes. / Vous le plantez.
- Celui-ci l'appelle.

- Tu vois ce haricot. / Vous voyez ce haricot.
- Si tu veux, tu peux devenir riche. / Si vous voulez, vous pouvez devenir riches.
- Je dois vendre ma vache. / Nous devons vendre notre vache.

- Jack est pauvre. / Jack et John sont pauvres.
- Tu es bien matinal. / Vous êtes bien matinaux.
- Il est magique.

- Où vas-tu avec cette vache ? / Où allez-vous avec cette vache ?
- Je vais au marché. / Nous allons au marché.
- Un matin, Jack va au marché. / Un matin, Jack et John vont au marché.

- Leur vieille vache ne donne plus de lait. / Leur vieille vache donne encore du lait.
- Leur vieille vache donne toujours du lait.
- Je n'ai plus d'argent. / J'ai encore de l'argent. / J'ai toujours de l'argent.

- Sur le chemin, Jack et John rencontrent un vieil homme.
- Un matin, le vieil homme donne un haricot à Jack.

- Jack et John sont très pauvres. / Jack est très pauvre.
- Les garçons sont bien matinaux. / Le garçon est bien matinal.
- Le haricot est magique. / Les haricots sont magiques.

- Jack
- Jack et John
- leur mère, sa mère
- le chemin
- cette vache
- notre vache, ma vache, votre vache, ta vache
- ce haricot
- une nuit

- une petite ferme
- leur vieille vache
- un vieil homme
- le petit vieux

CE2 · CM1 · CE2/CM1 · CM2 · CM1/CM2 · CE2/CM1/CM2

Semaine 3 Jack et le haricot magique (2)

Autour d'un conte

Jack fait fortune.

Sans perdre son aplomb, Jack regarde la géante, il la salue et il dit :
« Je peux avoir un peu à manger, s'il vous plait ? J'ai bien faim. Je suis parti de chez moi, depuis ce matin.
– Mon pauvre enfant, que viens-tu faire ici ? Mon mari est un ogre, si tu restes, il te mangera. »
À ce moment, boum ! bam ! boum ! bam ! On pousse la porte.
« Vite, file derrière le buffet ! murmure la géante. »
Aussitôt, Jack obéit et il court vers le buffet. Il a un peu peur. Il voit entrer un géant qui porte dans une main un sac et dans l'autre un mouton. Le géant jette le sac dans un coin et des pièces d'or roulent par terre. Il renifle de tous côtés. « Ça sent la chair fraiche ici ! s'écrie-t-il.
– Bien sûr, c'est ce mouton que vous apportez, réplique vivement sa femme. »
La femme fait cuire le mouton, l'ogre le mange, se couche et s'endort. Alors Jack quitte doucement sa cachette, il prend le sac de pièces d'or et il rentre chez lui.
Sa mère est surprise de le voir descendre du haricot. En lui donnant le sac de pièces d'or, Jack lui dit :
« Eh bien, petite mère, tu vois que c'était vraiment un haricot magique ! »
La pauvre femme remercie le ciel de lui avoir donné un fils si habile et tous deux vivent des jours heureux grâce à l'or du géant.

Lecture compréhension du texte

- Chez qui est Jack ? Pourquoi doit-il se cacher ? Qu'y a-t-il dans le sac du géant ? Que fait Jack quand l'ogre dort ? Que fait Jack avec l'or ?
- **Expliquer :** *sans perdre son aplomb – file – habile.*
- **Dégager les différentes étapes** du récit : *l'arrivée chez l'ogre, le retour de l'ogre, l'attente de Jack et sa fuite, le retour chez lui.*
- **Interpréter** les différents signes de ponctuation : point d'exclamation (après les onomatopées, renforcer l'injonction, exprimer l'étonnement, la joie d'avoir eu raison), point d'interrogation (question), deux points (paroles rapportées), guillemets et tirets pour le dialogue.
- **Trouver** qui est désigné par les mots soulignés. Relever les différentes manières de nommer la femme de l'ogre, l'ogre, la mère de Jack.
- **Faire remarquer** que le récit est écrit au présent par un narrateur extérieur.
- **Distinguer** récit et paroles rapportées. Faire lire les paroles rapportées et identifier qui les prononce.
- **Relever** les mots ou groupes de mots qui donnent des indications de temps : ***depuis... – à ce moment – aussitôt.***
  Relever les mots ou groupes de mots qui indiquent des lieux : ***chez... – derrière... – ici – dans... – etc.***
- **Relever** l'indicateur logique : ***alors.***

JOUR 1 > Transposition du texte

- **Relever** des phrases au présent, la partie de phrase au futur et la phrase au passé.
- **Transposer** en faisant raconter l'histoire par Jack lui-même : ***Je fais fortune.***
  Bien lire le texte à l'oral en le transformant puis écrire les changements. Faire remarquer les changements au moment où on les écrit :
  - les pronoms ***il*** > ***je*** ; rappeler que ce sont des pronoms personnels ;
  - les verbes, ils changent suivant la personne, les nommer en précisant leur infinitif, attirer l'attention sur les terminaisons ; faire constater que certains verbes ont la même terminaison avec ***il*** et ***je*** mais que d'autres changent ;
  - les déterminants ***son*** > ***mon***, ***sa*** > ***ma***, ***lui*** > ***moi***, ***le*** > ***me*** ;
  - les noms, les adjectifs.
  - Poursuivre le relevé sur l'affiche collective : ***à grimper*** (petit mot devant un verbe à l'infinitif).
  - Attirer l'attention sur les accords de ***pauvre – matinal – riche – émerveillé.***
- **Faire remarquer** l'orthographe de ***son*** et faire expliciter son rôle : déterminant (son aplomb). Le relever et constituer une affiche collective mettant en évidence ce rôle.
  Poursuivre le relevé de ***et, à.***
  Les CE2 s'arrêtent à ***mouton***. Ils recopient la partie de texte non transposée puis transposée du début du texte à ***matin.***
  Poursuivre avec les CM puis les CM2.
  Les CM1 recopient la dernière phrase écrite en vert transposée.

Collecte

Présent 1

Je regarde la géante. / Jack regarde la géante.
À ce moment, on pousse la porte.
Le géant jette le sac dans un coin.

Présent 2

Je dis : … / Il dit : …
Je peux avoir un peu à manger ?
Que viens-tu faire ici ?
Je vois entrer un géant. / Il voit entrer un géant.
Aussitôt, j'obéis. / Aussitôt, Jack obéit.

Présent 3

J'ai un peu peur. / Il a un peu peur.

Exercice

Transposer en parlant d'Arthur.

Arthur et Adam entrent dans la cour. Ils saluent la maîtresse. Ils disent :
– Nous avons mal au ventre. Nous pouvons aller dans la classe ?
– Oui, vous pouvez y aller.
Aussitôt, Arthur et Adam obéissent et ils filent en classe.
Dans la classe, ils vont au coin-livre et ils regardent des albums documentaires.
Ils ne font pas de bruit, ils sont sages.

CE2 · CM1 · CE2/CM1 · CM2 · CM1/CM2 · CE2/CM1/CM2

Texte transposé

Je fais fortune

Sans perdre mon aplomb, je regarde la géante, je la salue et je dis :
« Je peux avoir un peu à manger, s'il vous plait ? J'ai bien faim. Je suis parti de chez moi, depuis ce matin.
– Mon pauvre enfant, que viens-tu faire ici ? Mon mari est un ogre, si tu restes ici, il te mangera. »
À ce moment, boum ! bam ! boum ! bam ! on pousse la porte.
« Vite, file derrière le buffet ! murmure la géante. »
Aussitôt j'obéis et je vais derrière le buffet. J'ai un peu peur. Je vois entrer un géant qui porte dans une main un sac et dans l'autre un mouton. Le géant jette le sac dans un coin et des pièces d'or roulent par terre. Il renifle de tous côtés.
« Ça sent la chair fraiche ici ! s'écrie-t-il.
– Bien sûr, c'est ce mouton que vous apportez », réplique vivement sa femme.
La femme fait cuire le mouton, l'ogre le mange, se couche et s'endort. Alors je quitte doucement ma cachette, je prends le sac de pièces d'or et je rentre chez moi.
Ma mère est surprise de me voir descendre du haricot. En lui donnant le sac de pièces d'or, je lui dis :
« Eh bien, petite mère, tu vois que c'était vraiment un haricot magique ! »
La pauvre femme remercie le ciel de lui avoir donné un fils si habile et tous deux vivent des jours heureux grâce à l'or du géant.

JOUR 2 > Activités sur les phrases

- **Lire** les phrases ou propositions exclamatives et trouver ce qu'elles expriment.
- **Faire remarquer** les interjections : ***boum ! bam !*** Constater qu'elles expriment des bruits, ce sont des onomatopées. En faire trouver d'autres.
- **Lire** les phrases interrogatives. Redire la phrase interrogative ***Nous pouvons avoir un peu à manger, s'il vous plaît ?*** en utilisant ***est-ce que*** puis l'inversion du sujet. Remarquer la présence d'un tiret.
  Dans l'autre question, entourer le mot interrogatif. Remarquer la présence du tiret.
- **Faire lire** la phrase dans laquelle un ordre est donné. Remarquer le point d'exclamation qui renforce l'ordre.
- **Constituer une phrase :**
  et – un mouton – Jack – voit entrer – avec un sac – l'ogre – alors – très peur – a – il
- **Dans chaque phrase, entourer** avec des couleurs différentes le sujet, le prédicat, le groupe qui peut être déplacé et supprimé.
  Constater que le sujet est soit un groupe nominal soit un pronom, que le prédicat est soit un verbe seul, soit un groupe verbal et souligner le verbe.
  Sans perdre son aplomb, Jack regarde la géante.
  Aussitôt, il obéit.
  Un géant porte un sac et un mouton.
  Des pièces d'or roulent par terre.
  Grâce à l'or du géant, la vieille femme vit des jours heureux.

  Les CE2 recopient les phrases suivantes. Ils entourent le sujet, le prédicat, le groupe supprimable et déplaçable. Dans le prédicat, ils soulignent le verbe.
  Chez l'ogre, Jack va derrière le buffet.
  L'ogre mange les enfants.

  Avec les CM, trouver le sujet et le prédicat. Récrire la phrase en remplaçant *mon mari* par *ma femme* et *ma mère* par *mon père :*
  Mon mari est un ogre.
  Ma mère est surprise.
  Constater les accords et la présence du verbe *être.*

Collecte

Compléments

Sans perdre son aplomb, Jack regarde la géante.
Aussitôt, il obéit.
Grâce à l'or du géant, la vieille femme vit des jours heureux.

Groupes verbaux 1

Mon mari est un ogre. / Ma femme est une ogresse.
Ma mère est surprise. / Mon père est surpris.

Exercices

Récrire les phrases interrogatives en utilisant *est-ce que*.

Tu as faim.
Tu obéis à la géante.
Tu restes chez l'ogre.

Entourer le sujet, le prédicat. Souligner le verbe.

La géante parle à voix basse.
L'ogre mange le mouton.
Doucement, Jack quitte la demeure de l'ogre.
La mère de Jack est surprise.

JOUR 3 > Activités sur les groupes nominaux

- **Rechercher dans le texte** des mots qui désignent des animaux, des personnes, des choses. Rappeler que ce sont des noms. Les redire avec un article : ***le, la, les, un, une, des*** ou ***l'***.
  Faire classer les noms suivant leur genre : **masculin - féminin.**

Exercices

Recopier les noms dans la colonne qui convient en leur ajoutant *le, la* ou *l'*.

usine – coiffeuse – tablette – lionceau – outil – course – magasin – écolier – fourmi – tulipe – buisson – peintre – ours – nuage – planète – coccinelle – ordinateur

Puis les classer suivant leur genre.

personne	animal	chose

CE2 CM1 CE2 / CM1 CM2 CM1 / CM2 CE2 / CM1 / CM2

JOUR 4 > Vocabulaire et production écrite

Vocabulaire

- **Dans le dictionnaire, chercher** le mot *filer.* Relever ses différents sens. Observer comment ils sont notés dans le dictionnaire.
- **Relever** dans ce texte et dans le précédent, les verbes introducteurs de dialogue : ***murmurer – s'écrier – dire – répliquer.*** Relire les paroles prononcées avec l'intonation induite par le verbe et expliciter le sens de ces verbes.
- **Lire** les verbes suivants et les classer suivant ce qu'ils expriment : ***ordre – surprise – explication – hésitation – prière – parler d'unevoix forte – d'une voix faible – etc.***
  Interroger – demander – rétorquer – répliquer – bafouiller – ordonner – commander – exiger – expliquer – informer – exposer – prier – hésiter – bégayer – bredouiller – balbutier – s'étonner – s'émerveiller – s'interroger – s'exclamer – chuchoter – murmurer – souffler – susurrer – marmonner – crier – hurler – gronder – rugir – brailler – tonner – ronchonner – vociférer – implorer – supplier – grogner – bougonner – s'écrier – soupirer – questionner – répondre – etc.

Production écrite

- **Lire la fin** du conte aux élèves. *(Elle se trouve à la fin de la période 1)*
- **La découper en épisodes,** titrer chaque épisode comme suit :
  Décision de Jack de retourner au château des nuages – Arrivée chez l'ogre – Retour de l'ogre – Jack dans sa cachette – Repas de l'ogre – Fuite de Jack – Vie de Jack avec sa mère et l'oie – Nouveau retour de Jack chez l'ogre – Arrivée de l'ogre – Recherche de Jack par la géante – Repas de l'ogre et de sa femme – Fuite de Jack avec la harpe – Poursuite de Jack par l'ogre – Situation finale.
- **Répartir les élèves par groupe de deux** et donner à chacun un épisode. Leur demander de l'illustrer et de rédiger une, deux ou trois phrases en le faisant raconter par Jack. Indiquer qu'ils peuvent s'aider des textes de l'histoire déjà lus pour l'orthographe de certains mots ou la structure syntaxique de certaines phrases. Écrire au tableau les verbes et les noms nouveaux dont les élèves peuvent avoir besoin.
- **Faire réviser chaque texte** au niveau de la ponctuation, des terminaisons des verbes.
- Sur une affiche, **coller les textes et les dessins** et constituer collectivement un seul texte en ajoutant des mots de liaison et des substituts.

COLLECTE de la semaine 3

- Je regarde la géante. / Jack regarde la géante.
- À ce moment, on pousse la porte.
- Le géant jette le sac dans un coin.

- Je dis : … / Il dit : …
- Je peux avoir un peu à manger ?
- Que viens-tu faire ici ?
- Je vois entrer un géant. / Il voit entrer un géant.
- Aussitôt, j'obéis. / Aussitôt, Jack obéit.

- J'ai un peu peur. / Il a un peu peur.

- Sans perdre son aplomb, Jack regarde la géante.
- Aussitôt, il obéit.
- Grâce à l'or du géant, la vieille femme vit des jours heureux.

- Mon mari est un ogre. / Ma femme est une ogresse.
- Ma mère est surprise. / Mon père est surpris.

- la géante
- mon mari
- un ogre
- le buffet

- mon pauvre enfant
- un grand bruit

- des pièces d'or

Semaine 4 Une fiche de fabrication (1)

Autour d'un texte injonctif

Une grosse araignée noire pour Halloween

Il faut :
- plusieurs feuilles de papier journal
- un rouleau de ruban adhésif
- 8 morceaux de fil chenille de 30 cm de long chacun et de deux couleurs différentes
- un fil élastique noir de 80 cm environ
- de la laine noire
- deux yeux en plastique
- une feuille blanche A4
- un tube de colle forte

1. Pour le corps de l'araignée, avec le papier journal, faire une grosse boule (6 cm de diamètre). Enrouler du ruban adhésif tout autour. Puis fabriquer une deuxième boulette plus petite pour la tête. La scotcher sur le corps.

2. Pour faire deux pattes de l'araignée, prendre deux morceaux de fil chenille de couleur différente. Les enrouler l'un avec l'autre. Ensuite, replier chaque extrémité sur elle-même. Recommencer trois fois la même opération.

3. Attacher les 4 pattes en fil chenille avec du scotch, sous le corps de l'araignée. Poser le fil élastique sur le dos de l'araignée et le scotcher.

4. Entourer le corps et la tête de l'araignée avec de la laine noire.

5. Coller les yeux. Pour cela, employer de la colle forte. Découper des dents méchantes dans la feuille blanche et bien les coller.

6. Enfin, passer le fil de l'araignée au-dessus d'une porte et faire peur à tous ceux qui entrent.

Lecture compréhension du texte

- **Lire** le texte et constater qu'il s'agit d'une fiche de fabrication qui donne des consignes pour réaliser un objet. Observer les différentes parties : le titre, le matériel, les étapes numérotées. Reformuler avec ses propres mots la réalisation en observant l'illustration. Dire ce qu'il faut faire dans l'ordre en employant les verbes du texte : *il faut d'abord...*
- **Relever** les mots ou groupes de mots qui donnent des indications de temps : *puis – ensuite – enfin.* Relever les mots ou groupes de mots qui indiquent des endroits : *sur... – entre... – au-dessus.*
- **Trouver** à quoi renvoient les mots soulignés.
- Si possible, **fabriquer l'araignée.**

JOUR 1 > Transposition du texte

- **Identifier** le nombre de phrases dans chaque paragraphe. Distinguer ligne et phrase.
- **Faire remarquer** que les consignes de fabrication sont données avec des verbes à l'infinitif.
- **Transposer** le texte en utilisant la 2e personne du singulier du présent de l'indicatif.
  Bien lire le texte à l'oral en le transformant puis écrire les changements.
  Faire remarquer les changements au moment où on les écrit :
  • les verbes, attirer l'attention sur les terminaisons et constater la régularité : avec ***tu,*** le verbe se termine toujours par un ***-s*** ; remarquer que, pour certains verbes (les verbes en *-er*), avant le **s**, il y a un ***e*** qui ne se prononce pas toujours.
- **Poursuivre le relevé** de ***et, son, à*** et expliciter leur rôle.
  Les CE2 s'arrêtent à *scotcher.* Ils recopient l'étape 1 non transposée puis transposée. Ils soulignent les verbes et indiquent le nombre de phrases.
  Poursuivre avec les CM puis les CM2.
  Les CM1 recopient l'étape 3 transposée.

Collecte

Présent 1

Tu fabriques une deuxième boulette.
Ensuite, tu replies chaque extrémité sur elle-même.
Tu recommences la même opération.
Tu emploies de la colle forte.

Présent 2

Tu prends deux morceaux de fil chenille.
Avec le papier journal, tu fais une grosse boule.

Exercice

Transposer avec *tu.*

Fabriquer le corps et la tête en papier journal. Couper le fil chenille pour faire les quatre pattes. Coller les pattes sur l'araignée. Prendre le fil élastique. L'attacher à l'araignée. Faire les dents de l'araignée dans du papier blanc. Pour faire le duvet de l'araignée, employer de la laine noire.

Texte transposé

Une grosse araignée noire pour Halloween

1. Pour le corps de l'araignée, avec le papier journal, tu fais une grosse boule (6 cm de diamètre). Tu enroules du ruban adhésif tout autour. Puis tu fabriques une deuxième boulette plus petite pour la tête. Tu la scotches sur le corps.
2. Pour faire deux pattes de l'araignée, tu prends deux morceaux de fil chenille de couleur différente. Tu les enroules l'un avec l'autre. Ensuite, tu replies chaque extrémité sur elle-même. Tu recommences trois fois la même opération.
3. Tu attaches les 4 pattes en fil chenille avec du scotch, sous le corps de l'araignée. Tu poses le fil élastique sur le dos de l'araignée et tu le scotches.
4. Tu entoures le corps et la tête de l'araignée avec de la laine noire.
5. Tu fixes les yeux. Pour cela tu emploies de la colle forte. Tu découpes des dents méchantes dans la feuille blanche et tu les colles bien.
6. Tu passes le fil de l'araignée au-dessus d'une porte et tu peux faire peur à tous ceux qui entrent.

CE2 CM1 CE2/CM1 CM2 CM1/CM2 CE2/CM1/CM2

JOUR 2 > Travail sur les phrases et les groupes nominaux

- **Dans chaque phrase, entourer** avec des couleurs différentes, le sujet, le prédicat, le groupe qui peut être déplacé et supprimé. Constater que le sujet est soit un groupe nominal soit un pronom, que le prédicat est un groupe verbal et souligner le verbe.

  Pour Halloween, les élèves fabriquent une grosse araignée.
  Pour Halloween, tu fabriques une grosse araignée.
  Tu fais une grosse boule.
  Avec de la laine noire, tu entoures le corps et la tête de l'araignée.
  Dans la feuille blanche, tu découpes des dents méchantes.

- **Dans les groupes nominaux suivants** trouver le nom :
  une grosse araignée noire – une grosse boule – du ruban adhésif – une deuxième boulette plus petite – chaque extrémité – le fil élastique – la laine noire – des dents méchantes – la feuille blanche.
  Remplacer chaque nom par un autre.

Collecte

Compléments

Pour Halloween, les élèves fabriquent une grosse araignée.
Avec de la laine noire, tu entoures le corps et la tête de l'araignée.

Groupes nominaux 1

l'araignée
chaque extrémité

Groupes nominaux 2

une grosse araignée noire
une grosse boule
du ruban adhésif
le fil élastique

Groupes nominaux 3

deux pattes de l'araignée
le dos de l'araignée
le corps de l'araignée
la tête de l'araignée

Exercice

Entourer le sujet, le prédicat. Souligner le verbe.

Tout autour, tu enroules du ruban adhésif.
Pour la tête, tu fabriques une deuxième boulette plus petite.
La maitresse apporte tout le matériel nécessaire.
Tu recommences la même opération.
Tu fais peur à tout le monde.

JOUR 3 > Structuration : le verbe et le sujet – *Séance 1*

Il s'agit de mettre en évidence :

- **les critères de reconnaissance du verbe**
  - le verbe est le mot qui change quand le temps et/ou la personne changent : il se conjugue ;
  - à la forme négative, le verbe est encadré par les mots de la négation ;
  - le verbe est le noyau du groupe verbal ayant la fonction de prédicat dans la phrase.
- **les critères de reconnaissance du sujet**
  - le sujet indique de qui ou de quoi on parle dans une phrase ;
  - le sujet est un pronom (pronom personnel : ***je, tu, il, elle, nous, vous, ils, elles,*** ou autre pronom, par exemple : ***celui-ci***) ;
  - quand *le sujet est un groupe nominal, on peut, pour le trouver, l'encadrer avec* ***C'est… qui****, poser la question* ***Qui est-ce qui… ?*** ;
  - le sujet commande le verbe ;
  - le sujet peut être séparé du verbe par un groupe de mots ou être placé derrière le verbe.

Identifier le verbe

- **Rappeler** ce que l'on a appris sur le verbe après les transpositions : c'est le mot qui change avec la personne.
  - **Retrouver** le verbe dans ces phrases :
    Tu vois ce haricot. / Vous voyez ce haricot.
    Un matin, Jack va au marché. / Un matin, Jack et John vont au marché.
    Je vais au marché. / Nous allons au marché.
    On pousse la porte. / Je pousse la porte. / Nous poussons la porte. / Vous poussez la porte.
  - **Employer** les différentes personnes dans ces phrases pour trouver le verbe :
    On dessine un animal. Je, tu, nous, vous, ils ou *elles*
    Vous arrivez devant la maison. Je, tu, nous, on ou *elle ou il, ils* ou *elles*
    Nommer les différentes personnes : 1re, 2e, 3e, et indiquer leur nombre.
    Remarquer qu'avec *nous* et *vous,* les changements des verbes sont toujours perceptibles à l'oral.
  - **Redire ces phrases** au passé pour constater que le verbe change aussi avec le temps.
- **Donner aux élèves** les phrases qui ont déjà été décomposées en groupes de mots suivant leur fonction (sujet-prédicat), s'intéresser au prédicat. Constater que le prédicat est constitué d'un mot ou d'un groupe de mots. Identifier le mot principal : c'est le verbe. Le verbe est fondamental, il est le noyau du groupe de mots ayant la fonction de prédicat dans la phrase. On nomme le groupe de mots contenant un verbe : **le groupe verbal.**

[*Sur le chemin,*] [*Jack et John*] [*rencontrent un vieil homme.*]
[*Un matin,*] [*le vieil homme*] [*donne un haricot à Jack.*]
[*Jack*] [*accepte.*]
[*Sans perdre son aplomb,*] [*Jack*] [*regarde la géante.*]
[*Aussitôt,*] [*il*] [*obéit.*]
[*Un géant*] [*porte un sac et un mouton.*]
[*Pour Halloween,*] [*les élèves*] [*fabriquent une grosse araignée.*]
[*Pour Halloween,*] [*tu*] [*fabriques une grosse araignée.*]
[*Tu*] [*fais une grosse boule.*]

- **Dire ces phrases à la forme négative.** En écrire une et constater que le verbe est encadré par les mots de la négation.

Identifier le sujet

- **Dans les phrases précédentes,** faire indiquer les sujets (de qui on parle dans la phrase).
  Montrer que pour trouver le sujet, on peut aussi utiliser l'encadrement avec ***c'est... qui*** ou ***ce sont... qui.***
- **Constater** dans les phrases précédentes que le sujet commande l'accord du verbe. Indiquer la terminaison de chaque verbe en fonction du sujet.
- **Faire constater,** dans les phrases précédentes, que le sujet peut être un groupe de mots autour d'un nom, un nom seul (nom propre) ou un pronom. Lister les pronoms personnels sujets.
  Indiquer qu'il y a d'autres pronoms qui peuvent être sujets (***on*** ou ***celui-ci*** par exemple) :
  On pousse la porte.
  Celui-ci l'appelle.
- **Faire recopier** les phrases, entourer le sujet en l'encadrant avec ***c'est qui.***
  Le jeune chien ronge son os.
  Dans le jardin, un oiseau picore du grain.
  Un énorme camion rouge passe dans la rue.
- **Observer** les phrases suivantes pour montrer que le sujet peut être séparé du verbe.

[*Les élèves,*] [*pour Halloween,*] [*fabriquent une grosse araignée.*]
[*Jack,*] [*sans perdre son aplomb,*] [*regarde la géante.*]

- **Dans les phrases suivantes,** faire trouver le sujet et le verbe. Constater que le verbe peut être après le sujet.
  Tout à coup, devant eux, arrive une géante.
  Où vont Jack et John avec leur vache ?

Exercices

Dans chaque phrase, entourer le sujet, le prédicat et souligner le verbe.

Les gouttes de pluie tombent sur le sol. La pluie tombe sur le sol.
Je traverse la rue. Nous traversons la rue.
La fillette attrape le ballon. Vous attrapez le ballon.
Le bébé veut du chocolat. Les bébés veulent du chocolat.
Tu vas au cinéma. Ils vont au cinéma.
Je fais des bêtises. Elle fait des bêtises.
Vous recevez une lettre.
J'entends un bruit.
Le hamster, dans sa cage, dévore des graines de tournesol.
Que mangent les cochons d'Inde ?
Dans le ciel, passe un avion de chasse.

Récrire les phrases à la forme négative et souligner le verbe.

Tous les ans, les inondations font des dégâts.
Vous chantez souvent cette chanson.
L'alpiniste voit le sommet.
Il prendra sa douche ce soir.
Les clowns commencent leur numéro tout de suite.
À la récréation, les élèves bavardent.
Le matin, nous peignons nos cheveux.
Les élèves entrent dans la cour.

JOUR 4 > Structuration : le verbe et le sujet – *Séance 2*

Il s'agit de montrer que :
- le verbe a un nom : **l'infinitif** ;
- les verbes peuvent être classés suivant la terminaison de leur infinitif : verbes en ***-er, -ir, -dre, -oir, -re.***
- certains verbes très irréguliers sont classés à part : ***être, avoir, aller.***

Donner le document suivant :

verbe en - .....
- Tu plantes le haricot. / Vous plantez le haricot. **verbe** ....
- On pousse la porte. **verbe** ....
- Le chimpanzé trouve une solution. / Les chimpanzés trouvent une solution. **verbe** ....
- Celui-ci l'appelle. **verbe** ....
- Le géant jette le sac dans un coin. **verbe** ....

verbe en - .....
- Tu viens ici. / Vous venez ici. **verbe** ....
- Aussitôt, Jack et John obéissent. / Aussitôt, Jack obéit. **verbe** ....
- Il franchit un ruisseau sur un tronc. / Ils franchissent un ruisseau sur un tronc. **verbe** ....

verbe en - .....
- Il peut passer. / Ils peuvent passer.
  Tu peux devenir riche. / Vous pouvez devenir riches. **verbe** ....
- Tu vois ce haricot. / Vous voyez ce haricot. **verbe** ....
- Il veut manger une noix. / Ils veulent manger une noix. **verbe** ....
- Nous devons vendre notre vache. / Je dois vendre ma vache. **verbe** ....

verbe en - .....
- Il fait un coussin. / Ils font un coussin. **verbe** ....
- Ils disent. / Il dit. **verbe** ....

verbe en - .....
- Il prend un bâton. / Ils prennent un bâton. **verbe** ....
- Il franchit un ruisseau sur un tronc. / Ils franchissent un ruisseau sur un tronc. **verbe** ....

autres verbes
- Il est très pauvre. / Ils sont très pauvres.
  Tu es bien matinal. / Vous êtes bien matinaux. **verbe** ....
- Je n'ai plus d'argent. / Nous n'avons plus d'argent. **verbe** ....
- Je vais au marché. / Nous allons au marché. **verbe** ....

- Pour chaque groupe de phrases, **souligner** le mot qui change : c'est **le verbe.** Rappeler qu'il change suivant la personne qui parle (je, nous) ou à qui on parle (tu, vous) ou de qui on parle (il, Jack, on, etc.). Préciser que ***on*** est un pronom de 3e personne du singulier.
- Sur la feuille, **faire écrire** l'infinitif des verbes, c'est **le nom du verbe.** Trouver d'autres verbes en ***-er, -ir, -dre, -re, -oir.***
  - **Préciser** aux élèves que dans le dictionnaire, les verbes sont écrits à l'infinitif (*voir leçon de vocabulaire de la semaine suivante*). Indiquer que dans une phrase, on trouve aussi des verbes qui sont à l'infinitif : ***Il veut manger.***
  - **Jouer** à pigeon vole : est-ce un verbe ?
    Briser – recevoir – avaler – tapis – gras – éteindre – lire – ranger – écrire – construire – salir – bouteille – fleur – peindre – étonner – craindre – éponge – saison – haïr – santé – guérir – plaindre
- Les verbes ***être, avoir, aller*** sont classés à part car leur conjugaison est très irrégulière.
- **Garder une trace écrite** dans le cahier.

Le verbe

- **Le verbe change avec la personne et avec le temps :**
  Il cherche. / Ils cherchent.
  Tu vois ce haricot. / Vous voyez ce haricot.
  Il pousse. / Hier, il a poussé. / Demain, il poussera.
  Jack et John obéissent. / Jack obéit.

- **Le verbe est le noyau du groupe verbal prédicat :**

	sujet	prédicat
Sur le chemin,	*Jack*	*rencontre un vieil homme*

verbe noyau du groupe verbal

- **Le verbe, à la forme négative, est encadré par les mots de la négation :**
  Jack regarde la géante.
  Jack ne regarde pas la géante.

- **Le verbe a un infinitif :** *avoir – être – prendre – jouer – etc.*

- **Les verbes peuvent être classés en trois groupes suivant la terminaison de leur infinitif :**
  verbes en ***-er*** **:** *manger – pousser – trouver – chercher – etc.*
  verbes en ***-ir*** **:** *venir – obéir – franchir – etc.*
  verbes en ***-dre*** **:** *prendre – comprendre – entendre – vendre – etc.*
  verbes en ***-re*** **:** *faire – dire – lire – sourire – écrire – connaitre – etc.*
  verbes en ***-oir*** **:** *voir – pouvoir – vouloir – devoir – etc.*

- Les verbes ***être, avoir*** et ***aller*** sont des verbes dont la conjugaison est très irrégulière.

Le sujet

- **Le sujet indique de qui ou de quoi on parle dans une phrase :**
  De bon matin, Jack part au marché.

- **Le sujet commande l'accord du verbe :**
  Jack obéit. / Jack et John obéissent.

- **Le sujet peut être séparé du verbe par un mot ou un groupe de mots :**
  Jack, de bon matin, part au marché.
  Vous le plantez.

- **Le sujet peut être situé derrière le verbe :**
  Où vont Jack et John avec leur vache ?
  Tout à coup, devant eux, arrive une géante.

- **Le sujet peut être :**
  un **groupe nominal :** *le vieil homme – les chimpanzés*
  un **nom propre :** *Jack*
  un **pronom personnel :** *je, tu, il, elle, nous, vous, ils, elles*
  un **autre pronom :** *on, celui-ci*

Exercice

Dans les phrases du premier exercice du jour 3, écrire l'infinitif de chaque verbe.

COLLECTE de la semaine 4

- Tu fabriques une deuxième boulette.
- Ensuite, tu replies chaque extrémité sur elle-même.
- Tu recommences la même opération.
- Tu emploies de la colle forte.

- Tu prends deux morceaux de fil chenille.
- Avec le papier journal, tu fais une grosse boule.

- Pour Halloween, les élèves fabriquent une grosse araignée.
- Avec de la laine noire, tu entoures le corps et la tête de l'araignée.

- l'araignée
- chaque extrémité

- une grosse araignée noire
- une grosse boule
- du ruban adhésif
- le fil élastique

- deux pattes de l'araignée
- le dos de l'araignée
- le corps de l'araignée
- la tête de l'araignée

Semaine 5 Une fiche de fabrication (2)

Autour d'un texte injonctif

Une grosse araignée noire pour Halloween

1. Pour le corps de l'araignée, avec le papier journal, tu fais une grosse boule (6 cm de diamètre). Tu enroules soigneusement du ruban adhésif tout autour. Puis tu fabriques une deuxième boulette plus petite pour la tête. Tu la scotches sur le corps.
2. Pour faire deux pattes de l'araignée, tu prends deux morceaux de fil chenille de couleur différente. Tu les enroules délicatement l'un avec l'autre. Ensuite, tu replies chaque extrémité sur elle-même. Tu recommences trois fois la même opération.
3. Tu attaches les 4 pattes en fil chenille avec du scotch, sous le corps de l'araignée. Tu poses le fil élastique sur le dos de l'araignée et tu le scotches.
4. Tu entoures le corps et la tête de l'araignée avec de la laine noire.
5. Tu fixes les yeux solidement. Pour cela tu emploies de la colle forte. Tu découpes des dents méchantes dans la feuille blanche et tu les colles bien.
6. Tu passes le fil de l'araignée au-dessus d'une porte et tu peux faire peur à tous ceux qui entrent.

JOUR 1 > Transposition du texte

- **Relire** le texte puis le **transposer** à la 2e personne du pluriel du présent de l'indicatif.
  Bien lire le texte à l'oral puis écrire les changements.
  Faire remarquer les changements au moment où on les écrit :
  - **les verbes,** attirer l'attention sur les terminaisons et constater la régularité ; avec ***vous,*** le verbe se termine par ***-ez*** (sauf verbe *faire*).

  Les CE2 s'arrêtent à ***scotcher.*** Ils recopient l'étape 1 non transposée puis transposée. Ils soulignent les verbes et indiquent le nombre de phrases.
  Poursuivre avec les CM puis les CM2.
  Les CM1 recopient l'étape 3 transposée.

Collecte

Présent 1

Vous fabriquez une deuxième boulette.
Ensuite, vous repliez chaque extrémité sur elle-même.
Vous recommencez trois fois.
Vous employez de la colle forte.

Présent 2

Vous prenez 15 cm de fil chenille.
Avec le papier journal, vous faites une grosse boule.

Exercice

Transposer avec *vous.*

Tu fabriques le corps et la tête en papier journal. Tu coupes le fil chenille pour faire les quatre pattes. Tu colles les pattes sur l'araignée. Tu prends le fil élastique et tu l'attaches à l'araignée. Tu fais les dents de l'araignée dans du papier blanc. Tu emploies de la colle forte pour les fixer.

Texte transposé

Une grosse araignée noire pour Halloween.

1. Pour le corps de l'araignée, avec le papier journal, vous faites une grosse boule (6 cm de diamètre). Vous enroulez soigneusement du ruban adhésif tout autour. Puis vous fabriquez une deuxième boulette plus petite pour la tête. Vous la scotchez sur le corps.

2. Pour faire deux pattes de l'araignée, vous prenez deux morceaux de fil chenille de couleur différente. Vous les enroulez délicatement l'un avec l'autre. Ensuite, vous repliez chaque extrémité sur elle-même. Vous recommencez trois fois la même opération.

3. Vous attachez les 4 pattes en fil chenille avec du scotch, sous le corps de l'araignée. Vous posez le fil élastique sur le dos de l'araignée et vous le scotchez.

4. Vous entourez le corps et la tête de l'araignée avec de la laine noire.

5. Vous fixez les yeux solidement. Pour cela vous employez de la colle forte. Vous découpez des dents méchantes dans la feuille blanche et vous les collez bien.

6. Vous passez le fil de l'araignée au-dessus d'une porte et vous pouvez faire peur à tous ceux qui entrent.

JOUR 2 > Vocabulaire et production écrite

Vocabulaire

- **Dans le dictionnaire, chercher** le mot *enrouler.* Observer l'abréviation qui indique qu'il s'agit d'un verbe.
  Ouvrir le dictionnaire à une page donnée (*par exemple sur le Robert Junior 2005, page 624*) et faire recopier les verbes.
  Les CM cherchent et relèvent, dans le dictionnaire, un verbe commençant par ***d***, un verbe commençant par ***v***, un verbe commençant par ***o.*** Ils indiquent le numéro de la page.
- **Relever** les verbes indiquant les différentes actions à faire pour réaliser l'araignée. Rechercher les verbes des consignes que l'on utilise en classe : ***tracer – entourer – découper – etc.*** Rechercher les verbes que l'on peut utiliser pour dire ce que l'on fait à la montagne, à la plage, dans un jardin, etc.

Production écrite

Il s'agit de faire employer des verbes à l'infinitif.

- Demander aux élèves d'**écrire une phrase longue** sur le modèle de celle-ci :
  À la piscine, il faut ***aller*** *dans une cabine,* ***enlever*** *ses vêtements,* ***enfiler*** *son maillot de bain,* ***sortir*** *de la cabine,* ***fermer*** *à clé,* ***passer*** *au pédiluve et enfin* ***plonger.***
  Pour cela, choisir une situation (le matin avant d'aller à l'école, le soir en rentrant de l'école…), dire oralement les verbes à utiliser et donner les mots dont les élèves peuvent avoir besoin. Si les élèves ne savent pas écrire l'infinitif d'un verbe, ils peuvent utiliser le dictionnaire pour le trouver.
- **Écrire des consignes à l'infinitif,** ou **à la deuxième personne du singulier** et/ou du pluriel pour une réalisation simple : par exemple, une fleur à six pétales avec un compas. Faire relire les productions en vérifiant la ponctuation et les terminaisons de l'infinitif.

JOUR 3 > Exercices sur le verbe et son sujet

• **Dans les phrases collectées** dans les pages du présent, entourer le sujet, le prédicat. Souligner le verbe et indiquer son infinitif.

Exercice 1

a) Dans chaque phrase, entourer le sujet, le prédicat et souligner le verbe.

Dans la cour de récréation, les élèves jouent.
On va au cinéma.
Je marche à pas lents.
Dans les bois, ils ramassent des feuilles mortes.
Pour la première fois, le chaton quitte sa mère.
À la bibliothèque, elles choisissent des livres.
L'aigle, rapidement, attrape un petit rongeur.
Les fruits trop mûrs tombent sur la pelouse.
Sur le lac, passe un petit voilier.

b) Indiquer l'infinitif de chaque verbe.

c) Recopier les sujets qui sont des pronoms.

Exercice 2

Récrire la phrase en remplaçant le groupe nominal qui est le sujet dans chaque phrase par le pronom personnel qui convient.

Les voitures roulent trop vite.
La bouteille d'eau est vide.
Le chien hurle de douleur.
Des ouvriers barrent la route.
Les abeilles retournent à la ruche.
Le chat de Zoé attrape les oiseaux.
Les sœurs d'Alex sont à l'école maternelle.
La porte du gymnase est cassée.
Les fruits de cet arbre sont encore verts.

Exercice 3

Écrire les phrases à la forme négative et souligner les verbes.

Dans leur magasin, les fleuristes composent des bouquets.
La tortue gagne la course contre le lièvre.
L'été, vous allez toujours dans le même camping.
Elles réussissent leur exercice.
On parle beaucoup de ce livre à la télévision.
Nous empruntons l'autoroute pour rentrer chez nous.
Le plombier, chez le voisin, répare une fuite d'eau.
Les enfants, à Halloween, passent dans les maisons pour demander des bonbons.

JOUR 4 > Évaluation sur la phrase, le verbe et son sujet

Il s'agit de vérifier le niveau d'acquisition des notions abordées depuis le début de l'année tout en sachant que ces notions seront revues tout au long de l'année.

Évaluations CE2 - CM1 - CM2

Il s'agit d'évaluer si les élèves savent :

- identifier, constituer une phrase simple ;
- interpréter les pronoms personnels sujets ;
- identifier le futur, le présent, le passé dans un texte ;
- dans une phrase, identifier de qui on parle (le sujet) et ce qu'on en dit (le prédicat) ;
- dans le prédicat, trouver le verbe, donner son infinitif ;
- préciser la nature du sujet.

Évaluation 1 / CE2

1. Lis le texte.

Le mois dernier, la chatte de Zoé a fait deux adorables petits chatons. Aujourd'hui, Zoé cherche à donner les chatons. Elle frappe à la porte de sa voisine Mme Lornac. Ce sont les jumelles Suzie et Clara qui lui ouvrent. Elles sont surprises de la voir avec deux chatons dans un panier.
« Que fais-tu avec ces chats ? demandent-elles.
– Je viens voir si vous voulez un chaton ou peut-être deux ? Ils sont nés il y a un mois.
– Oui ! Nous voulons bien un chaton », disent les jumelles. Elles sont enchantées.
Mais Mme Lornac arrive et dit : « Non, vous savez bien que c'est impossible, avec le chien ! Il ne supporte pas les chats. Il croquera le chaton. »

a) Indique le nombre de phrases du 1er paragraphe (jusqu'à *panier*).

....

b) Recopie la cinquième phrase de ce paragraphe.

....

....

c) Recopie la phrase de ce paragraphe qui est au passé.

....

d) Recopie une phrase de ce paragraphe qui est au présent de l'indicatif.

....

e) Recopie la phrase qui est au futur dans le dernier paragraphe.

....

f) Écris qui est désigné, dans le texte, par les pronoms surlignés :

Elle = ...
Elles = ...
tu = ...
Je = ...
vous = ...
Ils = ...
Nous = ...
vous = ...
Il = ...

2. Constitue une phrase avec les groupes de mots suivants :

chez sa voisine – va – la fillette – ce matin – pour donner un chaton

....

....

3. a) Dans chaque phrase, entoure de qui on parle (le sujet) et ce qu'on en dit (le prédicat).

Aujourd'hui, la fillette porte un chaton à sa voisine. (-......)
Les jumelles veulent un chaton. (-......)
Les deux chatons sont dans le panier. (-......)

b) Souligne le verbe, indique son infinitif (- ......).

Évaluation 1 / CM1

1. Lis le texte.

Le mois dernier, la chatte de Zoé a fait deux adorables petits chatons. Aujourd'hui, Zoé cherche à donner les chatons. Elle frappe à la porte de sa voisine Mme Lornac. Ce sont les jumelles Suzie et Clara qui lui ouvrent. Elles sont surprises de la voir avec deux chatons dans un panier.
« Que fais-tu avec ces chats ? demandent-elles.
– Je viens voir si vous voulez un chaton ou peut-être deux ? Ils sont nés il y a un mois.
– Oui ! Nous voulons bien un chaton », disent les jumelles. Elles sont enchantées.
Mais Mme Lornac arrive et dit : « Non, vous savez bien que c'est impossible, avec le chien ! Il ne supporte pas les chats. Il croquera le chaton. »

a) Indique le nombre de phrases du 1er paragraphe (jusqu'à *panier*) : ....

b) Recopie la cinquième phrase de ce paragraphe.

....

....

c) Recopie une phrase au passé.

....

d) Recopie une phrase au futur.

....

e) Recopie la phrase au présent de l'indicatif.

....

f) Écris qui est désigné, dans le texte, par les pronoms surlignés :

Elle = ...
lui = ...
Elles = ...
la = ...
tu = ...
Je = ...
vous = ...
Ils = ...
Nous = ...
vous = ...
Il = ...

2. Constitue une phrase avec les groupes de mots suivants :

chez sa voisine – va – la fillette – ce matin – pour donner un chaton – avec son panier

....

....

3. a) Dans chaque phrase, entoure le sujet et le prédicat. Souligne le verbe, indique son infinitif (- ......).

Aujourd'hui, la fillette porte un chaton à sa voisine. (-......) Les jumelles veulent un chaton. (-......) Les deux chatons sont dans le panier. (-......) Elle arrive. (-......)

b) Recopie les sujets dans la colonne qui convient :

GROUPE NOMINAL	PRONOM PERSONNEL
....	....
....	....
....	....

Évaluation 1 / CM2

1. Lis le texte.

Le mois dernier, la chatte de Zoé a fait deux adorables petits chatons. Aujourd'hui, Zoé cherche à donner les chatons. Elle frappe à la porte de sa voisine Mme Lornac. Ce sont les jumelles Suzie et Clara qui lui ouvrent. Elles sont surprises de la voir avec deux chatons dans un panier.
« Que fais-tu avec ces chats ? demandent-elles.
– Je viens voir si vous voulez un chaton ou peut-être deux ? Ils sont nés il y a un mois.
– Oui ! Nous voulons bien un chaton », disent les jumelles. Elles sont enchantées.
Mais Mme Lornac arrive et dit : « Non, vous savez bien que c'est impossible, avec le chien ! Il ne supporte pas les chats. Il croquera le chaton. »
Alors Zoé retourne chez elle avec ses chatons. Demain, elle les prendra encore dans son panier pour aller chez d'autres voisins.

a) Indique le nombre de phrases du 1er paragraphe (jusqu'à *panier*) : ....

b) Recopie la cinquième phrase de ce paragraphe.

....

....

c) Recopie une phrase au passé.

....

d) Recopie une phrase au futur.

....

e) Recopie la phrase au présent de l'indicatif.

....

f) Écris qui est désigné, dans le texte, par les pronoms surlignés :

Elle = ...	tu = ...	Nous = ...
lui = ...	Je = ...	vous = ...
Elles = ...	vous = ...	Il = ...
la = ...	Ils = ...	les = ...

2. Constitue une phrase avec les groupes de mots suivants :

et ses deux chatons – chez sa voisine – va – la fillette – ce matin – pour donner un chaton – avec son panier

....

....

3. a) Dans chaque phrase, entoure le sujet en rouge et le prédicat en bleu. Souligne le verbe, indique son infinitif (- ...).

Aujourd'hui, la fillette porte un chaton à sa voisine. (-......) Les jumelles veulent un chaton. (-......) Elles sont enchantées. (-......) La mère de Zoé arrive. (-......) Voulez-vous un chaton ? (-......) Dans le panier de Zoé, dorment trois adorables chatons. (-......)

b) Recopie les sujets dans la colonne qui convient :

GROUPE NOMINAL	PRONOM PERSONNEL
....	....
....	....
....	....
....	....

Semaine 6 Dans la jungle

Autour d'un texte informatif

Des animaux étranges

La jungle abrite plus d'espèces d'animaux qu'aucune région de la planète. Mais nous connaissez-vous ?
Je suis le toucan. Je possède un bec coloré, très léger mais immense, parfois plus grand que mon corps.
Et moi, le colibri, je suis très petit mais je sais tout faire : je vole à reculons, je fais du surplace et j'effectue des voltiges impressionnantes.
Moi, le basilic, je suis un animal bizarre. Je nage mais je cours aussi sur l'eau sans couler. Je creuse des trous dans le sable pour me cacher des prédateurs.
On ne peut pas me voir, moi le caméléon. Je change de couleur pour ne pas me faire repérer.
Je suis l'anaconda, le plus grand serpent du monde. J'étouffe ma proie en m'enroulant autour d'elle.
Et moi, le pangolin, vous me connaissez ? Je grimpe aux arbres en enroulant ma queue autour d'une branche.
Et dans l'eau, me voici, le piranha. J'ai les dents longues, je suis un poisson carnivore, très dangereux.

Lecture compréhension du texte

- **Lire le titre** et indiquer qu'il s'agit d'un texte donnant des informations sur des animaux.
- **Lire le texte** et si possible montrer des illustrations représentant les animaux car certains ne sont certainement pas connus des élèves.
  le toucan : http://fr.wikipedia.org/wiki/Toucan#mediaviewer/Fichier:Keel-billed_toucan.jpg
  le colibri : http://fr.wikipedia.org/wiki/Colibri#mediaviewer/Fichier:Hummingbird_%28PSF%29.png
  le basilic : http://www.dinosoria.com/basilic.html
  le caméléon : http://fr.wikipedia.org/wiki/Chamaeleonidae#mediaviewer/Fichier:Chameleon02.jpg
  l'anaconda : http://lunivers-des-animaux.e-monsite.com/pages/reptiles-et-amphibiens/l-anaconda.html
  le pangolin : http://fr.wikipedia.org/wiki/Pangolin#mediaviewer/Fichier:Pangolin_borneo.jpg
  l'anguille électrique : https://upload.wikimedia.org/wikipedia/commons/a/aa/Electrophorus_electricus_3.jpg
- **Indiquer** les caractéristiques étranges de chaque animal.
- **Expliquer :** *du surplace – des voltiges – des prédateurs – carnivore – des décharges de plus de 400 volts.*
- **Interpréter** les différents signes de ponctuation : point d'exclamation (susciter l'intérêt), point d'interrogation (question), deux points (donner une précision).

JOUR 1 > Transposition du texte

- **Constater** que le texte est écrit au présent à la première personne : comme si les animaux s'adressaient aux lecteurs.
- **Transposer en mettant les animaux au pluriel.**
Bien lire le texte à l'oral en le transformant puis écrire les changements. Faire remarquer les changements au moment où on les écrit :
  - **les verbes**, attirer l'attention sur les terminaisons et constater la régularité : à la 1re personne du pluriel, le verbe se termine toujours par ***-ons*** sauf le verbe ***être*** ;
  - les déterminants ***mon*** > ***notre*** ;
  - les noms, les adjectifs ;
  - les pronoms ***me*** > ***nous*** ;
  - attirer l'attention sur les accords de ***petit*** et ***bizarre.***
- **Poursuivre le relevé** de ***et, son, à*** et expliciter leur rôle.
Les CE2 s'arrêtent à ***repérer.*** Ils recopient les phrases concernant le colibri non transposées puis transposées.
Ils soulignent les verbes conjugués et indiquent le nombre de phrases.
Poursuivre avec les CM puis les CM2.
Les CM1 recopient la première phrase écrite en vert transposée.

Texte transposé

Des animaux étranges dans la jungle.

La jungle abrite plus d'espèces d'animaux qu'aucune région de la planète. Mais nous connaissez-vous ?
Nous sommes les toucans. Nous possédons un bec coloré, très léger mais immense, parfois plus grand que notre corps.
Et nous, les colibris, nous sommes très petits mais nous savons tout faire : nous volons à reculons, nous faisons du surplace et nous effectuons des voltiges impressionnantes.
Nous, les basilics, nous sommes des animaux bizarres. Nous nageons mais nous courons aussi sur l'eau sans couler. Nous creusons des trous dans le sable pour nous cacher des prédateurs.
Vous dites que vous avez du mal à nous voir, nous les caméléons. Bien sûr car nous changeons de couleur pour ne pas nous faire repérer.
Nous sommes les anacondas, les plus grands serpents du monde. Nous étouffons notre proie en nous enroulant autour d'elle.
Et nous, les pangolins, vous nous connaissez ? Nous grimpons aux arbres en enroulant notre queue autour d'une branche.
Et dans l'eau, nous voici, les piranhas. Nous avons les dents longues, nous sommes des poissons carnivores, très dangereux.

Collecte

Présent de l'indicatif 1

Nous volons à reculons.
Nous nageons.
Nous changeons de couleur.

Présent de l'indicatif 2

Je fais du surplace. / Nous faisons du surplace.

Présent de l'indicatif 3

Je suis le toucan. / Nous sommes les toucans.

Exercice

Remplacer *je* par *nous* et *nous* par *je.*

Moi, le dauphin, je ne suis pas un poisson. Pourtant je nage bien.
Nous, les requins, nous sommes dangereux.
Moi, le caïman, je passe mon temps au soleil. Je mange surtout des poissons.
Nous, les gorilles, nous grimpons dans les arbres mais aimons aussi rester au sol.

Avant la strcturation du présent, demander aux élèves de relire le soir la page 1 du présent de l'indicatif.

CE2 CM1 CE2/CM1 CM2 CM1/CM2 CE2/CM1/CM2

JOURS 2 & 3 > Structuration : le présent des verbes en *-er*

Il s'agit de :
- rappeler le rôle du présent ;
- faire le point sur les terminaisons au présent des verbes en ***-er*** ;
- distinguer radical et terminaison.

- **Lire les phrases page présent 1.** Rappeler le rôle du présent de l'indicatif tel qu'il a été vu dans les textes : pour raconter, donner des informations, expliquer.
- **Constater** que les verbes sont des verbes dont l'infinitif se termine par ***-er*** conjugués au présent de l'indicatif.
  Faire entourer la terminaison de chaque verbe (elle a été vue lors des transpositions). Souligner le radical du verbe. Constater que plusieurs terminaisons ne s'entendent pas à l'oral. Faire redire la terminaison de chaque verbe à chaque personne.
- **Compléter** la conjugaison des verbes suivants.
  Attirer l'attention des élèves sur le **e** de nous ***nageons*** et le **ç** de nous ***commençons.***

Verbe **fabriquer**	Verbe **nager**	Verbe **commencer**
je fabriqu…	je nag…	je commenc…
tu fabriqu…	tu nag…	tu commenc…
il/elle, on fabriqu…	il/elle, on nag…	il/elle, on commenc…
nous fabriqu…	nous nag…	nous commenc…
vous fabriqu…	vous nag…	vous commenc…
ils/elles fabriqu…	ils/elles nag…	ils/elles commenc…

- Les CE2 font des exercices.
- Poursuivre la séquence avec les CM en faisant observer la conjugaison du verbe :

Verbe **distinguer**
je distingue
tu distingues
il/elle, on distingue
nous distinguons
vous distinguez
ils/elles distinguent

Souligner le radical et entourer les terminaisons.
Faire constater que le radical est le même à toutes les personnes et remarquer la présence du ***u*** devant le ***on*** de *distinguons.*
Les CM1 font des exercices.

- Poursuivre la séance avec les CM2 en observant et en complétant les tableaux suivants :

Verbe **acheter**	Verbe **jeter**	Verbe **chanceler**	Verbe **appeler**
j'ach**è**te	je j…	je chanc…	j'app…
tu ach…	tu j…	tu chanc…	tu app…
il/elle, on ach…	il/elle, on je**tte**	il/elle, on chanc…	il/elle, on appe**lle**
nous ach**etons**	nous j…	nous chanc…	nous app…
vous ach…	vous je**tez**	vous chanc…	vous app…
ils/elles ach…	ils/elles j…	ils/elles chanc…	ils/elles app…
Verbes **employer**	**essuyer**	**payer**	
j'emplo…	j'essu…	je pai**e**	
tu emplo**ies**	tu essu…	tu pa…	
il/elle, on emplo…	il/elle, on essu**ie**	il/elle, on pa…	
nous emplo…	nous essu…	nous pa…	
vous employ**ez**	vous essu…	vous pay**ez**	
ils/elles emplo…	ils/elles essu…	ils/elles pa…	

- **Faire remarquer** les particularités de la conjugaison des verbes en ***-eter*** et ***-eler*** :
  pour ***acheter*** : présence d'accent quand on entend **è** ; pas d'accent mais doublement de consonnes pour ***jeter*** ;
  préciser que tous les verbes en ***-eter*** se conjuguent comme ***acheter,*** seul ***jeter*** (et ses dérivés) prennent deux ***t.***

Pour ***peler*** : présence d'accent quand on entend **è** ; pas d'accent mais doublement de consonnes pour ***appeler*** ; préciser que tous les verbes en ***-eler*** se conjuguent comme ***chanceler,*** seul ***appeler*** (et ses dérivés) prennent deux ***l.***
Il est surtout important de savoir conjuguer ***appeler, jeter*** qui sont fréquents ainsi que le verbe ***acheter.***
Les autres verbes en ***-eler*** et ***-eter*** sont peu fréquents.

- **Faire remarquer** les particularités de la conjugaison des verbes en ***-yer*** :
On ne distinguera pas des autres verbes en ***-yer,*** les verbes en ***-ayer*** qui peuvent garder le ***y.***
Afin de bien insister sur les régularités, on considèrera qu'ils se conjuguent comme les autres verbes en ***-yer.***

Laisser les tableaux de conjugaison des verbes en ***-eler, -eter, -yer*** à disposition des élèves afin qu'ils s'y réfèrent lors des exercices.

- **Garder en trace écrite** de la conjugaison des verbes étudiés.

Exercice (au choix)

Écrire au présent avec le pronom sujet proposé.

Tu grinces des dents. Nous ……
Vous pénétrez dans le bois. Il ……
Nous oublions un livre. Tu ……
Elles étonnent tout le monde. J'……
Tu effaces le tableau. Nous ……
Nous recopions la poésie. Les élèves ……
Il vérifie le résultat. Ils ……
Elle nage jusqu'au rivage. Nous ……
Je fonce tête baissée. Nous ……
Elle conjugue des verbes. Nous ……
Nous envoyons des lettres. Il ……

Récrire la phrase à toutes les personnes.

J'arrive sur la plage, je fonce vers la mer et je plonge.
Il regarde le ciel et il distingue Saturne.
On balaie la cuisine et on essuie la vaisselle.

Récrire le texte en commençant par *Les patineurs* puis par *Nous* et enfin par *Tu*.

Le patineur arrive à la patinoire. Il attache bien ses patins jusqu'en haut et il protège sa tête avec un casque. Puis il avance sur la glace à petits pas. Pour s'arrêter, il plie un peu les genoux. S'il tombe, il se relève en mettant un genou sur la glace. Il appuie ensuite sur l'autre genou.

JOUR 4 > Activités sur les phrases, les groupes nominaux, les classes de mots (CM2) et production écrite

- **Relever la phrase** à la forme négative : *On ne peut pas me voir, moi le caméléon.*
La transformer à la forme affirmative.
- Avec les CM **trouver le sujet et le prédicat.** Récrire les phrases en remplaçant ***je*** par ***nous :***
Je suis le toucan.
Je suis tout petit.
Je suis un animal bizarre.
Je suis un poisson carnivore.
Constater les accords et la présence du verbe ***être.***
- **Dans le groupe nominal** suivant, trouver le nom : *un bec coloré, très léger mais immense.*
Remplacer le nom par un autre nom.
- **Relever les noms** désignant des animaux, des choses dans le texte de départ et le texte transposé.
Observer les marques du pluriel.
- **Relever les verbes à l'infinitif** dans le texte.

Exercice

Récrire les groupes nominaux suivants en remplaçant le nom par un autre.

un animal étrange – un carton énorme – une bille rouge – une voiture neuve – une bouteille vide – un vase fragile – un train chargé – un loup imprudent – un bois sombre.

Collecte

Phrases négatives et phrases affirmatives correspondantes

On ne peut pas me voir, moi le caméléon. / On peut me voir, moi le caméléon.

Groupes verbaux 1

Je suis le toucan. / Nous sommes les toucans.
Je suis tout petit. / Nous sommes tout petits.
Je suis un animal bizarre. / Nous sommes des animaux bizarres.
Je suis un poisson carnivore. / Nous sommes des poissons carnivores.

Groupes nominaux 1

le toucan, les toucans
mon corps, notre corps

Groupes nominaux 2

un bec coloré, très léger mais immense
un animal bizarre / des animaux bizarres
des animaux étranges

Groupes nominaux 3

aucune région de la planète

Production écrite

- **Choisir des animaux étranges** et écrire leurs particularités à l'aide de phrases au présent.
  Écrire au moins deux phrases par animal :
  ***les phasmes :** insectes herbivores à six pattes ressemblant à un bâton ;*
  ***les phyllies :** insectes avec des ailes imitant les nervures d'une feuille ;*
  ***les hoazins :** grands oiseaux avec une huppe hérissée ruminant comme une vache ;*
  ***les anguilles électriques :** poissons possédant des organes électriques capables d'envoyer des décharges électriques de plusieurs centaines de volts.*
  Relire les textes en veillant à la ponctuation et aux terminaisons du présent.

COLLECTE de la semaine 6

- Nous volons à reculons.
- Nous nageons.
- Nous changeons de couleur.

- Je fais du surplace. / Nous faisons du surplace.
- Vous dites que …

- Je suis le toucan. / Nous sommes les toucans.

- Je suis le toucan. / Nous sommes les toucans.
- Je suis tout petit. / Nous sommes tout petits.
- Je suis un animal bizarre. / Nous sommes des animaux bizarres.
- Je suis un poisson carnivore. / Nous sommes des poissons carnivores.

- On ne peut pas me voir, moi le caméléon. / On peut me voir, moi le caméléon.

- le toucan, les toucans
- mon corps, notre corps

- un bec coloré, très léger mais immense
- un animal bizarre / des animaux bizarres
- des animaux étranges

CE2 CM1 CE2/CM1 CM2 CM1/CM2 CE2/CM1/CM2

Semaine 7 : Révisions et évaluation sur le présent

Il s'agit d'évaluer si les élèves savent :
- **conjuguer** les verbes en *-er* au présent de l'indicatif ;
- **réaliser l'accord sujet verbe** dans un texte / **transposer** un texte.

Évaluation 2 / CE2

1. Récris la phrase au présent avec le sujet proposé.

Nous regardons des images de la jungle. / Je ....

Vous criez trop fort. / Tu ....

La tortue avance lentement. / Nous ....

Les torrents dévalent la montagne. / Le torrent ....

Le pâtissier prépare de la crème. / Les pâtissiers ....

L'oiseau chante. / Le pinson et le rouge-gorge ....

Elle range le bureau. / Nous ....

Tu remues les orteils. / Vous ....

2. Conjugue les verbes entre parenthèses au présent de l'indicatif.

Les enfants (marcher) sur un étroit sentier. ....

Tu (porter) une grosse valise. ....

Nous ne (plonger) pas toujours bien. ....

Vous (jouer) dans le grenier. ....

Le capitaine de l'équipe (marquer) un but. ....

Je (préparer) mon sac de piscine. ....

Nous (annoncer) de bonnes nouvelles. ....

3. Conjugue avec *tu* puis *nous* et *elles*.

Je recopie le poème, je trace un trait en dessous, je ferme mon cahier et je le range.

Tu ....

Nous ....

Elles ....

4. Récris ce texte au présent avec *je* puis *nous* et enfin *Zoé et Laura*.

Vous lavez la voiture avant votre départ en vacances. Vous frottez la carrosserie avec une éponge mouillée et du savon. Vous rincez avec le jet à haute pression. Ensuite, vous aspirez l'intérieur.

....

....

....

....

....

....

....

....

Évaluation 2 / CM1

1. Récris la phrase au présent avec le sujet proposé.

Nous regardons des images de la jungle. / Je ....

Vous criez trop fort. / Tu ....

La tortue avance lentement. / Nous ....

Les torrents dévalent la montagne. / Le torrent ....

Le pâtissier prépare de la crème. / Les pâtissiers ....

L'oiseau chante. / Le pinson et le rouge-gorge ....

Elle range le bureau. / Nous ....

Tu remues les orteils. / Vous ....

Je conjugue un verbe. / Nous ....

2. Conjugue les verbes entre parenthèses au présent de l'indicatif.

Les enfants (marcher) sur un étroit sentier. ....

Tu (porter) une grosse valise. ....

Nous ne (plonger) pas toujours bien. ....

Vous (jouer) dans le grenier. ....

Le capitaine de l'équipe (marquer) un but. ....

Je (préparer) mon sac de piscine. ....

Nous (annoncer) de bonnes nouvelles. ....

Nous (distinguer) une lueur dans le lointain. ....

3. Conjugue avec *tu* puis *nous* et *elles*.

Je recopie le poème, je trace un trait en dessous, je ferme mon cahier et je le range.

Tu ....

Nous ....

Elles ....

4. Récris ce texte au présent avec *je* puis *nous* et enfin *Zoé et Laura*.

Vous lavez la voiture avant votre départ en vacances. Vous frottez la carrosserie avec une éponge mouillée et du savon. Vous rincez avec le jet à haute pression. Ensuite, vous aspirez l'intérieur. Pour terminer, vous passez un produit antireflet sur les vitres.

....

....

....

....

....

....

....

....

....

....

....

Évaluation 2 / CM2

1. Conjugue au présent de l'indicatif.

Nous regardons des images de la jungle. / Je ....

Vous criez trop fort. / Tu ....

La tortue avance lentement. / Nous ....

Les torrents dévalent la montagne. / Le torrent ....

Le pâtissier prépare de la crème. / Les pâtissiers ....

L'oiseau chante. / Le pinson et le rouge-gorge ....

Elle range le bureau. / Nous ....

Tu remues les orteils. / Vous ....

Je conjugue un verbe. / Nous ....

Elle appelle un taxi. / Nous ....

2. Conjugue les verbes entre parenthèses au présent de l'indicatif.

Les enfants (marcher) sur un étroit sentier. ....

Tu (porter) une grosse valise. ....

Nous ne (plonger) pas toujours bien. ....

Vous (jouer) dans le grenier. ....

Le capitaine de l'équipe (marquer) un but. ....

Je (préparer) mon sac de piscine. ....

Nous (annoncer) de bonnes nouvelles. ....

Nous (distinguer) une lueur dans le lointain. ....

Il (appuyer) sur l'accélérateur. ....

Vous (essuyer) les couverts. ....

3. Conjugue avec *tu* puis *nous* et *elles*.

Je recopie le poème, je trace un trait en dessous, je ferme mon cahier et je le range.

Tu ....

Nous ....

Elles ....

4. Récris ce texte au présent avec *je* puis *nous* et enfin *Zoé et Laura*.

Vous lavez la voiture avant votre départ en vacances. Vous frottez la carrosserie avec une éponge mouillée et du savon. Vous rincez avec le jet à haute pression. Ensuite, vous aspirez l'intérieur. Pour terminer, vous passez un produit antireflet sur les vitres.

....

....

....

....

....

....

....

....

....

Jack et le haricot magique *(Fin du Texte)*

Au bout de quelques mois, les pièces d'or sont toutes dépensées et Jack décide de revenir au château des nuages. De branche en branche, de feuille en feuille, il grimpe le long de la tige du haricot. Quand il se trouve devant la géante, il la salue bien poliment :
« Bonjour madame, pourriez-vous me donner à manger s'il vous plaît ?
– Gredin ! s'écrie la géante, n'as-tu pas honte de me demander à manger alors que, la dernière fois que tu es venu, tu nous as volé un sac de pièces d'or ? »
Avant que Jack ouvre la bouche pour répondre, le château retentit d'un terrible bruit de pas : Boum ! Bam ! Boum ! Bam !
« Vite, cache-toi dans le four ! », s'écrie la géante.
Jack bondit dans le four pour se cacher, mais il laisse la porte entrouverte, de façon à pouvoir observer ce que fait le géant. Il le voit poser sur la table un cochon et une cage. Puis le géant se met à arpenter la cuisine en reniflant de tous côtés :
« Ça sent la chair fraiche ! s'écrie-t-il.
– Mais, dit la géante, c'est ce cochon bien gras que vous avez apporté. Aidez-moi à le préparer pour le faire cuire.
– Oui, dit le géant, j'ai bien envie d'un cochon rôti au four.
– Non, dit la géante, ce cochon sera meilleur cuit à la broche. »
Ils font donc cuire le cochon dans la cheminée. L'ogre le mange avec grand appétit, puis il ouvre la cage et en sort une oie d'or. Il la pose sur la table et dit :
« Ponds un œuf d'or. »
Et l'oie pond un œuf d'or.
Le géant caresse un moment l'oie d'or puis il s'endort dans son fauteuil. Aussitôt, Jack sort de sa cachette, prend l'oie et à toutes jambes rentre chez lui.
Désormais, Jack et sa mère n'ont plus de soucis car l'oie pond un œuf d'or tous les jours.
Mais les mois passent et Jack finit par trouver ennuyeuse sa petite vie tranquille. Il a envie de voir encore une fois tous les trésors que le géant entasse dans son château. Alors, de branche en branche, de feuille en feuille, il reprend la route des nuages.
Cette fois, il juge plus prudent de ne pas se faire voir de la géante. Il se faufile dans le château, gagne la cuisine et grimpe sur une étagère. Là, il se cache derrière le pot de farine. Au bout d'un moment, il entend : Boum ! Bam ! Boum ! Bam ! À peine entré dans la cuisine, l'ogre renifle de tous côtés en criant :
« Ça sent la chair fraîche ! Ça sent la chair fraîche ! »
La femme regarde derrière le buffet, où Jack s'était caché la première fois, puis dans le four, mais ne le trouve pas.
Ils cherchent le garçon partout mais n'ont pas l'idée de regarder derrière le pot de farine. À la fin, ils pensent qu'ils se sont trompés. Jack les voit déjeuner d'une vache rôtie. Puis le géant prend dans le placard une harpe d'or et la pose sur la table :
« Joue, harpe d'or », dit le géant.
Et la harpe se met à jouer. Sa musique est si douce que le géant et sa femme s'endorment. Dès que retentissent les ronflements, Jack sort de sa cachette et prend la harpe. Mais, en quittant le château, il cogne la harpe contre la porte et elle résonne : doïng ! doïng !
À ce bruit, le géant se réveille en sursaut et pousse un cri terrible en voyant Jack emporter la harpe. Il s'élance aussitôt pour le rattraper. Ah ! mes amis, quelle course ! Le géant s'apprête à saisir le garçon mais celui-ci saute sur la tige du haricot et commence à descendre.
Comme une sauterelle, le petit bondit de feuille en feuille, tandis que le géant descend lourdement. Il n'a pas fait la moitié du chemin que Jack est déjà par terre et court chercher une hache dans la grange, pour couper le pied du haricot. Vite ! Le géant arrive… Trop tard pour lui ! Crraac ! le haricot s'écroule comme un arbre sous les coups du bûcheron et le géant s'écrase par terre !
Désormais, Jack ne peut plus revenir au château des nuages. Mais il a eu si peur qu'il n'en a pas envie ! Grâce aux œufs d'or, il vit sans soucis, et quand il veut se distraire, il écoute la douce musique de la harpe d'or.

Période 2

Novembre - Décembre

Programmation

SEMAINE	JOUR	SÉQUENCES
1 Autour d'un texte informatif	1 2 3 4	• **Lecture** du texte *Seigneur et château fort,* transposition à la 3e personne du singulier du présent à la 3e personne du pluriel. • **Activités** sur les phrases. • **Activités** sur les groupes nominaux et les classes de mots. • **Vocabulaire** et **production écrite.**
2 Autour d'une saynète	1 2 3 4	• **Lecture** du texte *Les aventures du Livre de Géographie,* transposition au pluriel *Les aventures des Livres de Géographie.* • **Activités** sur les phrases. • **Structuration : le présent des verbes en *-ir, -dre, -oir, -re.*** • **Exercices.**
3 Autour d'une saynète	1 2 3 4	• **Structuration : le présent des verbes *être, avoir, aller.*** • **Exercices.** • **Activités** sur les groupes nominaux et les classes de mots. • **Vocabulaire** et **production écrite.**
4 Autour d'un texte informatif	1 2 3 4	• **Transposition** en autonomie – **Structuration : les compléments de phrase.** • **Exercices** sur le présent, sur les compléments de phrase. • **Évaluation sur le présent.** • **Transposition** du présent à l'imparfait du texte *Seigneur et château fort.*
5 Autour d'un texte informatif	1 2 3 4	• **Lecture** du texte *La lessive autrefois* et transposition de la 3e personne du singulier à la 1ère personne du singulier • **Activités** sur les phrases. • **Structuration : les constituants du GN, le genre et le nombre.** • **Exercices.**
6 Autour d'un texte informatif	1 2 3 4	• **Transposition** du texte *La lessive autrefois* à la 1ère personne du pluriel. • **Activités** sur les phrases. • **Activités** sur les groupes nominaux et les classes de mots. • **Vocabulaire** et **production écrite.**
7 Évaluation		• **Évaluation sur le groupe nominal et les compléments de phrase.**

CE2 CM1 CE2/CM1 CM2 CM1/CM2 CE2/CM1/CM2

Semaine 1 Au Moyen Âge (1)

Autour d'un texte informatif

Seigneur et château fort

À partir du XIe siècle, le château fort est une véritable forteresse en pierre. Sur une colline, il domine le paysage. Ainsi, il montre la puissance du seigneur. Il peut résister à de longs sièges. Il a des murs épais, de hautes tours et un donjon central. En temps de guerre, il protège ses habitants mais aussi ceux des campagnes environnantes. Il abrite les paysans et leurs troupeaux.

Le seigneur est surtout un guerrier. Très jeune, il apprend à combattre. Vers dix-huit ans, il devient chevalier. Comme il a besoin de s'entrainer à la guerre, il participe à des tournois. Sur un cheval lancé au galop, il essaie de faire tomber son adversaire avec une lance.

Quand il n'est pas à la guerre, le seigneur reste dans son château. Il administre son domaine et rend la justice. Comme la vie au château est monotone, il organise des chasses et des banquets somptueux. Il écoute de la musique et regarde des jongleurs, des acrobates et des montreurs d'ours.

Lecture compréhension du texte

- Quel est le sujet de ce texte documentaire ? Quelle période historique est concernée ? Quels sont les différents rôles du château fort ? Pourquoi les seigneurs organisent-ils des tournois ? Que font-ils en temps de paix ?
  Observer des châteaux forts : https://fr.vikidia.org/wiki/Ch%C3%A2teau_fort
- **Expliquer :** *forteresse – siège – environnantes – chevalier – administre – domaine – monotone – somptueux.*
- **Faire remarquer** les trois paragraphes et donner l'idée essentielle de chacun.
- **Trouver** à quoi renvoient les mots soulignés. Identifier les pronoms personnels sujets.
- **Relever** les mots ou groupes de mots qui donnent des indications de temps, de lieu, les indicateurs logiques et compléter les affiches commencées en période 1.

JOUR 1 > Transposition du texte

- **Faire remarquer** que le texte est écrit au présent de l'indicatif. Dans les textes informatifs, les informations sont généralement données au présent. Mais ce texte historique pourrait aussi être écrit au passé en utilisant l'imparfait.
- **Faire préciser** que le texte est écrit à la 3e personne du singulier.
- **Transposer** en parlant *des châteaux forts* et *des seigneurs.*
  Bien lire le texte à l'oral en le transformant puis écrire les changements. Quand il s'agit d'un verbe en ***-er,*** les élèves peuvent écrire les changements en autonomie. Faire remarquer les changements au moment où on les écrit :
  - les verbes, constater la régularité à la 3e personne du pluriel, le verbe se termine toujours par ***-nt*** ;
  - les déterminants ***ses*** > ***leurs, son*** > ***leur ;***
  - les noms, les adjectifs.
- **Poursuivre le relevé** de ***et, son, à*** et expliciter leur rôle.
  Les CE2 s'arrêtent à *tournois* et recopient les 2e, 3e et 4e phrases une première fois, puis transposées. Ils soulignent les verbes conjugués et indiquent le nombre de phrases.
  Poursuivre avec les CM puis les CM2.
  Les CM1 recopient les deux premières phrases du deuxième paragraphe transposées.

CE2 · CM1 · CE2/CM1 · CM2 · CM1/CM2 · CE2/CM1/CM2

Collecte

Présent 2

Très jeune, il apprend à combattre. / Très jeunes, ils apprennent à combattre.
Vers dix-huit ans, il devient chevalier. / Vers dix-huit ans, ils deviennent chevaliers.

Présent 3

Ils ont des murs épais.

Exercice

Transposer au pluriel : *Les seigneurs…*

Le seigneur chasse avec un faucon. Il a aussi des chiens. Lors des banquets, le seigneur mange le gibier rapporté de la chasse. Il est de longues heures à table. Le seigneur aime les tournois. Il apprend à faire la guerre. En temps de paix, il reste au château et il rend la justice.

Texte transposé

À partir du XIe siècle, les châteaux forts sont de véritables forteresses en pierre. Sur une colline, ils dominent le paysage. Ainsi, ils montrent la puissance du seigneur. Ils peuvent résister à de longs sièges. Ils ont des murs épais, de hautes tours et un donjon central. En temps de guerre, ils protègent leurs habitants mais aussi ceux des campagnes environnantes. Ils abritent les paysans et leurs troupeaux.

Les seigneurs sont surtout des guerriers. Très jeunes, ils apprennent à combattre. Vers dix-huit ans, ils deviennent chevaliers. Comme ils ont besoin de s'entrainer à la guerre, ils participent à des tournois. Sur un cheval lancé au galop, ils essaient de faire tomber leur adversaire avec une lance.

Quand ils ne sont pas à la guerre, les seigneurs restent dans leur château. Ils administrent leur domaine et rendent la justice. Comme la vie au château est monotone, ils organisent des chasses et des banquets somptueux. Ils écoutent de la musique et regardent des jongleurs, des acrobates et des montreurs d'ours.

JOUR 2 > Activités sur les phrases

- **Compter** le nombre de lignes, le nombre de phrases dans le premier paragraphe.
- **Lire** la partie de phrase négative. La récrire à la forme affirmative.
- **Constituer une phrase :**
  allaient – en temps de paix – sur leur domaine – les seigneurs – à la chasse – de grands banquets – et – ils – pour leurs invités – organisaient.
  Constater que les groupes de mots *sur leur domaine, en temps de paix* et *pour leurs invités* peuvent se trouver à différents endroits de la phrase.
- Dans chaque phrase, **entourer** avec des couleurs différentes, le sujet, le prédicat, le groupe qui peut être déplacé et supprimé. **Souligner** le verbe, indiquer son infinitif. Constater que le groupe verbal contient d'autres mots que le verbe.
  En temps de guerre, le château protégeait ses habitants.
  Vers dix-huit ans, ils devenaient chevaliers.
  En temps de paix, les seigneurs restent dans leur château.
  Indiquer si le sujet est un pronom ou un groupe nominal.
  Comparer la phrase suivante avec celle du texte. Constater que le groupe qui peut être déplacé et supprimé est situé après le prédicat.
  Il domine le paysage sur une colline.

Les CE2 recopient les phrases suivantes. Ils entourent le sujet, le prédicat, le groupe supprimable et déplaçable. Ils soulignent le verbe.

Les seigneurs habitent dans le donjon du château.
En temps de paix, ils organisent des tournois.

Avec les CM, trouver le sujet et le prédicat.

Le seigneur est un guerrier. **Remplacer *le seigneur* par *les seigneurs.***
Vers dix-huit ans, ils deviennent chevaliers. **Remplacer *il* par *ils.***
La vie au château est monotone. Remplacer *la vie au château* par *les journées.*

Constater les accords dans le groupe verbal et la présence des verbes être et devenir.

Collecte

Compléments

En temps de guerre, le château protège ses habitants.
Vers dix-huit ans, ils devenaient chevaliers.
Le château domine le paysage sur une colline.

Groupes verbaux 1

Vers dix-huit ans, il devenait chevalier. / Vers dix-huit ans, ils devenaient chevaliers.
Les seigneurs étaient surtout des guerriers. / Le seigneur était surtout un guerrier.
La vie au château est monotone. / Les journées sont monotones.

Exercices

Constituer une phrase.

des châteaux en pierre – au Moyen Âge – les seigneurs – font – construire – avec d'épaisses murailles – et – de hautes tours.

Dans chaque phrase, entourer avec des couleurs différentes :
le sujet, le prédicat, le groupe qui peut être déplacé ou supprimé.
Souligner le verbe, indiquer son infinitif.

Au pied de l'arbre, le renard regarde le corbeau.
Dans son bec, le corbeau tient un fromage.
Aussitôt, le renard attrape le fromage.

Récrire chaque phrase en mettant le groupe qui peut être déplacé après le prédicat. Entourer les trois groupes.

JOUR 3 > Activités sur les groupes nominaux et les classes de mots (CM2)

- Dans chaque groupe nominal, **recopier le nom**.
  le château fort – de longs sièges – de hautes tours – des murs épais – un donjon central – les campagnes environnantes – une véritable forteresse.

- **Classer** les groupes nominaux suivant leur nombre : singulier ou pluriel.
  Récrire les groupes nominaux en remplaçant le nom par un autre.
  Relever dans le texte *Au Moyen Âge,* les verbes à l'infinitif.

Collecte

Groupes nominaux 1
ses habitants
leurs troupeaux
leur adversaire

Groupes nominaux 2
le château fort
de longs sièges
de hautes tours
des murs épais
un donjon central
les campagnes environnantes

Groupes nominaux 3
une véritable forteresse en pierre

Exercice

Souligner le nom principal.
une lourde épée brillante – une forêt immense – des rues étroites – d'énormes murailles – les soldats courageux – une lance pointue – des boucliers décorés – une armure en métal – la table du seigneur – les sangliers de la forêt – un grain de blé

JOUR 4 > Vocabulaire et production écrite

Vocabulaire

- **Chercher** le mot *siège* dans le dictionnaire et lire ses différents sens. Rappeler comment ils sont indiqués.
En faire de même pour : *tournoi, domaine, campagne.*
- À partir de quel mot est formé le mot *chevalier* ? Quel suffixe a été ajouté au mot *cheval* ?
Écris les mots que l'on peut former avec le suffixe ***-ier*** à partir de *ferme – police – ambulance – route – banque – aventure – équipe – jardin – plomb – prison – verre – vacances – bateau – chapeau – tonneau.*
Dégager le sens du suffixe : celui qui a un rapport avec…

Production écrite

- **Écrire un paragraphe au présent** pour décrire une scène de vie au Moyen Âge. Projeter ou reproduire une miniature choisie sur le site de la BNF : http://classes.bnf.fr/ema/feuils/chateau/index.htm.
La décrire oralement en employant le présent. Écrire au tableau les verbes à l'infinitif et tout autre mot dont les élèves pourraient avoir besoin.
Commencer en dictée à l'adulte puis laisser les élèves écrire en autonomie deux (CE2) ou 3 phrases (CM).
Faire relire les productions en vérifiant la ponctuation et les terminaisons du présent.

COLLECTE de la semaine 1

- Très jeune, il apprend à combattre. / Très jeunes, ils apprennent à combattre.
- Vers dix-huit ans, il devient chevalier. / Vers dix-huit ans, ils deviennent chevaliers.

- Ils ont des murs épais.

- En temps de guerre, le château protège ses habitants.
- Vers dix-huit ans, ils devenaient chevaliers.
- Le château domine le paysage sur une colline.

- Vers dix-huit ans, il devenait chevalier. / Vers dix-huit ans, ils devenaient chevaliers.
- Les seigneurs étaient surtout des guerriers. / Le seigneur était surtout un guerrier.
- La vie au château est monotone. / Les journées sont monotones.

- ses habitants
- leurs troupeaux
- leur adversaire

- le château fort
- de longs sièges
- de hautes tours
- des murs épais
- un donjon central
- les campagnes environnantes

- une véritable forteresse en pierre

Semaine 2 Les aventures du Livre de Géographie (1)

Autour d'une saynète

Les aventures du Livre de Géographie qui voulait voyager avant de s'endormir

Quand la bibliothécaire est absente, les livres de la bibliothèque bavardent. Le livre de géographie se déplace, il veut voyager avant de dormir. Mais un gros et grand livre lui barre le passage.

Le Livre de la police de l'Air et des Frontières :
Stop ! Je suis le livre de la police de l'Air et des Frontières. Je suis la Loi. Montrez-moi vos papiers.

Le Livre de Géographie :
Je ne suis fait que de ça.

Le Livre de la police de l'Air et des Frontières :
Avec moi, on ne plaisante pas.
Que faites-vous ici ?

Le Livre de Géographie :
Je suis un voyageur, et je suis de passage.

Le Livre de la police de l'Air et des Frontières :
Un voyageur de passage ?
Vous allez tout désorganiser, oui !
Et si quelqu'un demain a besoin de vous consulter ?
Que trouvera-t-il à votre place ?

Le Livre de Géographie :
Demain, c'est loin, et j'ai toute la nuit pour....

Le Livre de la police de l'Air et des Frontières :
Retournez immédiatement d'où vous venez !
La lettre G, c'est par là !

Et il lui montre la direction.

Le Livre de Géographie :
Je le sais bien, puisque j'en viens.

Le Livre de Nouvelles *(il se penche pour voir ce qui se passe et secoue son voisin le Manuscrit)* **:**
Eh, le Manuscrit ! Tu dors ! Réveille-toi !

Le Manuscrit :
Hein, quoi ? Ah, c'est toi, le Livre de Nouvelles… Que se passe-t-il ?

Le Livre de Nouvelles :
C'est encore le Livre de la police de l'Air et des Frontières…

Le Manuscrit :
Qui embête-t-il, aujourd'hui ?

Cathy Itak, *Les Aventures du Livre de Géographie qui voulait voyager avant de s'endormir*, Syros Jeunesse, 2010.

Lecture compréhension du texte

- Quels sont les personnages de la pièce de théâtre ? Faire remarquer les majuscules au nom des livres qui montrent leur statut de personnage. Pourquoi le Livre de la police de l'Air et des Frontières arrête-t-il le Livre de Géographie ?
- **Expliquer :** *Je suis la Loi.*
- **Différencier** le texte à lire du texte à dire. Trouver le rôle des didascalies : apporter des indications de mise en scène. Jouer la saynète.

- **Interpréter** les différents signes de ponctuation : point d'exclamation (après les onomatopées, renforcer l'injonction), point d'interrogation (question), deux points (avant les paroles des personnages), points de suspension (parole coupée, complicité avec le personnage).
- **Trouver** qui est désigné par les mots soulignés.
- Avec les CM, **aborder le thème de la liberté de mouvement.**
Sur le site des éditions Syros, on peut consulter une fiche pédagogique :
http://extranet.editis.com/it-yonixweb/images/SYR/art/doc/c/cb77f6a454e2d73431393337313633231323332.pdf
- **Relever** les mots ou groupes de mots qui donnent des indications de temps, de lieu, les indicateurs logiques et compléter les affiches commencées en période 1.

JOUR 1 > Transposition du texte

- **Faire remarquer** que le texte est écrit au présent. Dans les dialogues, les verbes expriment ce que font les personnages au moment où ils le font. Faire retrouver la phrase qui situe une action dans l'avenir.
- **Transposer** en parlant de plusieurs livres de la police de l'Air et des Frontières, plusieurs livres de Géographie, de Nouvelles, plusieurs Manuscrits.
Bien lire le texte à l'oral en le transformant puis écrire les changements. Faire remarquer les changements au moment où on les écrit :
  - les verbes, attirer l'attention sur les terminaisons des verbes ;
  - les déterminants ***son*** > ***ses, leurs ;***
  - les noms, les adjectifs ;
  - les pronoms ***moi*** > ***nous, lui*** > ***leur, toi*** > ***vous***.
- **Poursuivre le relevé** de ***et, son, à*** et expliciter leur rôle.
Les CE2 s'arrêtent à ***viens*** et recopient les 2e et 3e répliques non transposées, puis transposées.
Poursuivre avec les CM puis les CM2.
Les CM1 recopient la première réplique transposée.

Collecte

Présent 2

J'en viens. / Nous en venons.

Présent 3

Nous sommes des voyageurs.

Exercice

Transposer avec *nous.*

Je suis dans la bibliothèque. J'ai envie de voyager. Alors je bouge et je bouscule les autres livres.
Je rencontre le livre de la police de l'Air et des Frontières. Je ne veux pas retourner à ma place.

■ CE2 ■ CM1 ■ CE2 / CM1 ■ CM2 ■ CM1 / CM2 ■ CE2 / CM1 / CM2

Texte transposé

Les aventures des Livres de Géographie qui voulaient voyager avant de s'endormir

Quand la bibliothécaire est absente, les livres de la bibliothèque bavardent. Les livres de géographie se déplacent, ils veulent voyager avant de dormir. Mais deux gros et grands livres lui barrent le passage.

Les Livres de la police de l'Air et des Frontières :
Stop ! Nous sommes les livres de la Police de l'Air et des Frontières. Nous sommes la Loi. Montrez-nous vos papiers..

Les Livres de Géographie :
JNous ne sommes faits que de ça.

Les Livres de la police de l'Air et des Frontières :
Avec nous, on ne plaisante pas.
Que faites-vous ici ?

Les Livres de Géographie :
Nous sommes des voyageurs, et nous sommes de passage.

Les Livres de la police de l'Air et des Frontières :
Des voyageurs de passage ?
Vous allez tout désorganiser, oui !
Et si quelqu'un demain a besoin de vous consulter ?
Que trouvera-t-il à votre place ?

Les Livres de Géographie :
Demain, c'est loin, et nous avons toute la nuit pour….

Les Livres de la police de l'Air et des Frontières :
Retournez immédiatement d'où vous venez !
La lettre G, c'est par là !

Et il leur montre la direction.

Les Livres de Géographie :
Je le sais bien, puisque j'en viens.

Les Livres de Nouvelles *(ils se penchent pour voir ce qui se passe et secouent leurs voisins les Manuscrits)* **:**
Eh, les Manuscrits ! Vous dormez ! Réveillez-vous !

Les Manuscrits :
Hein, quoi ? Ah, c'est vous, les Livres de Nouvelles… Que se passe-t-il ?

Les Livres de Nouvelles :
Ce sont encore les livres de la police de l'Air et des Frontières…

Les Manuscrits :
Qui embêtent-ils, aujourd'hui ?

Cathy Itak, *Les Aventures du Livre de Géographie qui voulait voyager avant de s'endormir*, Syros Jeunesse, 2010.

JOUR 2 > Activités sur les phrases

- **Lire** la phrase négative suivante : ***Avec moi, on ne plaisante pas.***
  Faire énoncer la phrase affirmative correspondante. Faire entourer les mots de la négation.
- **Lire** la partie de phrase négative. La récrire à la forme affirmative.
- **Constituer une phrase :**
  aux livres de géographie – barrent – dans la bibliothèque – le passage – deux gros livres – avant de s'endormir – veulent voyager – qui.

- Dans chaque phrase, **entourer** avec des couleurs différentes, le sujet, le prédicat, le groupe qui peut être déplacé et supprimé. **Souligner** le verbe, indiquer son infinitif. Constater que le groupe verbal de certaines phrases contient d'autres mots que le verbe.

  Le soir, les livres de bibliothèque bavardent.
  Les Livres de la police de l'Air et des Frontières arrêtent les Livres de Géographie.
  Le Livre de Nouvelles secoue son voisin.
  Aujourd'hui, les Livres de la police de l'Air et des Frontières embêtent les Livres de Géographie.

  Récrire la première phrase en supprimant le groupe qui peut l'être. La récrire en plaçant le groupe supprimé entre le sujet et le prédicat. L'encadrer avec des virgules.

  Les CE2 recopient les phrases suivantes. Ils entourent le sujet, le prédicat, le groupe supprimable et déplaçable. Ils soulignent le verbe.

  Le Livre de Géographie retourne à sa place.
  Ce soir, deux gros livres barrent le passage aux livres de géographie.

- Avec les CM, trouver le sujet et le prédicat.
  La bibliothécaire est absente. Remplacer *la bibliothécaire* par *les bibliothécaires.*
  Je suis un voyageur. Remplacer *Je* par *Nous* (les livres de géographie) puis par *Nous* (les cartes de géographie).
  Constater les accords dans le groupe verbal et la présence du verbe *être*.

Collecte

Phrases négatives et phrases affirmatives correspondantes

Avec moi, on ne plaisante pas. / Avec moi, on plaisante.

Compléments

Les livres de bibliothèque bavardent le soir.

Groupes verbaux 1

La bibliothécaire est absente. / Les bibliothécaires sont absentes.
Je suis un voyageur. Nous (les livres de géographie) sommes des voyageurs. / Nous (les cartes de géographie) sommes des voyageuses.

Exercices

Constituer une phrase.

quittent leur enclos – les animaux du zoo – sur l'étagère – dans le Livre de Sciences – et dans la ville – partent se promener.

Dans chaque phrase, entourer avec des couleurs différentes : le sujet, le prédicat, le groupe qui peut être déplacé et supprimé. Souligner le verbe, indiquer son infinitif.

Prestement, le singe attrape les lunettes du touriste.
Devant les visiteurs, les otaries font des plongeons spectaculaires.
À la tombée de la nuit, les allées du zoo sont désertes.

Récrire chaque phrase en supprimant le groupe qui peut être supprimé. Récrire la deuxième phrase, en plaçant le groupe supprimé entre le sujet et le prédicat. L'encadrer avec des virgules.

Avant la structuration du présent, demander aux élèves de relire le soir la page 3 du présent de l'indicatif.

JOURS 3 & 4 > Structuration : le présent des verbes en *-er*, en *-dre*, en *-oir*, en *-re*

Il s'agit de :

- mettre en évidence la régularité des terminaisons des verbes en ***-ir, -dre, -oir, -re*** conjugués au présent :
  Je : ***s*** (sauf ***vouloir*** et ***pouvoir***)
  Tu : ***s*** (sauf ***vouloir*** et ***pouvoir***)
  Il/elle/on : ***t*** (sauf ***prendre*** : pas de terminaison ; certains considèrent que le ***d*** est une terminaison)
  Nous : ***ons***
  Vous : ***ez*** (sauf ***faire*** et ***dire***)
  Ils/elles : ***ent*** (sauf ***faire*** : ***ont***)
- attirer l'attention sur le radical qui pour un même verbe, n'est pas toujours le même à toutes les personnes ;
- mémoriser : ***je peux, tu peux, vous faites, vous dites, il/elle prend, nous voyons, vous voyez, ils/elles font.***
- faire conjuguer d'autres verbes en appliquant les régularités observées.

- À l'aide de la page 3 du présent, faire compléter en autonomie le tableau suivant. Compléter collectivement les lignes qui ne peuvent pas l'être avec la page de cahier.
  Énoncer les terminaisons pour chaque personne. Constater le changement de radical des verbes. Constater les régularités et les particularités de certaines terminaisons.

Verbe **venir**	Verbe **obéir**	Verbe **devoir**
je	j'	je ....
tu	tu	tu ....
il/elle, on	il/elle, on	il/elle, on ....
nous	nous	nous ....
vous	vous	vous ....
ils/elles	ils/elles	ils/elles ....

Verbe **prendre**	Verbe **voir**
je	je ....
tu	tu ....
il/elle, on	il/elle, on ....
nous	nous ....
vous	vous ....
ils/elles	ils/elles ....
Verbe vouloir	**Verbe pouvoir**
je	je ....
tu	tu ....
il/elle, on	il/elle, on ....
nous	nous ....
vous	vous ....
ils/elles	ils/elles ....
Verbe dire	**Verbe faire**
je	je ....
tu	tu ....
il/elle, on	il/elle, on ....
nous	nous ....
vous	vous ....
ils/elles	ils/elles ....

- Comme trace écrite, garder la conjugaison des verbes *pouvoir – vouloir – faire – dire – prendre – voir – venir – devoir* qu'il faut mémoriser. Constituer une affiche avec les irrégularités afin que les élèves puissent s'y reporter si besoin : ***je peux, tu peux, vous faites, vous dites, il/elle prend, nous voyons, vous voyez, ils/elles font.***

Exercices

Récrire chaque phrase avec les pronoms proposés.

Vous venez avec moi ? Tu... Elles...
Elle voit deux films cette semaine. Elles... Nous...
Elles peuvent chanter à tue-tête. Tu... Il...
Il fait du judo. Vous... Elles...
Tu prends le bus. Nous... Elle...
Tu dis bonjour. Vous... Il...
Tu choisis des lunettes. Vous... Elle...
Nous nourrissons les phasmes. Je... Vous...
Je salis mon pantalon. Nous... On...
Vous devez partir aux États-Unis. Je... Il...

Dans les phrases, conjuguer au présent les verbes entre parenthèses.

Vous ***(vouloir)*** un petit animal.
Les castors ***(faire)*** un barrage.
Elles ***(dire)*** leur poésie à voix basse.
Je ***(venir)*** chez toi par le train.
Tu ***(pouvoir)*** traverser la rue ici.
Nous ***(voir)*** des vers luisants tous les soirs.
L'enfant ***(prendre)*** son médicament.

Dans les phrases, conjuguer au présent les verbes entre parenthèses.

Vous ***(obéir)*** aux consignes.
L'enfant ***(construire)*** un immeuble en lego.
Elles ***(vieillir).***
Le fruit ***(murir)*** et ***(pourrir).***
Nous ***(dire)*** la poésie en mettant le ton.
J' ***(entendre)*** la voiture arriver.
Le cycliste ***(ralentir)*** car il ***(gravir)*** une pente abrupte.
Les lionnes ***(rugir)*** et ***(surgir)*** du buisson.

Compléter avec les verbes proposés.

pétrir – éblouir – ralentir – franchir – saisir – atterrir – blêmir – remplir – refroidir

Ces avions .... et .... en douceur.
Le soleil .... le conducteur du camion.
Tu .... aisément le fossé.
Je .... le ballon adroitement.
Vous .... la pâte.
Nous .... de peur.
La pluie .... le réservoir.
Les glaçons .... la boisson.

Écrire des phrases en employant les verbes suivants au présent :

envahir – devoir – sortir – recevoir – connaitre

Écrire la phrase en conjuguant les verbes entre parenthèses au présent de l'indicatif puis récrire la phrase avec les sujets proposés.

Je ***(vouloir)*** devenir musicien. Alors, j'***(apprendre)*** le solfège et je ***(faire)*** du piano.
Pierre ....
Vous ....

Conjuguer à toutes les personnes le verbe *sourire* puis le verbe *vendre*.

Transposer avec *je* puis *nous*.

Jack et John grimpent le long du haricot. Ils franchissent un fossé et ils arrivent au château de l'ogre. Ils disent bonjour à une géante et ils lui demandent à manger. À ce moment, l'ogre arrive. Aussitôt, Jack et John filent derrière le buffet. Ils voient entrer un géant.

CE2 CM1 CE2/CM1 CM2 CM1/CM2 CE2/CM1/CM2

COLLECTE de la semaine 2

- Avec moi, on ne plaisante pas. Avec moi, on plaisante.

- Les livres de bibliothèque bavardent le soir.

- La bibliothécaire est absente. Les bibliothécaires sont absentes
- Je suis un voyageur. Nous (les livres de géographie) sommes des voyageurs. Nous (les cartes de géographie) sommes des voyageuses.

Semaine 3 Les aventures du Livre de Géographie (2)

Autour d'une saynète

JOUR 1 & 2 > Structuration : le présent des verbes *être, avoir* et *aller*

Il s'agit :

- de mettre en évidence les formes verbales des verbes être, avoir, aller au présent de l'indicatif ;
- de constater les irrégularités de leur conjugaison.

- À partir de la page du cahier, **compléter** la conjugaison des verbes ***être, avoir*** et ***aller.***

être	avoir	aller
je …… un as de la débrouille tu …… un as de la débrouille il/elle, on …… un as de la débrouille nous …… des as de la débrouille vous …… des as de la débrouille ils/elles …… des as de la débrouille	j' …… peur tu …… peur il/elle, on …… peur nous …… peur vous …… peur ils/elles …… peur	je …… au marché tu …… au marché il/elle, on …… au marché nous …… au marché vous …… au marché ils/elles …… au marché

- **Garder** sur le cahier les trois tableaux ainsi établis. Réaliser un affichage afin que les élèves s'y reportent quand ils ont un de ces verbes à écrire.

- **Faire écrire** avec ***je*** puis ***elles*** la phrase suivante :
Tu vas à Paris, tu es dans le bus, tu as ta console pour passer le temps.

Exercices

Souligner d'un trait le verbe *être* conjugué au présent, de deux traits le verbe *avoir* conjugué au présent, de trois traits le verbe *aller.*

Les volets sont ouverts depuis ce matin. – Vous allez sur le chemin derrière la maison. – Mon chien a de la fièvre. – Nous avons eu la peur de notre vie. – Ils vont chez des amis. – Ces acrobates sont agiles. – Ils ont leur ticket de métro dans la poche. – Nous sommes en avance. – Je vais à la cantine tous les jours. – Tu as ton maillot de bain, tu vas à la piscine, tu es contente.

Recopier les phrases en complétant avec le verbe *être* au présent.

Je …… un bon chanteur. – Tu …… dans le métro. – Vous …… déjà à bord du bateau. – Mes cousins …… soigneux. – En ce moment, nous …… en classe. – L'ouvrier …… à l'usine. – Le château …… immense. – Où …… les chiens ? – Je sais qu'il …… toujours en retard. – Les abeilles …… des travailleuses.

Recopier les phrases en complétant avec le verbe *avoir* au présent.

Les touristes …… beaucoup de bagages. – J' …… envie d'une glace ! – Cette chatte …… quatre chatons. – Vous …… une balançoire dans votre jardin ? – Tu …… un manteau neuf. – Nous …… un hamster. – On …… un livre sur la Grande guerre. – Ils …… de la chance. – Pourquoi …… -tu autant de billes ? – Dans la classe, on …… des ordinateurs. – Ces buissons …… des épines.

CE2 CM1 CE2/CM1 CM2 CM1/CM2 CE2/CM1/CM2

Recopier les phrases en complétant avec le verbe *aller* au présent :

Les deux enfants ...... sur la plage. – Quelquefois, tu ...... à la ferme de tes grands-parents. – Le judoka ...... à l'entraînement. – Nous ...... à l'aéroport. – Je ...... au musée. – Où ...... -ces canards sauvages ? – Le girafon ...... près de sa mère. – Je ...... au bord de la rivière.

Relier le verbe au sujet qui convient et recopier les phrases ainsi formées :

Ils •	• sont dans la rue.
Tu •	• ai un vélo neuf.
J' •	• avez soif.
Vous •	• allons à la poste.
Nous •	• a un sac à dos.
Elle •	• as des yeux bleus.

Recopier les phrases en les complétant par *ont* (verbe avoir), *sont* (verbe être), *vont* (verbe aller) :

Je suis sûr qu'ils ...... froid. – Ces valises ...... encombrantes. – Les animaux ...... dans leur cage. – Mes parents ...... au supermarché en voiture. – Les chats ...... au pied de l'arbre depuis ce matin. – Aujourd'hui les trains ...... partir à l'heure. – Les girafes ...... grandes, elles ...... un long cou. – Arthur et Tom ...... chez le dentiste car ils ...... mal aux dents, ils ne ...... pas très rassurés.

JOUR 3 > Activités sur les groupes nominaux du texte de la saynète et les classes de mots (CM2)

- Dans chaque groupe nominal, **recopier** le nom.
  des passagères étranges – un gros et grand livre – des livres cartonnés – un voyageur bavard – du papier solide – la nouvelle bibliothécaire – un manuscrit ancien.
- **Classer** les groupes nominaux suivant leur genre puis ensuite suivant leur nombre : singulier ou pluriel.
  Récrire les groupes nominaux en remplaçant le nom par un autre.
- **Relever** les verbes du texte à l'infinitif.

Collecte

Groupes nominaux 1	Groupes nominaux 2	Groupes nominaux 3
vos papiers	un gros et grand livre	les livres de la bibliothèque
un voyageur		les Livres de Géographie
la nuit		un voyageur de passage
votre place		le Livre de Nouvelles
la direction		
son voisin		

JOUR 4 > Vocabulaire et production écrite

Vocabulaire

- **Chercher** le mot *voyageur* dans le dictionnaire et lire le mot à partir duquel il est construit. Entourer le préfixe.
  Chercher d'autres mots formés avec le suffixe ***-eur*** à partir des verbes suivants : *dormir – coiffer – danser – chanter – rêver – sculpter – pêcher – travailler – nager – construire – conduire – envahir – avertir – réparer – organiser – aspirer – triompher – traduire – vérifier – etc.* Dégager le sens du suffixe : nom de celui qui fait l'action de .... Chercher d'autres noms formés avec le suffixe ***-eur*** et trouver les noms à partir desquels ils sont construits.

Production écrite

- **Imaginer une suite à la saynète.** Commencer par compléter le texte suivant puis imaginer d'autres répliques.

Les Livres de Nouvelles :
Eh, les Manuscrits ! Vous dormez ! Réveillez-vous !

Les Manuscrits :
Hein, quoi ? Ah, c'est vous, les Livres de Nouvelles… Que se passe-t-il ?

Les Livres de Nouvelles :
Ce sont encore les livres de la police de l'Air et des Frontières…

Les Manuscrits :
Qui embêtent-ils, aujourd'hui ?

Les Livres de Nouvelles :
....

Les Manuscrits :
Et pour quelle raison ?

Les Livres de Nouvelles :
....

Les Manuscrits :
Pourtant, c'est normal de voyager, pour des Livres de Géographie, même la nuit. Comment peut-on l'aider ?

Les Livres de Nouvelles :
....

- **Faire relire** les productions en vérifiant :
  - majuscule et point à la fin des phrases ;
  - les terminaisons du présent.

COLLECTE de la semaine 3

- vos papiers
- un voyageur
- la nuit
- votre place
- la direction
- son voisin

-- ✂

- un gros et grand livre

-- ✂

- les livres de la bibliothèque
- les Livres de Géographie
- un voyageur de passage
- le Livre de Nouvelles

-- ✂

Semaine 4 Au Moyen Âge (2)

Autour d'un texte informatif

JOUR 1 > Transposition en autonomie (CE2) Structuration : les compléments de phrase (CM1 / CM2)

- **Récrire le texte** en parlant de deux livres de géographie :
  Le Livre de Géographie est dans la bibliothèque. La nuit, il ne reste pas à sa place. Il veut voyager. Il a toute la nuit pour ce voyage. Il bouscule plusieurs livres. Mais sur son chemin, il rencontre le livre de la Police. Il ne peut pas continuer son voyage.
- **Souligner** les verbes conjugués et **entourer** leur sujet. **Écrire** leur infinitif.

Structuration : les compléments de phrase

Il s'agit de montrer que :
- dans une phrase, il y a des groupes qui peuvent être déplacés et supprimés : ce sont les compléments de phrase ;
- les compléments de phrase apportent des précisions sur quand, où, comment se déroule l'histoire ;
- le complément de phrase est soit un groupe nominal précédé ou non d'une préposition, soit un mot invariable (adverbe).

- **Lire** la page compléments du cahier de collectes.
- **Lire** les phrases ; faire déplacer les mots ou groupes de mots qui peuvent l'être. Relire les phrases en les déplaçant puis en les supprimant. Les entourer.
  Ces groupes de mots sont des compléments de phrase. Faire entourer le sujet et le prédicat. Remarquer que certains compléments de phrase sont en fin de phrase.
  Récrire les trois premières phrases en plaçant le complément de phrase entre le sujet et le prédicat. Encadrer ce complément avec des virgules.

  Bien préciser que, avant d'entourer le sujet et le prédicat, il faut chercher si, dans la phrase, il n'y a pas des compléments de phrase que l'on peut déplacer et supprimer.

- **Rechercher** quelles informations les compléments de phrase apportent :
  Avec des brindilles indique avec quoi le primate fabrique des sortes de tongs.
  Sur le chemin indique où Jack et John rencontrent le vieil homme.
  Un matin indique quand le vieil homme donne un haricot à Jack.
  Sans perdre son aplomb, indique comment Jack regarde la géante.
  Etc.

- **Faire indiquer** la nature des compléments de phrase dans ces phrases collectées : groupe nominal précédé ou non d'une préposition *(vers, sur, pour, avec)*, mot invariable *(aussitôt)*.
  Sur le chemin, Jack et John rencontrent un vieil homme.
  Un matin, le vieil homme donne un haricot à Jack.
  Aussitôt, il obéit.
  Pour Halloween, les élèves fabriquent une grosse araignée.
  Avec de la laine noire, tu entoures le corps et la tête de l'araignée.
  Vers dix-huit ans, ils devenaient chevaliers.
  Les livres de bibliothèque bavardent le soir.

- **Garder une trace écrite.**

Les compléments de phrase

Dans une phrase, des mots ou groupes de mots peuvent être déplacés ou supprimés : ce sont des **compléments de phrase.**

Sur le chemin, *Jack et John* *rencontrent un vieil homme*.

Aussitôt, *il* *obéit*.

- Les **compléments de phrase** donnent des **renseignements supplémentaires** dans la phrase, ils ne sont pas obligatoires.

- Le complément de phrase peut être :
  - un **groupe nominal** introduit ou non par une **préposition :**
    sur le chemin, ***pour*** *Halloween*, ***avec*** *des feuillages*, ***vers*** *dix-huit ans, le soir*
  - un **adverbe :** ***aussitôt...***

Exercices

Recopier les phrases en déplaçant les compléments de phrase entourés. Puis entourer le sujet et le prédicat.

Dans la forêt, les enfants jouent à cache-cache.

Tous les jours, les élèves apprennent leurs leçons.

Cet élève écrit bien sur son cahier.

Le bébé, la nuit, dort peu.

Près de la rivière, le matin, les ornithologues observent les oiseaux.

Indiquer la nature des compléments de phrase.

Recopier les phrases en supprimant les compléments de phrase entourés.

À la montagne, il fait de longues randonnées.

L'année prochaine, vous découvrirez l'Italie.

Les élèves, autrefois, écrivaient à l'encre.

En automne, les jardiniers récoltent les légumes.

Dans le ciel, les avions laissent des panaches de fumée.

Indiquer la nature des compléments de phrase.

Entourer le sujet, le prédicat et les compléments de phrase.

Après le repas, mon grand-père fait la sieste.
La pluie, toute la journée, fouette les vitres.
La fillette rattrape la balle avec adresse.
La souris a trouvé une bonne cachette dans le grenier.
Rapidement, le zèbre, dans la savane, quitte le point d'eau.

Indiquer la nature des compléments de phrase.

Recopier les phrases en les complétant avec des compléments de phrase.

(C de phrase) elle boit son chocolat ***(C de phrase).***
Je regarderai la télévision ***(C de phrase).***
(C de phrase), des enfants construisent un château de sable.
Tom ***(C de phrase)*** recopie un exercice ***(C de phrase).***

Recopier les phrases en remplaçant le complément de phrase entouré par un autre.

[Ce soir], Jules participe à une fête.
L'athlète, [aux jeux Olympiques], a accompli un exploit.
Les forains installent leurs manèges [dans le village].
Les vaches rentrent à l'étable [pendant l'hiver].
[Chez le boulanger], Marine choisit un gâteau au chocolat.

Indiquer la nature des compléments de phrase.

Compléter les phrases avec un complément de phrase et indiquer sa nature.

Le boulanger sort le pain du four.
Les feuilles des arbres tapissent le sol.
Vous entrerez en sixième.
Les spectateurs s'installent dans le haut de la salle.
Des ouvriers installent des éoliennes.

JOUR 2 > Exercices sur le présent (CE2) Exercices sur les compléments de phrase (CM1 / CM2)

- **Exercices sur le présent :** à choisir parmi ceux proposés lors des structurations et qui n'ont pas encore été réalisés.
- **Exercices** à prendre parmi ceux de la structuration des compléments de phrase.

JOUR 3 > Évaluation sur le présent

Évaluation CE2

Il s'agit d'évaluer si les élèves savent :

- conjuguer les verbes du programme au présent de l'indicatif ;
- réaliser l'accord sujet verbe dans un texte.

Évaluation CM1

Il s'agit d'évaluer si les élèves savent :

- conjuguer les verbes du programme au présent de l'indicatif ;
- réaliser l'accord sujet verbe dans un texte.

Évaluation CM2

Il s'agit d'évaluer si les élèves savent :

- conjuguer les verbes du programme et d'autres au présent de l'indicatif ;
- réaliser l'accord sujet verbe dans un texte.

Évaluation 3 / CE2

1. Conjugue les verbes entre parenthèses au présent de l'indicatif :

Lucas ***(prendre)*** son sac de sport. ....

Vous ***(voir)*** le bus arriver. ....

Les deux chiens ***(venir)*** se blottir contre moi. ....

Je ***(pouvoir)*** venir avec toi. ....

Vous ***(dire)*** toujours merci. ....

Je ***(partir)*** en vacances. ....

Vous ***(faire)*** un gâteau. ....

2. Conjugue avec *tu* puis *vous* et *elle* :

J'ai neuf ans, je suis au CM1 et je vais à l'école en vélo.

....

....

....

2. Récris ce texte au présent avec *je* puis *nous* et enfin *Léo et Max.*

Léo est en colonie de vacances. Le matin, il va à la piscine. Il plonge du grand plongeoir, il n'a pas peur. L'après-midi, il fait de l'escalade ou il participe à une chasse au trésor. Le soir, il joue au Monopoly.

....

....

....

....

....

....

....

....

....

Évaluation 3 / CM1

1. Conjugue les verbes entre parenthèses au présent de l'indicatif :

Les enfants ***(remplir)*** le seau avec de l'eau. ....

Lucas ***(prendre)*** son sac de sport. ....

Vous ***(voir)*** le bus arriver. ....

Les deux chiens ***(venir)*** se blottir contre moi. ....

Je ***(pouvoir)*** venir avec toi. ....

Vous ***(dire)*** toujours merci. ....

Je ***(partir)*** en vacances. ....

Vous ***(faire)*** un gâteau. ....

Jules ***(devoir)*** rentrer chez lui avant 19 heures. ....

2. Conjugue avec *tu* puis *vous* et *elle* :

J'ai neuf ans, je suis au CM1 et je vais à l'école en vélo.

....

....

....

2. Récris ce texte au présent avec *je* puis *nous* et enfin *Léo et Max*.

Léo est en colonie de vacances. Le matin, il va à la piscine. Il plonge du grand plongeoir, il n'a pas peur. L'après-midi, il fait de l'escalade ou il participe à une chasse au trésor. Le soir, il choisit souvent de jouer au Monopoly. Il adore ce jeu.

....

....

....

....

....

....

....

....

....

....

....

Évaluation 3 / CM2

1. Conjugue les verbes entre parenthèses au présent de l'indicatif :

Les enfants ***(remplir)*** le seau avec de l'eau. ....

Lucas ***(prendre)*** son sac de sport. ....

Vous **(voir)** le bus arriver. ....

Les deux chiens ***(venir)*** se blottir contre moi. ....

Je ***(pouvoir)*** venir avec toi. ....

Vous ***(dire)*** toujours merci. ....

Je ***(partir)*** en vacances. ....

Vous ***(faire)*** un gâteau. ....

Jules ***(devoir)*** rentrer chez lui avant 19 heures. ....

Elle ***(entendre)*** sonner la cloche de l'église. ....

Je ***(construire)*** un vaisseau spatial en lego. ....

2. Conjugue avec *tu* puis *vous* et *elle* :

J'ai neuf ans, je suis au CM1 et je vais à l'école en vélo.

....

....

....

2. Récris ce texte au présent avec *je* puis *nous* et enfin *Léo et Max*.

Léo est en colonie de vacances. Le matin, il va à la piscine. Il plonge du grand plongeoir, il n'a pas peur. L'après-midi, il fait de l'escalade ou il participe à une chasse au trésor. Le soir, il choisit souvent de jouer au Monopoly. Il adore ce jeu. À la nuit, il observe le ciel avec un moniteur, il apprend ainsi beaucoup de choses sur les planètes.

....

....

....

....

....

....

....

....

....

....

....

JOUR 4 > Activités sur le texte : Seigneur et château fort

Seigneur et château fort

À partir du XIe siècle, le château fort est une véritable forteresse en pierre. Sur une colline, il domine le paysage. Ainsi, il montre la puissance du seigneur. Il peut résister à de longs sièges. Il a des murs épais, de hautes tours et un donjon central. En temps de guerre, il protège ses habitants mais aussi ceux des campagnes environnantes. Il abrite les paysans et leurs troupeaux.

Le seigneur est surtout un guerrier. Très jeune, il apprend à combattre. Vers dix-huit ans, il devient chevalier. Comme il a besoin de s'entrainer à la guerre, il participe à des tournois. Sur un cheval lancé au galop, il essaie de faire tomber son adversaire avec une lance.

Quand il n'est pas à la guerre, le seigneur reste dans son château. Il administre son domaine et rend la justice. Comme la vie au château est monotone, il organise des chasses et des banquets somptueux. Il écoute de la musique et regarde des jongleurs, des acrobates et des montreurs d'ours.

- **Relire le texte puis le transposer au passé en commençant par** ***À partir du XIe siècle, le château fort était…***

Bien lire le texte à l'oral en le transformant puis écrire les changements. Faire remarquer les changements au moment où on les écrit :

- les verbes, constater la régularité : ***-ait*** pour tous les verbes ; attirer l'attention sur le ***e*** de ***protégeait*** et sur le changement d'accent.

Les CE2 s'arrêtent à ***tournois*** et recopient les 2e, 3e et 4e phrases non transposées puis transposées. Ils soulignent les verbes conjugués et indiquent le nombre de phrases.

Poursuivre avec les CM puis les CM2.

Les CM1 recopient les deux premières phrases du deuxième paragraphe transposées.

Collecte

Passé 1

Le seigneur était surtout un guerrier.
Il pouvait résister à de longs sièges.
Il protégeait ses habitants.
Il avait des murs épais.
Il abritait les paysans.

Très jeune, il apprenait à combattre.
Vers dix-huit ans, il devenait chevalier.
Il participait à des tournois.
Il essayait de faire tomber son adversaire.

Exercice

Transposer à l'imparfait

Le seigneur chasse avec un faucon. Il a aussi des chiens. Lors des banquets, le seigneur mange le gibier rapporté de la chasse. Il est de longues heures à table. Le seigneur aime les tournois. Il apprend à faire la guerre. En temps de paix, il reste au château et il rend la justice.

Texte transposé

À partir du XIe siècle, le château fort était une véritable forteresse en pierre. Sur une colline, il dominait le paysage. Ainsi, il montrait la puissance du seigneur. Il pouvait résister à de longs sièges. Il avait des murs épais, de hautes tours et un donjon central. En temps de guerre, il protégeait ses habitants mais aussi ceux des campagnes environnantes. Il abritait les paysans et leurs troupeaux.

Le seigneur était surtout un guerrier. Très jeune, il apprenait à combattre. Vers dix-huit ans, il devenait chevalier. Comme il avait besoin de s'entrainer à la guerre, il participait à des tournois. Sur un cheval lancé au galop, il essayait de faire tomber son adversaire avec une lance.

Quand il n'était pas à la guerre, le seigneur restait dans son château. Il administrait son domaine et rendait la justice. Comme la vie au château était monotone, il organisait des chasses et des banquets somptueux. Il écoutait de la musique et regardait des jongleurs, des acrobates et des montreurs d'ours.

COLLECTE de la semaine 4

- Le seigneur était surtout un guerrier.
- Il pouvait résister à de longs sièges.
- Il protégeait ses habitants.
- Il avait des murs épais.
- Il abritait les paysans.
- Très jeune, il apprenait à combattre.
- Vers dix-huit ans, il devenait chevalier.
- Il participait à des tournois.
- Il essayait de faire tomber son adversaire.

Semaine 5 La vie autrefois (1)

Autour d'un récit documentaire

La lessive auterfois
Une vieille dame raconte :
« On faisait la lessive du blanc, tous les mois. La veille de la lessive, on plaçait le linge sale dans une grande cuve en tôle que l'on posait sur un trépied en bois. On remplissait plusieurs seaux avec de l'eau et on les versait dans la cuve. Pleins d'eau, ils étaient très lourds. Dans la cuve, on ajoutait des cristaux de carbonate de soude. Le linge trempait toute la nuit.
Le lendemain, on posait une planche à laver dans la cuve. On frottait le linge énergiquement sur la planche. Pour cela, on utilisait une brosse de chiendent. On y passait presque toute la matinée.
Ensuite, on mettait le linge dans une lessiveuse avec de l'eau et des cristaux. On couvrait la lessiveuse et on la mettait sur le feu. Quand elle bouillait, l'eau montait dans le tuyau au milieu de la lessiveuse et se déversait sur le linge par en haut. On laissait bouillir pendant deux heures. »

Lecture compréhension du texte

- Que raconte la vieille dame ? Retracer oralement les différentes étapes de la lessive. Illustrer ces étapes avec les documents suivants :
  http://www.cite-st-joseph.asso.fr/autrefois/lessive%271.jpg,
  http://ecolemarcelpagnol.53.free.fr/Images/hygea31.jpg,
  http://farm8.staticflickr.com/7416/11043154955_12f508e0b0_o.jpg,
  https://encrypted-tbn2.gstatic.com/images?q=tbn:ANd9GcRPOqKxYVKuV7eyFG0-UYNvz18C7GTjKMZ-a8z7739Z9g8Pc236-Q
  http://ecoleprimaire35450mece.pagesperso-orange.fr/lessive.htm
- **Expliquer :** *du blanc – un trépied – des cristaux de carbonate de soude – une planche à laver – une lessiveuse – une brosse de chiendent.*
- **Faire remarquer** les deux parties du récit, leur donner un titre : ***Le trempage du linge – Le lavage du linge.***
- **Trouver** à quoi renvoient les mots soulignés.
- **Relever** les mots ou groupes de mots qui donnent des indications de temps, de lieu, les indicateurs logiques et compléter les affiches commencées en période 1.

JOUR 1 > Transposition du texte

- **Faire remarquer** que le texte est écrit à l'imparfait de l'indicatif : la vieille dame raconte au passé des faits qu'elle a vécus de manière habituelle quand elle était petite. Faire préciser que le texte est écrit majoritairement à la 3e personne du singulier avec utilisation du pronom indéfini ***on.*** Faire lire la phrase à la 3e personne du pluriel.
- **Transposer en remplaçant *on* par *je*.**
  Bien lire le texte à l'oral en le transformant puis écrire les changements.
  Faire remarquer les changements au moment où on les écrit :
  • les pronoms ***on*** > ***je ;***
  • les verbes, constater la régularité des terminaisons : ***-ait*** avec ***on*** (comme avec ***il*** dans le texte précédent), ***-ais*** avec ***je.***
  Attirer l'attention sur la prononciation de ***faisait,*** sur le **ç** de ***lançait.***
- **Poursuivre le relevé** de ***et, son, à*** et expliciter leur rôle.
  Les CE2 s'arrêtent à *planche* et recopient les deux premières phrases du 1er paragraphe non transposées puis transposées. Poursuivre avec les CM puis les CM2. Les CM1 recopient la première phrase transposée.

Collecte

Passé 1

On faisait la lessive du blanc tous les mois.
Je faisais la lessive du blanc tous les mois.
On plaçait le linge sale dans une grande cuve.
Je plaçais le linge sale dans une grande cuve.
On ajoutait des cristaux de carbonate de soude.
J'ajoutais des cristaux de carbonate de soude.
On remplissait plusieurs seaux avec de l'eau.
Je remplissais plusieurs seaux avec de l'eau.

Exercice

Transposer avec *je*.

Autrefois, on lavait le linge à la main. On faisait d'abord tremper le linge. Ensuite, on le frottait à la main puis on le plaçait dans une lessiveuse. On remplissait d'eau. On déposait la lessiveuse sur la cuisinière. On enlevait la lessiveuse du feu deux heures après.

Texte transposé

Une vieille dame raconte :
« Je faisais la lessive du blanc, tous les mois. La veille de la lessive, je plaçais le linge sale dans une grande cuve en tôle que je posais sur un trépied en bois. Je remplissais plusieurs seaux avec de l'eau et je les versais dans la cuve. Pleins d'eau, ils étaient très lourds. Dans la cuve, j'ajoutais des cristaux de carbonate de soude. Le linge trempait toute la nuit.
Le lendemain, je posais une planche à laver dans la cuve. Je frottais le linge énergiquement sur la planche. Pour cela, j'utilisais une brosse de chiendent. J'y passais presque toute la matinée.
Ensuite, je mettais le linge dans une lessiveuse avec de l'eau et des cristaux. Je couvrais la lessiveuse et je la mettais sur le feu. Quand elle bouillait, l'eau montait dans le tuyau au milieu de la lessiveuse et se déversait sur le linge par en haut. Je laissais bouillir pendant deux heures. »

JOUR 2 > Activités sur les phrases

- **Constituer une phrase :**
  une cuve – remplissait – pour faire la lessive – on – avec de l'eau – et – le linge à laver – on – dedans – mettait
  Constater que les groupes de mots *pour faire la lessive, avec de l'eau* et *dedans* peuvent se trouver à différents endroits de la phrase.

- Dans chaque phrase, **entourer** le sujet, le prédicat et les groupes supprimables et déplaçables (les compléments de phrase), **souligner** le verbe, donner son infinitif.
  Autrefois, la vieille dame faisait la lessive du blanc, tous les mois.
  Je frottais le linge énergiquement sur la planche.
  Dans la cuve, j'ajoutais des cristaux de carbonate de soude.
  Redire les phrases en changeant ces groupes de place puis en les supprimant.
  Faire dire quelles informations apportent les compléments de phrase. Les remplacer par d'autres groupes ayant le même sens.
  Indiquer si les compléments de phrase sont des groupes nominaux introduits par une préposition ou des adverbes.
  Indiquer si les sujets sont des pronoms ou des groupes nominaux.
  Constater que dans le groupe verbal prédicat, il y a un groupe de mots qui ne peut pas être supprimé. Dans les deux premières phrases, remplacer ce groupe de mots par ***le, la.***

- Avec les CM, trouver le sujet et le prédicat. Récrire la phrase en remplaçant *les seaux* par *le seau, la cuve* puis *les cuves.*
  Les seaux étaient lourds.
  Constater les accords dans le groupe verbal et la présence du verbe *être*.

Collecte

Groupes verbaux 1

Les seaux étaient lourds.

Groupes verbaux 2

Je faisais la lessive du blanc, tous les mois. / Je la faisais tous les mois.
Je frottais le linge énergiquement sur la planche. / Je le frottais énergiquement sur la planche.

Exercices

Constituer une phrase.

faisais – autrefois – à pied – je – plusieurs kilomètres – pour aller à l'école – et – j' – pour le midi – mon repas – emportais

Dans chaque phrase, entourer le sujet, le prédicat et les groupes supprimables et déplaçables (les compléments de phrase). Souligner le verbe, donner son infinitif.

Prestement, le singe attrape les lunettes du touriste.
Les otaries, devant les visiteurs, font des plongeons spectaculaires.
À la nuit tombée, les allées du zoo sont désertes.

JOUR 3 & 4 > Structuration : les constituants du GN et le genre et le nombre

Il s'agit simplement de faire le point sur ce que l'on vu depuis le début de l'année, les notions de nom, de genre et de nombre se consolideront au fil de l'année :

- identifier les noms, les déterminants : le nom est le mot principal dans le groupe nominal, il est précédé d'un déterminant qui permet de connaitre le genre et le nombre du nom ;
- distinguer nom propre/nom commun ;
- identifier le genre et le nombre du nom et des déterminants ;
- prendre conscience des accords.

- **Faire lire** les groupes nominaux (GN) collectés dans le cahier à la page Groupes nominaux (1).
  - Rappeler les activités conduites sur ces groupes nominaux depuis le début de l'année.
  - Souligner chaque nom : mot principal du groupe nominal.
- **Faire remarquer** que certains noms commencent par **une majuscule** : *Jack...* . Ces noms sont des noms propres, ils désignent **des êtres, des lieux uniques.** Certains noms propres ne sont pas précédés d'un déterminant. Remarquer que le GN *Jack et John* est formé de deux noms propres.
  Demander aux élèves de donner des noms propres : leur prénom, leur nom, le nom de la commune où est l'école, de la commune où ils habitent, d'autres noms de lieux : des pays, des villes, des fleuves et rivières.
  Les autres noms sont des noms communs (mère, chemin, vache, nuit, haricot…).
  Oralement, faire énoncer des noms qui ne figurent pas dans la liste.
- **Lister** les petits mots qui précèdent les noms : les déterminants ; expliciter leur rôle : ils permettent de connaître le genre et le nombre des noms. Distinguer les déterminants que l'on trouve devant un nom masculin, un nom féminin et les déterminants qui indiquent le pluriel.
  - Remarquer le déterminant ***l'*** : ***l'araignée ;*** ce ***l'*** remplace ***la*** car on ne dit pas ***la araignée.*** Donner d'autres mots avec ***l'*** : ***l'école – l'église – l'ogre – l'orange – l'ustensile – l'avion – l'image – etc.*** Constater que ***l'*** s'emploie devant un mot commençant par une voyelle. Constater que le déterminant ***l'*** ne permet pas de connaître directement le genre des noms.

- Faire remarquer que pour les noms propres désignant des êtres animés, le genre des noms est lié à une distinction de sexe : ***Jack*** (masculin). Trouver des prénoms féminins.
- Attirer l'attention des élèves sur le fait que quand un nom est au pluriel, son genre n'est pas directement identifiable. Faire donner le genre des noms dans les groupes nominaux suivants :
les fauteuils – des poils – nos cils – tes chaussettes – mes affaires – ces maisons.
Faire observer la marque du pluriel (***s***) dans le déterminant et dans le nom (***s*** ou ***x***).

- **Garder une trace écrite dans le cahier.**

Le groupe nominal

- Le **nom** est le mot principal du **groupe nominal.**
le chimpanzé, sa mère, cette vache, une nuit

Il y a des **noms communs** : *vache, nuit, chimpanzé,*
et des **noms propres** : *Jack, John.*
Les noms propres commencent par une majuscule. Ils désignent des êtres, des lieux uniques.

- Le **déterminant** accompagne le **nom.**
le, la, les, l'un, une, des, mon, ma, mes, ton, ta, tes, son, sa, ses, notre, votre, nos, vos, leur, leurs, ces, ce, cette, chaque

Le **déterminant** a le même **genre** (masculin ou féminin) et le même **nombre** (singulier ou pluriel) que le **nom** qu'il précède.

	masculin	féminin
singulier	**un** chimpanzé, **le** pied, **l'**ogre, **ton** sac, **votre** sac, **leur** sac, **ce** seau	**la** vache, **une** noix, **l'**eau **ton** équerre, **ta** vache, **votre** vache, **leur** vache, **cette** nuit
pluriel	**les** seaux, **des** pieds **nos** sacs, **leurs** gants, **ces** seaux	**les** vaches, **des** brindilles, **mes** mains, **leurs** mains, **ces** feuilles

La trace écrite sur l'adjectif sera inscrite à la suite de celle sur le nom après son étude.

Exercices

a. Recopier les noms communs avec leur déterminant.
Dans la cour, les filles jouent à la marelle.
Dans le village, l'ogre dévore les enfants.
Sur le chantier pour la construction d'un immeuble, des ouvriers conduisent des engins énormes.
Tu prépares une danse pour la fête de l'école.
b. Classer les groupes nominaux relevés suivant leur genre et leur nombre.

a. Recopier les noms propres.
Roméo aime qu'on lui raconte l'histoire de Zéralda et de l'ogre.
La Seine traverse Paris.
L'avion atterrit à Rome après avoir survolé les Alpes.
Avec Zoé, nous aimons bien aller à la bibliothèque François Mitterrand.
b. Les classer suivant leur genre.

Recopier les noms dans la colonne qui convient.

Ma tante fait ses courses au supermarché Carrefour.
Le chat de la sorcière s'appelle Aristote.
Bientôt les élèves de l'école de mes cousins iront à Londres.
En Italie, les villes possèdent de belles ruines.

noms communs	noms propres

Trouver l'intrus dans chaque série.

- bonnet – gant – trouver – écharpe – manteau
- tulipe – jonquille – rose – vouloir – pâquerette
- maison – sortir – chalet – immeuble – cabane

Écrire des noms et ajouter un intrus. Puis faire deviner cet intrus à un camarade.

Recopier les noms dans la colonne qui convient :

Vers 1450, Gutenberg invente une nouvelle manière d'imprimer : les caractères mobiles en plomb. Dès que l'invention est connue, les imprimeries se multiplient. En 1500, on en compte dans 250 villes d'Europe. Dès 1539, l'imprimerie est connue en Amérique, en Asie dès 1553 et en Afrique vers 1600.

noms communs	noms propres

a. Recopier les phrases où le mot souligné est un nom.

Il emprunte un livre à la bibliothèque.
Le facteur livre les colis en voiture.

On ferme la porte du garage.
Dans cette ferme, il y a trois gros tracteurs.

Il porte un pantalon gris.
La porte est en bois.
Je joue avec ma console.
Sa joue est griffée.

Cette demeure est très belle.
Le chat demeure immobile pendant plusieurs minutes.

b. Recopier les phrases où le mot souligné est un nom en le mettant au pluriel.

a. Classer les GN suivants dans le tableau :

une forêt – les arbres – leurs billes – mes stylos – un vélo – des paysages – le parc – son bonnet – la valise – ton téléphone – son aspirateur – leur console – l'insecte – ces plantes – ce chat – ces danseurs.

	masculin	féminin
singulier		
pluriel		

b. Recopier les noms en changeant leur nombre.

CE2 CM1 CE2/CM1 CM2 CM1/CM2 CE2/CM1/CM2

COLLECTE de la semaine 5

- On faisait la lessive du blanc tous les mois.
- Je faisais la lessive du blanc tous les mois.
- On plaçait le linge sale dans une grande cuve.
- Je plaçais le linge sale dans une grande cuve.
- On ajoutait des cristaux de carbonate de soude.
- J'ajoutais des cristaux de carbonate de soude.
- On remplissait plusieurs seaux avec de l'eau.
- Je remplissais plusieurs seaux avec de l'eau.

- Je faisais la lessive du blanc, tous les mois. / Je la faisais tous les mois.
- Je frottais le linge énergiquement sur la planche. / Je le frottais énergiquement sur la planche.

- Les seaux étaient lourds.

CE2 CM1 CE2/CM1 CM2 CM1/CM2 CE2/CM1/CM2

Semaine 6 La vie autrefois (2)

Autour d'un récit documentaire

La lessive autrefois

La vieille dame poursuit son récit :

« Il fallait être deux pour enlever la lessiveuse du feu car elle était lourde avec le linge mouillé. On sortait le linge de la lessiveuse avec une pince car c'était bouillant. On le mettait dans des seaux, on posait ces seaux sur une brouette puis on allait au lavoir. On rinçait la lessive dans l'eau glacée. Pour cela, on plongeait le linge dans le grand bassin. On le repliait sur la pierre du lavoir et on le battait avec un battoir pour bien enlever le savon. Ensuite, on essorait chaque pièce en la tordant. On était à genoux sur un bac en bois rempli de paille. L'hiver, on n'aimait pas aller au lavoir car on avait très froid aux mains. Quand tout était rincé, on remettait le linge dans les seaux, les seaux sur la brouette et on repartait à la maison. Ensuite on étendait le linge sur les fils qui s'étiraient en travers du jardin. Quand le linge était sec, on le repassait avec des fers en fonte que l'on posait sur la cuisinière. À cette époque, la lessive était un travail long et fatigant. »

Lecture compréhension du texte

- Où rinçait-on le linge ? Comment faisait-on ? Mimer. Montrer la photo d'un lavoir, d'un battoir, de fers à feu.
  Observer les documents suivants :
  http://perlbal.hi-pi.com/blog-images/567033/gd/13276422861.jpg,
  https://encrypted-tbn0.gstatic.com/images?q=tbn:ANd9GcTwvAoXFBg5Wbksndl3O6imI1E_d5u7PWyFGV-_CGCEqvP9I9ND
- **Distinguer** les différentes parties du texte : le rinçage au lavoir, le retour et le séchage, le repassage.
- **Trouver** à quoi renvoient les mots soulignés.
- **Relever** les mots ou groupes de mots qui donnent des indications de temps, de lieu, les indicateurs logiques et compléter les affiches commencées en période 1.

JOUR 1 > Transposition du texte

- **Transposer en remplaçant *on* par *nous*.**
  Bien lire le texte à l'oral en le transformant puis écrire les changements.
  Faire remarquer les changements au moment où on les écrit :
  - les pronoms ***on*** > ***nous*** ;
  - les verbes, constater la régularité des terminaisons : ***-ions*** avec ***nous.***
    Attirer l'attention sur la présence du ***e*** de ***plongeait,*** du ***ç*** de ***rinçait,*** leur disparition dans ***plongions, rincions,*** les deux ***i*** dans ***repliions.***
- **Poursuivre le relevé** de ***et, son, à*** et expliciter leur rôle.
  Les CE2 s'arrêtent à *planche* et recopient les deux premières phrases du 1er paragraphe non transposées puis transposées. Ils soulignent les verbes conjugués et entourent la terminaison de l'imparfait.
  Poursuivre avec les CM puis les CM2.
  Les CM1 recopient la première phrase écrite en vert transposée.

Collecte

Passé 1

On plongeait le linge dans le grand bassin.
Nous plongions le linge dans le grand bassin.
On était à genoux sur un bac en bois rempli de paille.
Nous étions à genoux sur un bac en bois rempli de paille.
On avait très froid aux mains.
Nous avions très froid aux mains.
On rinçait la lessive dans l'eau glacée.
Nous rincions la lessive dans l'eau glacée.
On allait au lavoir.
Nous allions au lavoir.
On essorait chaque pièce en la tordant.
Nous essorions chaque pièce en la tordant.
On le repliait sur la pierre du lavoir.
Nous le repliions sur la pierre du lavoir.

Exercice

Transposer avec *nous*.

Autrefois, on rinçait le linge à la main. On plongeait le linge dans l'eau glacée. On le remuait pour enlever le savon. On avait froid aux mains. On étendait le linge dans le jardin. On repassait le linge avec des fers en fonte.

Texte transposé

« Il fallait être deux pour enlever la lessiveuse du feu car elle était lourde avec le linge mouillé. Nous sortions le linge de la lessiveuse avec une pince car c'était bouillant. Nous le mettions dans des seaux, nous posions ces seaux sur une brouette puis nous allions au lavoir. Nous rincions la lessive dans l'eau glacée. Pour cela, nous plongions le linge dans le grand bassin. Nous le repliions sur la pierre du lavoir et nous le battions avec un battoir pour bien enlever le savon. Ensuite, nous essorions chaque pièce en la tordant. Nous étions à genoux sur un bac en bois rempli de paille. L'hiver, nous n'aimions pas aller au lavoir car nous avions très froid aux mains.
Quand tout était rincé, nous remettions le linge dans les seaux, les seaux sur la brouette et nous repartions à la maison. Ensuite nous étendions le linge sur les fils qui s'étiraient en travers du jardin.
Quand le linge était sec, nous le repassions avec des fers en fonte que nous posions sur la cuisinière. À cette époque, la lessive était un travail long et fatigant. »

JOUR 2 > Activités sur les phrases

- **Relever** la partie de phrase à la forme négative : ***L'hiver, on n'aimait pas aller au lavoir.***
  La transformer à la forme affirmative.
- **Constituer une phrase :**
  dans le grand bassin – le linge – nous – plongions – au lavoir – tous les mois – et – nous – le savon – avec un battoir – le – pour enlever.
- Dans chaque phrase, **entourer** le sujet, le prédicat et les groupes supprimables et déplaçables (les compléments de phrase), **souligner** le verbe, donner son infinitif.
  Au lavoir, dans l'eau glacée, les femmes rinçaient le linge.
  Pour bien enlever le savon, on battait le linge.
  Avec une brouette, nous allions au lavoir.
  Après plusieurs heures, nous repartions à la maison.

Redire les phrases en changeant ces groupes supprimables et déplaçables de place puis en les supprimant.
Remplacer ces groupes par d'autres groupes ayant le même sens.
Indiquer si les sujets sont des pronoms ou des groupes nominaux. Constater que dans le groupe verbal prédicat, il y a un groupe de mots qui ne peut pas être supprimé. Remplacer ce groupe de mots par un pronom dans les deux premières phrases.

- **Avec les CM :** trouver le sujet et le prédicat. Récrire la phrase en suivant les consignes.
Le linge était bouillant. Remplacer *le linge* par *l'eau, les chocolats,* puis *les crèmes.*
Le linge était sec. Remplacer *le linge par la robe, les pantalons,* puis *les chemises.*
Constater les accords dans le groupe verbal et la présence du verbe *être.* Chercher par quel autre verbe on pourrait remplacer *était : semblait, restait, paraissait.*

Exercices

Dans chaque phrase, entourer le sujet, le prédicat et les groupes supprimables et déplaçables (les compléments de phrase). Souligner le verbe, donner son infinitif.

Au lavoir, toutes les femmes bavardaient.
L'été, les enfants jouaient avec l'eau.
Avec une pince nous sortions le linge de la lessiveuse.

Remplacer la lessiveuse par *le seau, les seaux,* puis *les lessiveuses.*

La lessiveuse était lourde.

Collecte

Phrases négatives et phrases affirmatives correspondantes

L'hiver, nous n'aimions pas aller au lavoir.
L'hiver, nous aimions aller au lavoir.

Groupes verbaux 1

Le linge était bouillant. L'eau était bouillante. Les chocolats étaient bouillants. Les crèmes étaient bouillantes.
Le linge était sec. Le pantalon était sec. La robe était sèche. Les chemises étaient sèches.

Groupes verbaux 2

Pour bien enlever le savon, on battait le linge. / Pour bien enlever le savon, on le battait.
Au lavoir, dans l'eau glacée, les femmes rinçaient le linge. / Au lavoir, dans l'eau glacée, les femmes le rinçaient.

JOUR 3 > Activités sur les groupes nominaux et les classes de mots (CM2)

- **Dans les groupes nominaux** suivants, distinguer le nom du mot qui donne un renseignement sur ce nom : *la vieille dame, le linge mouillé, l'eau glacée, le grand bassin.*
Indiquer si ces groupes nominaux sont masculins ou féminins.
Remplacer chaque nom par un autre de même genre.
- **Relever** les verbes à l'infinitif dans le texte.

Collecte

Groupes nominaux 2

la vieille dame
le linge mouillé
l'eau glacée

Groupes nominaux 3

la pierre du lavoir
un bac en bois

Exercices

Dans chaque groupe nominal souligner le nom.

une vieille brouette – une lessiveuse pleine – des pinces pratiques – des vêtements mouillés – un grand bassin – un feu pétillant – des mains froides – un hiver glacial – un travail long et fatigant.

Puis classer les groupes nominaux suivant leur genre et leur nombre.

JOUR 4 > Vocabulaire et production écrite

Vocabulaire

- **Relever** le lexique de ***La lessive autrefois.***
- **Rechercher dans le dictionnaire** le mot *lessive* et relever les mots de la même famille. Remarquer comment les mots d'une même famille sont indiqués dans le dictionnaire.
  Faire de même avec les verbes ***plonger, laver*** puis les noms ***cuisine*** et ***glace.*** Mettre en évidence pour chaque famille, le rapport de sens entre les mots et retrouver le radical à partir duquel les mots sont formés.

Production écrite

- **Écrire** à la 3e personne du singulier (avec ***on***) ou à la 1re personne du singulier un texte décrivant l'école autrefois.
  Avant d'écrire, énoncer les phrases possibles à l'oral.
  Employer les verbes et expressions suivantes : ***écrire à la plume – remplir les encriers avec de l'encre violette – sortir son buvard – mettre ou enfiler son tablier – écrire à la craie – copier au tableau noir – etc.***
  Commencer le texte en dictée collective à l'adulte en faisant bien remarquer la conjugaison du verbe. Puis laisser les élèves écrire en autonomie suivant leurs capacités. Écrire au tableau les mots dont ils peuvent avoir besoin. Faire relire les productions en vérifiant :
  - majuscule et point à la fin des phrases ;
  - la conjugaison des verbes à l'imparfait.

  Il est possible aussi beaucoup plus simplement de demander aux élèves ce qu'ils faisaient à l'école quand ils étaient au CP ou à la maternelle.

COLLECTE de la semaine 6

- On plongeait le linge dans le grand bassin.
- Nous plongions le linge dans le grand bassin.
- On était à genoux sur un bac en bois rempli de paille.
- Nous étions à genoux sur un bac en bois rempli de paille.
- On avait très froid aux mains.
- Nous avions très froid aux mains.
- On rinçait la lessive dans l'eau glacée.
- Nous rincions la lessive dans l'eau glacée.
- On allait au lavoir.
- Nous allions au lavoir.
- On essorait chaque pièce en la tordant.
- Nous essorions chaque pièce en la tordant.
- On le repliait sur la pierre du lavoir.
- Nous le repliions sur la pierre du lavoir.

- L'hiver, nous n'aimions pas aller au lavoir.
- L'hiver, nous aimions aller au lavoir.

- Le linge était bouillant. L'eau était bouillante. Les chocolats étaient bouillants. Les crèmes étaient bouillantes.
- Le linge était sec. Le pantalon était sec. La robe était sèche. Les chemises étaient sèches.

- Pour bien enlever le savon, on battait le linge. Pour bien enlever le savon, on le battait.
- Au lavoir, dans l'eau glacée, les femmes rinçaient le linge. / Au lavoir, dans l'eau glacée, les femmes le rinçaient.

- la vieille dame
- le linge mouillé
- l'eau glacée

- la pierre du lavoir
- un bac en bois

Semaine 7 : Évaluation

Évaluation CE2

Il s'agit d'évaluer si les élèves savent :

- interpréter les pronoms ;
- dans une phrase, identifier le sujet, le prédicat ;
- identifier le verbe, donner son infinitif ;
- donner la nature du sujet ;
- identifier les constituants d'un groupe nominal : déterminant, nom commun, nom propre.

Évaluation CM1

Il s'agit d'évaluer si les élèves savent :

- interpréter les pronoms ;
- dans une phrase, identifier le sujet, le prédicat, les compléments de phrase ;
- identifier le verbe, donner son infinitif ;
- donner la nature du sujet ;
- identifier les constituants d'un groupe nominal : déterminant, nom commun, nom propre.

Évaluation CM2

Il s'agit d'évaluer si les élèves savent :

- interpréter les pronoms ;
- dans une phrase, identifier le sujet, le prédicat, les compléments de phrase ;
- identifier le verbe, donner son infinitif ;
- donner la nature du sujet et des compléments de phrase ;
- identifier les constituants d'un groupe nominal : déterminant, nom commun, nom propre.

Évaluation 4 / CE2

1. Lis le texte.

Delphine et Marinette grandissaient dans une ferme. Elles étaient dans une ferme un peu spéciale car les animaux étaient les amis des deux petites filles et ils parlaient. Quand les fillettes faisaient des bêtises, leurs parents se mettaient en colère. Ils décidaient alors de les envoyer chez la tante Mélina.
Les fillettes n'aimaient pas la tante Mélina. Celle-ci était une très vieille et très méchante femme. Elle avait une bouche sans dents et un menton plein de barbe. Quand Delphine et Marinette allaient la voir dans son village, elle les embrassait sans cesse. Les fillettes trouvaient cela très désagréable à cause de la barbe.

a. Indique le nombre de phrases du premier paragraphe. ....

b. Recopie la troisième phrase du deuxième paragraphe.

....

c. Écris qui est désigné par les pronoms suivants :

Elles = ... | Ils = ...
ils = ... | Elle = ...

d. Recopie la phrase négative du texte et récris-la à la forme affirmative.

....

....

e. Recopie les noms propres du texte.

2. Constitue une phrase avec les groupes de mots suivants :

une méchante femme – et Marinette – était – avec de la barbe – la tante de Delphine.

....

....

3. a. Dans chaque phrase, entoure le sujet, le prédicat. Souligne le verbe, indique son infinitif.

1. À la ferme, le chat Alphonse avale un bol de lait frais tous les matins. ....
2. Sur le menton, la tante Mélina a de la barbe. ....
3. Chez tante Mélina, elles mangent du pain et du fromage moisi avec dégoût. ....

b. Recopie les sujets dans la colonne qui convient.

groupe nominal	pronom personnel

4. Sous chaque mot, écris D (déterminant), NC (nom commun), NP (nom propre).

le chat – leurs parents – son village – Mélina – la tante

....

5. Recopie les groupes nominaux suivants en les classant suivant leur genre et leur nombre :

les cheveux – la barbe – leurs parents – des jours – un menton – sa bouche – une journée

	masculin	féminin
singulier		
pluriel		

Évaluation 4 / CM1

1. Lis le texte.

Delphine et Marinette grandissaient dans une ferme. Elles étaient dans une ferme un peu spéciale car les animaux étaient les amis des deux petites filles et ils parlaient. Quand les fillettes faisaient des bêtises, leurs parents se mettaient en colère. Ils décidaient alors de les envoyer chez la tante Mélina.

Les fillettes n'aimaient pas la tante Mélina. Celle-ci était une très vieille et très méchante femme. Elle avait une bouche sans dents et un menton plein de barbe. Quand Delphine et Marinette allaient la voir dans son village, elle les embrassait sans cesse. Les fillettes trouvaient cela très désagréable à cause de la barbe.

La tante Mélina aimait beaucoup les pincer et leur tirer les cheveux. Elle les obligeait aussi à manger du pain et du fromage moisi. Quand tante Mélina voyait ses nièces, elle leur disait :

« Vous me ressemblez beaucoup ! Bientôt, vous serez mon fidèle portrait. »

a. Indique le nombre de phrases du premier paragraphe. ....

b. Recopie la deuxième phrase du premier paragraphe. ....

....

c. Écris qui est désigné par les pronoms suivants :

Elles = ...	Celle-ci = ...	les = ...
ils = ...	Elle = ...	leur = ...
Ils = ...	la = ...	vous = ...

d. Recopie la phrase négative du texte et récris-la à la forme affirmative.

....

....

e. Recopie les noms propres du texte. ....

Recopie trois noms communs. ....

2. Constitue une phrase avec les groupes de mots suivants : une méchante femme – et Marinette – était – avec de la barbe – la tante de Delphine – et – aimait – elle – ses nièces.

....

....

3. a. Dans chaque phrase, entoure le sujet, le prédicat et le ou les compléments de phrase.
Souligne le verbe, indique son infinitif.

1. À la ferme, le chat Alphonse avale silencieusement un bol de lait frais tous les matins. ....
2. Sur le menton, la tante Mélina a de la barbe. ....
3. Chez tante Mélina, elles mangent du pain et du fromage moisi avec dégoût. ....
4. Dans la ferme de Delphine et Marinette, les animaux parlent. ....

b. Recopie les sujets dans la colonne qui convient.

groupe nominal		pronom personnel	

c. Récris la phrase 1 en changeant les compléments de phrase.

....

4. Sous chaque mot, écris D (déterminant), NC (nom commun), NP (nom propre).

le chat – leurs parents – cette ferme – son village – Mélina – la tante – ces fillettes

....

5. Recopie les groupes nominaux suivants en les classant suivant leur genre et leur nombre :

les cheveux – la barbe – leurs parents – des jours – un menton – sa bouche – une journée – l'âne – les animaux

	masculin	féminin
singulier		
pluriel		

Évaluation 4 / CM2

1. Lis le texte.

Delphine et Marinette grandissaient dans une ferme. Elles étaient dans une ferme un peu spéciale car les animaux étaient les amis des deux petites filles et ils parlaient. Quand les fillettes faisaient des bêtises, leurs parents se mettaient en colère. Ils décidaient alors de les envoyer chez la tante Mélina.
Les fillettes n'aimaient pas la tante Mélina. Celle-ci était une très vieille et très méchante femme. Elle avait une bouche sans dents et un menton plein de barbe. Quand Delphine et Marinette allaient la voir dans son village, elle les embrassait sans cesse. Les fillettes trouvaient cela très désagréable à cause de la barbe.
La tante Mélina aimait beaucoup les pincer et leur tirer les cheveux. Elle les obligeait aussi à manger du pain et du fromage moisi. Quand tante Mélina voyait ses nièces, elle leur disait :
« Vous me ressemblez beaucoup ! Bientôt, vous serez mon fidèle portrait. »
Alors Delphine et Marinette étaient effrayées à l'idée de lui ressembler.

a. Indique le nombre de phrases du premier paragraphe. ....

b. Recopie la deuxième phrase du premier paragraphe. ....

....

c. Écris qui est désigné par les pronoms suivants :

Elles = ...	Celle-ci = ...	les = ...
ils = ...	Elle = ...	leur = ...
Ils = ...	la = ...	vous = ...
lui = ...		

d. Recopie la phrase négative du texte et récris-la à la forme affirmative.

....

....

e. Recopie les noms propres du texte. ....

Recopie trois noms communs. ....

2. Constitue une phrase avec les groupes de mots suivants :

une méchante femme – et Marinette – était – avec de la barbe – la tante de Delphine – et – aimait – elle – ses nièces.

....

....

3. a. Dans chaque phrase, entoure le sujet, le prédicat et le ou les compléments de phrase.
Souligne le verbe, indique son infinitif.

1. À la ferme, le chat Alphonse avale silencieusement un bol de lait frais tous les matins. ....
2. Sur le menton, la tante Mélina a de la barbe. ....
3. Chez tante Mélina, elles mangent du pain et du fromage moisi avec dégoût. ....
4. Dans la ferme de Delphine et Marinette, les animaux parlent. ....

b. Recopie les sujets dans la colonne qui convient.

groupe nominal		pronom personnel	

c. Récris la phrase 1 en changeant les compléments de phrase de place.

....

d. Recopie un complément de phrase.

- un groupe nominal précédé d'une préposition ....
- un adverbe ....

4. Sous chaque mot, écris D (déterminant), NC (nom commun), NP (nom propre).

le chat – leurs parents – cette ferme – son village – Mélina – la tante – ces fillettes

....

5. Recopie les groupes nominaux suivants en les classant suivant leur genre et leur nombre :

les cheveux – la barbe – leurs parents – des jours – un menton – sa bouche – une journée – l'âne – les animaux – les outils.

	masculin	féminin
singulier		
pluriel		

Période 3

Janvier - Février

Programmation

SEMAINE	JOUR	SÉQUENCES
1 Autour d'un texte informatif	1 2 3 4	• **Transposition** du texte *Seigneur et château fort,* de la 3e personne du singulier à la 3e personne du pluriel. • **Structuration : l'imparfait.** • **Exercices.** • **Exercices.**
2 Autour d'un récit	1 2 3 4	• **Lecture** du texte *Seule dans la nuit,* transposition au passé composé. • **Activités** sur les phrases. • **Évaluation sur l'imparfait.** • **Vocabulaire et production écrite.**
3 Autour d'un récit	1 2 3 4	• **Transposition** du texte *Seule dans la nuit* au passé composé, 1ère personne du singulier. • **Activités** sur les groupes nominaux et les classes de mots. • **Structuration : l'adjectif et exercices.** • **Vocabulaire** et **production écrite.**
4 Autour d'une interview	1 2 3 4	• **Lecture** du texte *La restauration d'un moulin.* • **Activités** sur les phrases. • **Activités** sur les groupes nominaux et les classes de mots. • **Vocabulaire** et **production écrite.**
5 Autour d'un compte rendu d'expérience scientifique	1 2 3 4	• **Lecture** du texte *Réaliser une station d'épuration,* transposition à la 2e personne du pluriel. • **Activités** sur les phrases. • **Activités** sur les groupes nominaux et les classes de mots. • **Évaluation sur l'adjectif.**
6 Autour d'un compte rendu d'expérience scientifique	1 2 3 4	• **Transposition** du texte *Réaliser une station d'épuration* à la 3e personne du pluriel. • **Structuration : le passé composé des verbes en *-er* (avec *avoir*).** • **Exercices.** • **Vocabulaire** et **production écrite.**
7 Évaluation		• **Exercices** et **évaluation sur le passé composé des verbes en *-er*.**

Semaine 1 Au Moyen Âge (3)

Autour d'un texte informatif

Seigneur et château fort
À partir du XIe siècle le château fort était une véritable forteresse en pierre. Sur une colline, il dominait le paysage. Ainsi, il montrait la puissance du seigneur. Il pouvait résister à de longs sièges. Il avait des murs épais, de hautes tours et un donjon central. En temps de guerre, il protégeait ses habitants mais aussi ceux des campagnes environnantes. Il abritait les paysans et leurs troupeaux.
Le seigneur était surtout un guerrier. Très jeune, il apprenait à combattre. Vers dix-huit ans, il devenait chevalier. Comme il avait besoin de s'entrainer à la guerre, il participait à des tournois. Sur un cheval lancé au galop, il essayait de faire tomber son adversaire avec une lance.
Quand il n'était pas à la guerre, le seigneur restait dans son château. Il administrait son domaine et rendait la justice. Comme la vie au château était monotone, il organisait des chasses et des banquets somptueux. Il écoutait de la musique et regardait des jongleurs, des acrobates et des montreurs d'ours.

JOUR 1 > Transposition du texte

- **Relire** le texte puis le **transposer** au pluriel : *Seigneurs et châteaux forts.*
Bien lire le texte à l'oral en le transformant puis écrire les changements. Faire remarquer les changements au moment où on les écrit. Constater la régularité : ***-aient*** pour tous les verbes (qui ne se différencie pas à l'oral de ***-ait***).
Les CE2 s'arrêtent à ***tournois*** et recopient les deux premières phrases non transposées puis transposées. Ils soulignent les verbes conjugués et indiquent le nombre de phrases.
Poursuivre avec les CM puis les CM2.
Les CM1 recopient les deux premières phrases transposées.

Collecte

Passé 1

Les seigneurs étaient surtout des guerriers.
Ils pouvaient résister à de longs sièges.
Ils protégeaient leurs habitants.
Ils avaient des murs épais.
Ils abritaient les paysans.
Très jeunes, ils apprenaient à combattre.
Vers dix-huit ans, ils devenaient chevaliers.
Ils participaient à des tournois.
Ils essayaient de faire tomber leur adversaire.

Exercice

Transposer au pluriel : *Les seigneurs ….*

Le seigneur chassait avec un faucon. Il avait aussi des chiens. Lors des banquets, le seigneur mangeait le gibier rapporté de sa chasse. Il était de longues heures à table. Le seigneur aimait les tournois. Il apprenait à faire la guerre. En temps de paix, il restait au château et il rendait la justice.

CE2 CM1 CE2/CM1 CM2 CM1/CM2 CE2/CM1/CM2

Texte transposé

Seigneurs et châteaux forts

À partir du XIe siècle les châteaux forts étaient de véritables forteresses en pierre. Sur une colline, ils dominaient le paysage. Ainsi, ils montraient la puissance du seigneur. Ils pouvaient résister à de longs sièges. Ils avaient des murs épais, de hautes tours et un donjon central. En temps de guerre, ils protégeaient leurs habitants mais aussi ceux des campagnes environnantes. Ils abritaient les paysans et leurs troupeaux. Les seigneurs étaient surtout des guerriers. Très jeunes, ils apprenaient à combattre. Vers dix-huit ans, ils devenaient chevaliers. Comme ils avaient besoin de s'entrainer à la guerre, ils participaient à des tournois. Sur des chevaux lancés au galop, ils essayaient de faire tomber leur adversaire avec une lance. Quand ils n'étaient pas à la guerre, les seigneurs restaient dans leur château. Ils administraient leur domaine et rendaient la justice. Comme la vie au château était monotone, ils organisaient des chasses et des banquets somptueux. Ils écoutaient de la musique et regardaient des jongleurs, des acrobates et des montreurs d'ours.

JOUR 2, 3 & 4 > Structuration : l'imparfait + exercices

Il s'agit de montrer que :
- l'imparfait est un temps du passé ;
- les terminaisons de l'imparfait sont les mêmes pour tous les verbes : ***ais, ais, ait, ions, iez, aient*** ; dans la terminaison, on distingue ***ai*** ou ***i*** marque de l'imparfait et ***s, s, t, ons, ez, ent*** marques de personne.
  On étudie les verbes en ***-er, -ir, -oir, -dre, -re,*** et on mémorise la conjugaison des verbes ***être – avoir – aller – faire – dire – venir – prendre – vouloir – pouvoir – voir – devoir.***

- **Relire** les textes dans lesquels l'imparfait était utilisé afin de montrer que c'est un temps du passé. Il est employé pour présenter des faits habituels du passé. Quand les élèves travailleront sur le passé composé, ils verront que l'imparfait est utilisé pour l'arrière-plan du récit.
- **Lire** la page *Passé 1.*
- **Lire** les phrases, donner l'infinitif de chaque verbe. Pour chaque personne, faire entourer les terminaisons (distinguer la marque du temps de la marque de personne) et constater qu'elles sont les mêmes quel que soit le verbe pour une même personne. Comparer le radical de chaque verbe conjugué avec son infinitif et remarquer les différences :
  apprendre / apprenait – faire / faisait – remplir / remplissait.
- **Rappeler :**
  - qu'il ne faut pas oublier le ***i*** avec ***nous*** et ***vous,*** même quand il y en a déjà un avant : ***vous oubliiez, vous souriiez ;***
  - qu'il faut penser à la cédille pour les verbes en ***-cer,*** qu'il ne faut pas oublier le ***e*** pour les verbes en ***-ger.***
- **Faire compléter** la conjugaison des verbes suivants :

Verbe **voir**	Verbe **distinguer**	Verbe **employer**
je	je	j' ....
tu	tu	tu ....
il/elle, on	il/elle, on	il/elle, on ....
nous	nous	nous ....
vous	vous	vous ....
ils/elles	ils/elles	ils/elles ....

- **Faire remarquer** le ***i*** avec ***nous*** et ***vous*** après le ***y*** pour le verbe ***voir,*** le verbe ***employer*** et la présence du ***u*** à la fin du radical du verbe ***distinguer.***
- **Comme trace écrite,** garder la conjugaison d'un verbe en ***-er*** et des verbes ***être – avoir – aller – pouvoir – vouloir – faire – dire – prendre – voir – venir – devoir*** qu'il faut mémoriser.

Exercices

1. Recopier les phrases en conjuguant les verbes à l'imparfait avec le sujet proposé.

Tu allais au lavoir rincer le linge. / Vous…, Elles…
Nous remerciions toujours poliment. / J'… ; Vous…
Jeanne habitait à la campagne. / Jeanne et ses frères… ; Tu…
Tu faisais de bons gâteaux. / Je… ; Vous…
J'étais toujours avec mon grand frère. / Vous… ; Ils…
Vous aviez souvent de la chance. / Nous…, Tu…

2. Recopier les phrases en conjuguant les verbes à l'imparfait avec le pronom proposé.

Tu plongeais facilement dans le grand bain. / Vous… ; Je…
Ils avançaient en rechignant. / Il… ; Nous…
Elle lançait le ballon de toutes ses forces. / Elles… ; Nous…
Je voyageais toujours en train. / Tu… ; Vous…
Tu voyais souvent tes grands-parents. / Nous… ; Vous…
Nous conjuguions des verbes. / Je… ; Ils…
Ils surprenaient tout le monde. / Nous… ; Il…

3. Recopier les phrases en conjuguant les verbes à l'imparfait. Commencer ta phrase par *autrefois*.

Tu dis les poèmes en mettant le ton.
Je skie bien.
Nous apprenons bien nos leçons.
Vous tremblez de peur devant une araignée.
Ils vont à Paris une fois par an.
Je vois des fantômes partout.
Elle veut aller à Londres.
Tu ne réfléchis pas assez.
Souvent, elle avance, ralentit et stoppe juste devant la maison.
Nous essayons de retrouver le chemin, nous commençons à nous inquiéter.

4. Recopier les phrases en conjuguant les verbes à l'imparfait.

Je déplace bien mes pions.
Elle encourage son équipe.
Elles commencent à bien jouer.
Tu partages ta victoire avec moi.
Nous grimaçons de douleur.
Vous rédigez de belles phrases.
Ils naviguent dans des eaux calmes.
Nous essuyons toujours la vaisselle.

5. Écrire la phrase à toutes les personnes.

Quand j'étais au CP, j'avais un tout petit cartable.
Quand tu ……………………………………………………… .
Quand il ……………………………………………………… .
Quand nous ……………………………………………………… .
Quand vous ……………………………………………………… .
Quand ils ……………………………………………………… .

6. Recopier les phrases en conjuguant les verbes à l'imparfait.

Je ***(pouvoir)*** souvent rentrer tôt.
L'été, elles ***(aller)*** au bord de la rivière.
Tu ***(venir)*** avec nous en vacances.
Autrefois, elle ***(faire)*** de bons gâteaux.
Nous ***(vouloir)*** toujours être au premier rang.
Il ***(être)*** dissipé : il ***(désobéir)*** toujours et ses parents le ***(punir)***.
Elles ***(faire)*** du judo et elles ***(partir)*** souvent pour des compétitions à l'étranger.
Vous ***(envoyer)*** souvent des messages à vos copains mais vous ne les ***(revoir)*** pas souvent.

7. Transposer le texte à l'imparfait.

Mes cousins sont deux petits monstres. Ils sautent, courent, grimpent partout. Ils ne peuvent pas jouer sans faire de bruit ; ils parlent, chantent mais le plus souvent ils crient. Ils n'obéissent pas quand on leur dit quelque chose.

CE2 · CM1 · CE2/CM1 · CM2 · CM1/CM2 · CE2/CM1/CM2

COLLECTE de la semaine 1

- Les seigneurs étaient surtout des guerriers.
- Ils pouvaient résister à de longs sièges.
- Ils protégeaient leurs habitants.
- Ils avaient des murs épais.
- Ils abritaient les paysans.
- Très jeunes, ils apprenaient à combattre.
- Vers dix-huit ans, ils devenaient chevaliers.
- Ils participaient à des tournois.
- Ils essayaient de faire tomber leur adversaire.

Semaine 2 Les Misérables (1)

Autour d'un récit

Seule dans la nuit

En ce soir de Noël, Mme Thénardier dit à Cosette : « Il n'y a plus d'eau ! Va en puiser à la source. »

Cosette quitte l'auberge avec un seau, elle longe une rangée de boutiques. Dans la vitrine de la dernière baraque, elle voit une immense poupée. La jeune orpheline ne peut pas détacher ses yeux de cette prodigieuse poupée : elle admire la belle robe rose, les beaux cheveux lisses. Elle pense : « Comme elle doit être heureuse cette poupée-là ! »

Enfin, elle quitte la baraque et elle avance lentement vers la sortie du village. Les ténèbres sont de plus en plus épaisses. La fillette âgée seulement de huit ans est terrifiée. Après quelques hésitations, au bord d'un champ, elle prend le chemin de la source. Elle ne regarde ni à droite ni à gauche. Elle entre dans le bois et elle arrive à la source. Elle plonge son seau dans l'eau. Elle saisit l'anse à deux mains. Elle a de la peine à soulever le seau. Elle repart vers le village. Elle fait plusieurs pas, mais le seau est très lourd, alors elle doit le poser à nouveau. Elle respire un moment puis elle repart. Elle marche, la tête baissée, comme une vieille.

Près d'un châtaignier, elle fait encore une halte puis reprend le seau. À ce moment, elle sent que le seau ne pèse plus rien. Une main énorme vient de saisir l'anse et soulève le seau vigoureusement.

D'après *Les Misérables* de Victor Hugo

Lecture compréhension du texte

- **Indiquer** que Cosette a été placée en pension chez des aubergistes, les Thénardier, dans un village de la région parisienne. Ils la traitent comme une servante.
  Que voit Cosette dans une vitrine ? Qu'admire-t-elle ? Pourquoi est-elle terrifiée ? Où doit-elle prendre de l'eau ? Où se trouve la source ? Pourquoi doit-elle sans cesse s'arrêter et poser le seau ? Pourquoi le seau, à un moment donné, ne pèse-t-il plus rien ? Cosette est-elle heureuse ? Qu'est-ce qui montre qu'elle ne l'est pas ?
- **Expliquer** *puiser – longe – la rangée – orpheline – les ténèbres – terrifiée – l'anse – vigoureusement.*
- **Lire** ce que pense Cosette. Remarquer les guillemets. Interpréter le point d'exclamation.
- **Trouver** qui est désigné par les mots soulignés. Nommer les pronoms personnels sujets. Relever les différentes manières de désigner la poupée.
- **Relever les mots ou groupes de mots** qui donnent des indications de temps, de lieu, les indicateurs logiques et compléter les affiches commencées en période 1.

JOUR 1 > Transposition du texte

- **Compter** le nombre de paragraphes et donner l'idée essentielle de chacun. Éventuellement, mettre un titre à chaque paragraphe
- **Faire constater** que le texte est écrit au présent de l'indicatif.
- **Transposer le texte au passé.** Commencer ainsi : *En ce soir de Noël, Mme Thénardier a dit à Cosette ...*
  Bien lire le texte à l'oral en le transposant puis écrire les changements au tableau, les faire peu à peu écrire par les élèves sur leur cahier ou leur ardoise. Faire remarquer les changements des verbes au moment où on les écrit, les nommer en précisant leur

infinitif, revoir les terminaisons de l'imparfait, souligner les verbes au passé composé et constater qu'ils sont en deux parties. Nommer l'auxiliaire et le participe passé.

- **Poursuivre** le relevé de ***et, son, à*** et expliciter leur rôle.
  Les CE2 peuvent s'arrêter à ***le chemin de la source*** et recopier la 1re et la 2e phrase du 2e paragraphe du texte transposé. Poursuivre avec les CM puis les CM2.
  Les CM1 recopient les deux premières phrases du deuxième paragraphe transposées.

Collecte

Passé 2

Cosette a quitté l'auberge avec un seau.

Passé 3

En ce soir de Noël, Mme Thénardier a dit à Cosette : …
Elle a vu une immense poupée.
Elle a pris le chemin de la source.
Elle a saisi l'anse à deux mains.
Elle a fait plusieurs pas.
Elle a dû le poser à nouveau.

Passé 4

Elle est entrée dans le bois.
Elle est repartie vers le village.

Exercice

Transposer au passé composé/imparfait.

En allant acheter le pain, Sarah admire une superbe paire de chaussures dans une vitrine. Elles sont magnifiques. Elle avance un peu dans la rue puis elle traverse et là elle rencontre son amie Jessica. Elle entre avec son amie dans la boulangerie et elle achète le pain. Ensuite, elle repart avec Jessica vers le magasin de chaussures. Elle lui montre les chaussures puis elle rentre chez elle.

Texte transposé

Seule dans la nuit

En ce soir de Noël, Mme Thénardier a dit à Cosette : « Il n'y a plus d'eau ! Va en puiser à la source. »

Cosette a quitté l'auberge avec un seau, elle a longé une rangée de boutiques. Dans la vitrine de la dernière baraque, elle a vu une immense poupée. La jeune orpheline ne pouvait pas détacher ses yeux de cette prodigieuse poupée : elle admirait la belle robe rose, les beaux cheveux lisses. Elle pensait : « Comme elle doit être heureuse cette poupée-là ! »

Enfin, elle a quitté la baraque et elle a avancé lentement vers la sortie du village. Les ténèbres étaient de plus en plus épaisses. La fillette âgée seulement de huit ans était terrifiée. Après quelques hésitations, au bord d'un champ, elle a pris le chemin de la source. Elle ne regardait ni à droite ni à gauche. Elle est entrée dans le bois et elle est arrivée à la source. Elle a plongé son seau dans l'eau. Elle a saisi l'anse à deux mains. Elle avait de la peine à soulever le seau. Elle est repartie vers le village. Elle a fait plusieurs pas, mais le seau était très lourd, alors elle a dû le poser à nouveau. Elle a respiré un moment puis elle est repartie. Elle marchait, la tête baissée, comme une vieille.

Près d'un châtaignier, elle a fait encore une halte puis a repris le seau. À ce moment, elle a senti que le seau ne pesait plus rien. Une main énorme venait de saisir l'anse et soulevait le seau vigoureusement.

JOUR 2 > Activités sur les phrases

- **Relire** le texte *Seule dans la nuit.*
- **Relever les phrases négatives.** Les transformer à la forme affirmative.
  Les CM lisent la phrase : ***Elle ne regardait ni à droite ni à gauche***. La transformer à la forme affirmative.
  Transformer à l'oral à la forme négative, les phrases affirmatives suivantes :
  Elle achète une baguette et un gâteau.
  Elle aime chanter et danser.
  Les CM2 lisent la partie de phrase négative dans le paragraphe en rouge.
- Dans chaque phrase, **entourer** le sujet, le prédicat et les groupes supprimables et déplaçables (les compléments de phrase), souligner le verbe, donner son infinitif.
  Dans la vitrine de la dernière baraque, elle voit une immense poupée.
  Enfin, elle quitte la baraque.
  Elle saisit l'anse à deux mains.
  Redire les phrases en changeant ces groupes supprimables et déplaçables de place puis en les supprimant.
  Faire dire quelles informations apportent les compléments de phrase.
  Remplacer ces groupes par d'autres groupes ayant le même sens.
  Indiquer si les compléments de phrase sont des groupes nominaux introduits par une préposition ou des adverbes.
  Constater que dans le groupe verbal prédicat, il y a un groupe de mots qui ne peut pas être supprimé : ***une immense poupée, la baraque, l'anse.*** Remplacer ce groupe de mots par un pronom : ***la*** ou ***le*** (***anse*** est féminin).
- **Les CE2 recopient** la phrase suivante. Ils entourent le sujet, le prédicat, le groupe supprimable et déplaçable. Dans le prédicat ils soulignent le verbe. Ils récrivent la phrase en changeant le groupe mobile de place.
  Après quelques hésitations, au bord d'un champ, elle a pris le chemin de la source.
  Les CM trouvent le sujet et le prédicat dans les phrases suivantes puis les récrivent avec les sujets proposés :
  Les ténèbres étaient de plus en plus épaisses. La nuit …
  La fillette était terrifiée. Les fillettes – Le garçon …
  Constater les accords dans le groupe verbal et la présence du verbe ***être***. Chercher par quel autre verbe on pourrait remplacer ***étaient*** (*devenaient*), ***étaient*** (*semblait, paraissait*).
- **Faire souligner** les verbes conjugués dans les phrases suivantes :
  Cosette quitte l'auberge avec un seau, elle longe une rangée de boutiques.
  La jeune orpheline ne pouvait pas détacher ses yeux de cette prodigieuse poupée : elle admirait la belle robe rose, les beaux cheveux lisses.
  Elle fait plusieurs pas, mais le seau est très lourd, alors elle doit le poser à nouveau.

Collecte

Phrases négatives et phrases affirmatives correspondantes

Il n'y a plus d'eau ! / Il y a encore de l'eau ! / Il y a toujours de l'eau !
La jeune orpheline ne pouvait pas détacher ses yeux de cette prodigieuse poupée.
La jeune orpheline pouvait détacher ses yeux de cette prodigieuse poupée.

Groupe verbaux 1

Les ténèbres étaient de plus en plus épaisses. / La nuit était épaisse.
La fillette était terrifiée. / Les fillettes étaient terrifiées. / Le garçon était terrifié.

Groupe verbaux 2

Dans la vitrine de la dernière baraque, elle voit une immense poupée.
Dans la vitrine de la dernière baraque, elle la voit.
Elle quitte enfin la baraque. Elle la quitte enfin.

CE2 · CM1 · CE2/CM1 · CM2 · CM1/CM2 · CE2/CM1/CM2

Exercices

Constituer une phrase.

une belle et grande poupée – dans une vitrine – a admiré – la jeune orpheline – à la sortie du village – arrive – Cosette – à la source – enfin – dans le bois – et – plonge – elle – dans l'eau – son seau

Souligner le verbe, donner son infinitif, entourer le sujet et le groupe déplaçable et supprimable (complément de phrase). Récrire la phrase en changeant ce groupe de place. Indiquer la nature des sujets et des compléments de phrase (adverbe, groupe nominal avec préposition).

Chez les Thénardier, Cosette fait tous les travaux ménagers.
Dans le bois, la fillette soulève son seau avec courage.
Près d'un gros châtaignier, Cosette pose son seau.

Exercice

Classer les groupes nominaux suivant leur genre et leur nombre.

cette route – ces champs – l'aspirateur – des champignons – le crabe – les sauterelles – mes affaires – l'église – son écharpe – l'histoire – son ourson – son épée

JOUR 3 > Évaluation sur l'imparfait

Évaluation CE2

Il s'agit d'évaluer si les élèves savent :
- conjuguer les verbes au programme à l'imparfait de l'indicatif ;
- transposer un texte.

Évaluation CM1

Il s'agit d'évaluer si les élèves savent :
- conjuguer les verbes au programme à l'imparfait de l'indicatif ;
- transposer un texte.

Évaluation CM2

Il s'agit d'évaluer si les élèves savent :
- conjuguer les verbes au programme à l'imparfait de l'indicatif ;
- transposer un texte.

Évaluation 5 / CE2

1. Recopie chaque phrase avec le sujet proposé.

Vous regardiez les montagnes. / Je ....

Tu prononçais des paroles stupides. / Nous ....

Nous dirigions l'avion à partir du sol. / Je ....

Il criait tout le temps. / Vous ....

Je participais à beaucoup de jeux. / Ils ....

Elles venaient en vélo. / Elle ....

2. Recopie les verbes avec leur sujet en conjuguant le verbe à l'imparfait.

Tu as des sabots. / Autrefois, ...

Le loup est méchant. / ....

Les enfants vont dans les bois chaque automne. / ....

Vous voyez souvent des taupes dans le jardin. / ....

Elle prend le bus. / ....

Je veux des patins à glace. / ....

Vous faites vos exercices trop rapidement. / ....

Ils déménagent souvent. / ....

3. Récris ce texte à l'imparfait.

Dans la cour de l'école, les garçons jouent aux billes et à saute-mouton. Certaines filles discutent. D'autres tracent une marelle.

Autrefois, dans la cour de l'école, ...

....

Évaluation 5 / CM1

1. Recopie chaque phrase avec le sujet proposé.

Vous franchissiez des montagnes. / Je ....

Tu prononçais des paroles stupides. / Nous ....

Nous dirigions l'avion à partir du sol. / Je ....

Il criait tout le temps. / Vous ....

Je participais à beaucoup de jeux. / Ils ....

Elles venaient en vélo. / Elle ....

On disait souvent des bêtises. / Tu ....

2. Recopie les verbes avec leur sujet en conjuguant le verbe à l'imparfait.

Tu as des sabots. / Autrefois, ...

Le loup est méchant. / ....

Les enfants vont dans les bois chaque automne. / ....

Vous voyez souvent des taupes dans le jardin. / ....

Elle prend le bus. / ....

Je veux des patins à glace. / ....

Vous faites vos exercices trop rapidement. / ....

Ils déménagent souvent. / ....

Je distingue une lumière à l'horizon. / ....

3. Récris ce texte à l'imparfait en commençant par : *Autrefois, dans la cour de l'école, ...*

Dans la cour de l'école, les garçons jouent aux billes et à saute-mouton. Certaines filles discutent. D'autres tracent une marelle. Le maitre surveille les garçons et la maitresse surveille les filles.

Autrefois, dans la cour de l'école, ...

....

Évaluation 5 / CM2

1. Recopie chaque phrase avec le sujet proposé.

Vous franchissiez des montagnes. / Je ....

Tu prononçais des paroles stupides. / Nous ....

Nous dirigions l'avion à partir du sol. / Je ....

Il criait tout le temps. / Vous ....

Je participais à beaucoup de jeux. / Ils ....

Elles venaient en vélo. / Elle ....

On disait souvent des bêtises. / Tu ....

2. Recopie les verbes avec leur sujet en conjuguant le verbe à l'imparfait.

Tu as des sabots. / Autrefois, ...

Le loup est méchant. / ....

Les enfants vont dans les bois chaque automne. / ....

Vous voyez souvent des taupes dans le jardin. / ....

Elle prend le bus. / ....

Je veux des patins à glace. / ....

Vous faites vos exercices trop rapidement. / ....

Ils déménagent souvent. / ....

Je distingue une lumière à l'horizon. / ....

Ils paient avec leur argent de poche. / ....

3. Récris ce texte à l'imparfait en commençant par : *Autrefois, dans la cour de l'école, …*

Dans la cour de l'école, les garçons jouent aux billes et à saute-mouton. Certaines filles discutent. D'autres tracent une marelle. Le maitre surveille les garçons et la maitresse surveille les filles. Les garçons et les filles ne sont pas dans la même école.

Autrefois, dans la cour de l'école, ...

....

....

....

JOUR 4 > Vocabulaire et production écrite

Vocabulaire

- **Chercher** le mot *puiser* dans le dictionnaire, noter le mot de la même famille : *puit.* Remarquer les deux sens du mot. Au CM2, introduire la notion de sens propre et de sens figuré.

- **Constituer** un champ lexical autour de la peur. Chercher :
  - **des synonymes :** *crainte – frayeur – effroi – terreur – épouvante – panique – affolement – angoisse – désarroi…*
  - **des verbes :** *craindre – s'affoler – redouter – appréhender…*
  - **des manifestations de la peur :** *sursauter – frissonner – frémir – trembler – pâlir – blêmir – tressaillir…*
  - **des expressions :** *avoir les cheveux qui se dressent sur la tête – claquer des dents – trembler comme une feuille – glacé d'effroi – avoir des sueurs froides – rester sans voix – être plus mort que vif – être muet de terreur – être décomposé – avoir le visage hagard…*

Production écrite

- **Écrire en employant le passé composé et l'imparfait** la suite du texte ci-dessous en utilisant le lexique lié à la peur et les verbes suivants : ***quitter – avancer dans le jardin – prendre l'allée à droite – voir des ombres – trembler – marcher jusqu'au fond du jardin – entrer – attraper la pelle – remplir le seau – saisir l'anse – faire plusieurs pas – poser le seau – repartir.***
  Commencer en dictée à l'adulte puis laisser les élèves écrire en autonomie deux (CE2) ou 3 phrases (CM).
  Terminer en disant que ***Maman est venue au secours de Juliette.***
  Faire relire les productions en vérifiant la ponctuation, les terminaisons des verbes et les accords dans le groupe nominal.

  Autrefois, on se chauffait avec des poêles à bois.
  Un soir, Maman dit à Juliette : « Il n'y a plus de bois. Va en chercher dans la remise au fond du jardin. »
  Juliette avait peur dans le noir ; cependant, bravement, elle a saisi le panier tendu par Maman.

COLLECTE de la semaine 2

- La fillette a quitté l'auberge avec un seau.

- En ce soir de Noël, Mme Thénardier a dit à Cosette : ...
- Elle a vu une immense poupée.
- Elle a pris le chemin de la source.
- Elle a saisi l'anse à deux mains.
- Elle a fait plusieurs pas.
- Elle a dû le poser à nouveau.

- Elle est entrée dans le bois.
- Elle est repartie vers le village.

- Il n'y a plus d'eau ! Il y a encore de l'eau ! Il y a toujours de l'eau !
- La jeune orpheline ne pouvait pas détacher ses yeux de cette prodigieuse poupée.
- La jeune orpheline pouvait détacher ses yeux de cette prodigieuse poupée.

- Les ténèbres étaient de plus en plus épaisses. La nuit était épaisse.
- La fillette était terrifiée. Les fillettes étaient terrifiées. Le garçon était terrifié.

- Dans la vitrine de la dernière baraque, elle voit une immense poupée.
- Dans la vitrine de la dernière baraque, elle la voit.
- Enfin, elle quitte la baraque. Enfin, elle la quitte.

CE2 CM1 CE2/CM1 CM2 CM1/CM2 CE2/CM1/CM2

Semaine 3 Les Misérables (2)

Autour d'un récit

Seule dans la nuit

En ce soir de Noël, Mme Thénardier a dit à Cosette : « Il n'y a plus d'eau ! Va en puiser à la source. »

Cosette a quitté l'auberge avec un seau, elle a longé une rangée de boutiques. Dans la vitrine de la dernière baraque, elle a vu une immense poupée. La jeune orpheline ne pouvait pas détacher ses yeux de cette prodigieuse poupée : elle admirait la belle robe rose, les beaux cheveux lisses. Elle pensait : « Comme elle doit être heureuse cette poupée-là ! »

Enfin, elle a quitté la baraque et elle a avancé lentement vers la sortie du village. Les ténèbres étaient de plus en plus épaisses. La fillette âgée seulement de huit ans était terrifiée. Après quelques hésitations, au bord d'un champ, elle a pris le chemin de la source. Elle ne regardait ni à droite ni à gauche. Elle est entrée dans le bois et elle est arrivée à la source. Elle a plongé son seau dans l'eau. Elle a saisi l'anse à deux mains. Elle avait de la peine à soulever le seau. Elle est repartie vers le village. Elle a fait plusieurs pas, mais le seau était très lourd, alors elle a dû le poser à nouveau. Elle a respiré un moment puis elle est repartie. Elle marchait, la tête baissée, comme une vieille.

Près d'un châtaignier, elle a fait encore une halte puis a repris le seau. À ce moment, elle a senti que le seau ne pesait plus rien. Une main énorme venait de saisir l'anse et soulevait le seau vigoureusement.

D'après *Les Misérables* de Victor Hugo

JOUR 1 > Transposition du texte

- **Relire** le texte ***Seule dans la nuit*** transposé au passé composé.
  Relire le texte à l'oral en le transposant à la première personne du singulier (comme si Cosette racontait) puis écrire les changements au tableau, les faire peu à peu écrire par les élèves sur leur cahier ou leur ardoise. Faire remarquer les changements des verbes au moment où on les écrit, les nommer en précisant leur infinitif, revoir les terminaisons de l'imparfait, souligner les verbes au passé composé et constater qu'ils sont en deux parties. Nommer l'auxiliaire et le participe passé.
  Les CE2 peuvent s'arrêter à ***le chemin de la source*** et recopier la 1re et la 2e phrase du 2e paragraphe du texte transposé. Poursuivre avec les CM puis les CM2.
  Les CM1 recopient les deux premières phrases du deuxième paragraphe transposées.

Collecte

Passé 1	Passé 2	Passé 3
J'ai quitté l'auberge avec un seau.	J'ai vu une immense poupée. J'ai pris le chemin de la source. J'ai saisi l'anse à deux mains. J'ai fait plusieurs pas. J'ai dû le poser à nouveau	Je suis entrée dans le bois. Je suis repartie vers le village.

Exercice

Transposer à la première personne du singulier.

En allant acheter le pain, Sarah a admiré une superbe paire de chaussures dans une vitrine. Elles étaient magnifiques. Elle a avancé un peu dans la rue puis elle a traversé et là elle a rencontré son amie Jessica. Elle est entrée avec son amie dans la boulangerie et elle a acheté le pain. Ensuite, elle est repartie avec Jessica vers le magasin de chaussures. Elle lui a montré les chaussures puis elle est rentrée chez elle.

Texte transposé

Seule dans la nuit

En ce soir de Noël, Mme Thénardier m'a dit : « Il n'y a plus d'eau ! Va en puiser à la source. »

J'ai quitté l'auberge avec un seau, j'ai longé une rangée de boutiques. Dans la vitrine de la dernière baraque, j'ai vu une immense poupée. Je ne pouvais pas détacher mes yeux de cette prodigieuse poupée : j'admirais la belle robe rose, les beaux cheveux lisses. Je pensais : « Comme elle doit être heureuse cette poupée-là ! »

Enfin, j'ai quitté la baraque et j'ai avancé lentement vers la sortie du village. Les ténèbres étaient de plus en plus épaisses. J'étais terrifiée. Après quelques hésitations, au bord d'un champ, j'ai pris le chemin de la source. Je ne regardais ni à droite ni à gauche. Je suis entrée dans le bois et je suis arrivée à la source. J'ai plongé mon seau dans l'eau. J'ai saisi l'anse à deux mains. J'avais de la peine à soulever le seau. Je suis repartie vers le village. J'ai fait plusieurs pas, mais le seau était très lourd, alors j'ai dû le poser à nouveau. J'ai respiré un moment puis je suis repartie. Je marchais, la tête baissée, comme une vieille.

Près d'un châtaignier, j'ai fait encore une halte puis j'ai repris le seau. À ce moment, j'ai senti que le seau ne pesait plus rien. Une main énorme venait de saisir l'anse et soulevait le seau vigoureusement.

JOUR 2 > Activités sur les groupes nominaux et les classes de mots (CM2)

- **Relever dans le texte** les noms propres, des groupes nominaux qui ont un déterminant. Classer ces groupes nominaux suivant leur genre et leur nombre et les récrire en changeant leur nombre.
- **Récrire** la phrase en commençant par ***je*** puis ***nous***, constater et expliciter le changement de déterminant :
  Elle plonge son seau dans l'eau.
- **Écrire au pluriel** les groupes nominaux suivants et observer l'orthographe des déterminants :
  cette prodigieuse poupée – cette poupée-là
- Dans les groupes nominaux suivants, **remplacer** le mot souligné par un autre :
  la dernière baraque – une immense poupée – la jeune orpheline – cette prodigieuse poupée – la belle robe rose – les beaux cheveux lisses
- Les CM2 relèvent les verbes à l'infinitif dans le texte.

Collecte

Groupes nominaux 2

la dernière baraque
une immense poupée
cette prodigieuse poupée
la belle robe rose
les beaux cheveux lisses

Groupes nominaux 3

une rangée de boutiques
la sortie du village

CE2 · CM1 · CE2/CM1 · CM2 · CM1/CM2 · CE2/CM1/CM2

JOUR 3 > Structuration : l'adjectif dans le groupe nominal + exercices

Il s'agit :
- d'identifier l'adjectif dans le groupe nominal comme mot facultatif apportant des précisions sur le nom ;
- de savoir que l'adjectif peut être placé devant ou après le nom ;
- de savoir que l'adjectif prend le genre ou le nombre du nom auquel il se rapporte.

- **Lire la page des groupes nominaux 2**
  - Souligner les noms, entourer les déterminants (faire remarquer l'emploi de ***de*** à la place de ***des***), les nommer. Préciser que le mot qui n'est ni entouré ni souligné est un adjectif.
  - Relire ces groupes nominaux avec seulement le déterminant et le nom. Constater que l'adjectif n'est pas indispensable.
  - Relire les groupes nominaux avec l'adjectif et faire indiquer quelle précision apporte l'adjectif : taille, couleur,… Relire les GN en changeant l'adjectif : synonyme, contraire ou autre…

- **Faire préciser** où peut se trouver l'adjectif par rapport au nom.
  - Constater que certains adjectifs se placent indifféremment avant ou après le nom sans changement de sens : ***un visage maigre – un maigre visage.***
  Le groupe nominal n'a pas le même sens suivant la place de l'adjectif : ***un pauvre garçon, un garçon pauvre.***
  D'autres adjectifs ne se placent qu'avant ou après le nom.

- **Faire classer** suivant leur genre et leur nombre les GN suivants. Entourer les marques du féminin et du pluriel des adjectifs.
  le nez glacé – l'eau glacée – des doigts glacés – des crèmes glacées

	masculin	féminin
singulier		
pluriel		

- **Les CM2** peuvent chercher dans le dictionnaire le mot : ***froid*** et voir que ce mot peut être employé comme nom ou comme adjectif.
  Faire employer les mots ***petit – carré – orange – solide*** comme nom puis comme adjectif.

L'identification de l'adjectif et son accord seront revus tout au long de l'année au cours des transpositions.

- **Compléter** la structuration du groupe nominal :

Le groupe nominal

- L' **adjectif** apporte des **précisions** sur le nom.
  un grand bruit – le linge sale – la belle robe rose
- L' **adjectif** est situé avant ou après le nom.
- L' **adjectif** prend le genre (masculin ou féminin) et le nombre (singulier ou pluriel) du nom.
  masculin singulier > *un bec coloré*
  masculin pluriel > *des becs coloré**s***
  féminin singulier > *une plume coloré**e***
  féminin pluriel > *des plumes coloré**es***

Faire remarquer aux CM2 que dans un groupe nominal, quand l'adjectif est placé devant le nom, on écrit ***de*** et non ***des*** :
de hautes tours – de longs sièges.
Faire écrire au pluriel avec ***de***, ***d'*** ou ***des :***
une immense poupée – un grand bruit – un énorme tigre – une jolie maison.

Exercices

1. a. Recopier les adjectifs.

un livre intéressant – des hivers froids et humides – un chat agressif – des gâteaux appétissants – une belle matinée ensoleillée – des ballons rouges – mes grands frères – un petit mouton frisé – une incroyable découverte – des instruments modernes – des dessins extraordinaires – un système ingénieux – l'école obligatoire – ces constructions gigantesques

b. Classer les GN suivant leur genre et leur nombre.

2. Ajouter un ou deux adjectifs à chaque groupe nominal souligné.

Un .... camion .... passe devant l'école.
J'ai versé de la limonade dans un .... verre.
La .... sorcière prépare une .... potion.
Nous avons cueilli de .... fleurs pour décorer la classe.
J'ai un .... vélo.
Il fait très froid, un vent .... souffle sur la campagne.
Une .... avenue traverse la ville.
Dans cette maison, il règne un .... silence.

3. Sous chaque mot, écrire D (déterminant), NC (nom commun), NP (nom propre), ADJ (adjectif).

un grand manteau vert – tes petites cousines – l'hiver – des fauteuils inconfortables – une chaise cassée – le matin –

....

des fruits délicieux – cette longue histoire – ce hibou – un horrible monstre vert – des exercices difficiles

....

4. Recopier les phrases dans la colonne qui convient.

Il reste au chevet de son frère malade.
J'aime respirer l'air marin.
Ce vert est trop clair.
Les marins descendent du bateau.
Il a un gilet vert.
Ce malade est à l'hôpital depuis trois jours.

Le mot souligné est un nom.	Le mot souligné est un adjectif.

JOUR 4 > Vocabulaire et production écrite

Vocabulaire

- **Chercher dans le dictionnaire** l'adjectif *prodigieuse*. Remarquer l'abréviation indiquant qu'il s'agit d'adjectif. Relever les synonymes.
- **Rechercher dans le texte** les adjectifs qualifiant la poupée : *immense, prodigieuse.* Chercher d'autres adjectifs qui pourraient qualifier cette poupée aux yeux de Cosette qui n'a jamais rien vu de semblable : *extraordinaire – magnifique – incroyable, somptueuse – étonnante – etc.*
- **Observer** la formation des mots suivants :
  ranger > ***une rangée*** ; ***aller*** > ***une allée*** ; ***arriver*** > ***une arrivée***
  Sur le même modèle, écrire les noms à partir de : *plonger – pincer – croiser – fouler – couler – envoler – dicter – fumer – monter – etc* : et les employer : *une plongée sous-marine – une pincée de sel – une croisée des chemins – une grande foulée – une coulée de lave – une envolée de moineaux – etc.*

Production écrite

- **Relire** la partie du texte où Cosette est en admiration devant la poupée :
Dans la vitrine de la dernière baraque, j'ai vu une immense poupée. Je ne pouvais pas détacher mes yeux de cette prodigieuse poupée : j'admirais la belle robe rose, les beaux cheveux lisses. *Je pensais : « Comme elle doit être heureuse cette poupée-là ! »*

- **Écrire des phrases construites** comme celles du texte en employant des adjectifs pour décrire un objet que l'on rêve de posséder, un monument, un site naturel que l'on a toujours rêvé de voir…
Avant d'écrire et en fonction de ce que l'on va décrire, faire une recherche d'adjectifs possibles.
Commencer en dictée à l'adulte puis laisser les élèves écrire en autonomie deux (CE2) ou 3 phrases (CM).
Faire relire les productions en vérifiant la ponctuation, les terminaisons des verbes et les accords dans le groupe nominal.

COLLECTE de la semaine 3

- J'ai quitté l'auberge avec mon seau.

- J'ai vu une immense poupée.
- J'ai pris le chemin de la source.
- J'ai saisi l'anse à deux mains.
- J'ai fait plusieurs pas.
- J'ai dû le poser à nouveau.

- Je suis entrée dans le bois.
- Je suis repartie vers le village.

- la dernière baraque
- une immense poupée
- cette prodigieuse poupée
- la belle robe rose
- les beaux cheveux lisses

- une rangée de boutiques
- la sortie du village

Semaine 4 La restauration d'un moulin

Autour d'une interview

Mon grand-père a acheté un moulin en ruines ; autrefois, ce moulin servait à moudre du blé.

– Quand as-tu acheté ce vieux moulin ?
– J'ai acheté ce moulin il y a deux ans.

– Est-ce qu'il fonctionnait encore ?
– Non, il ne fonctionnait plus depuis plusieurs années.

– As-tu fait beaucoup de travaux ?
– Oui, j'ai fait beaucoup de travaux. D'abord, j'ai réparé la roue du moulin et les vannes. Ensuite, j'ai consolidé le barrage qui sert à élever l'eau de la rivière. Puis, j'ai enlevé les branches mortes de la grille qui protège la roue. Enfin, j'ai nettoyé le canal d'arrivée d'eau pour que l'eau y circule bien.

– Pourquoi as-tu voulu restaurer un moulin ?
– J'ai voulu restaurer un moulin pour produire moi-même de l'électricité.

– Qui a travaillé avec toi pour ces travaux ?
– Personne. Je suis allé voir un moulin en fonctionnement ; ensuite j'ai travaillé seul. D'ailleurs, j'ai bientôt fini. Dès que l'alternateur sera relié à la roue, le moulin produira de l'électricité.

Interview réalisée par Timothée pour le journal de l'école « Les petits écoliers »

Lecture compréhension du texte

- **Montrer** aux élèves des photos de moulin avec une roue.
  http://aghve.verton.free.fr/MOULIN/M-photos/LUGY/moulin%20cote%20roue.JPG
  http://pages.videotron.com/cluber/roue_hydro1.png
  Mettre en relation avec ce que les élèves connaissent de la production.
  Pourquoi Timothée a-t-il réalisé cette interview ? Qui a-t-il interviewé ? Combien de questions a-t-il posées ? Quels travaux a fait son grand-père ? Pourquoi ce dernier a-t-il restauré un vieux moulin ?
- **Expliquer :** *restauration – en ruine – consolidé – le canal d'arrivée d'eau – l'alternateur.*
- **Distinguer** l'introduction de l'interview puis les questions de Timothée des réponses du grand-père.
- **Trouver** qui est désigné par les mots soulignés. Nommer les pronoms personnels sujets.
  Relever les différentes manières de désigner le moulin.
- **Relever les mots ou groupes de mots** qui donnent des indications de temps, de lieu, les indicateurs logiques et compléter les affiches commencées en période 1.

CE2 CM1 CE2/CM1 CM2 CM1/CM2 CE2/CM1/CM2

JOUR 1 > Transposition du texte

- **Retrouver** les différents temps employés dans le texte : présent, passé composé, imparfait, futur.
- **Transposer** le texte en remplaçant ***mon grand-père*** par ***mes grands-parents***.
Bien lire le texte à l'oral en le transposant puis écrire les changements au tableau, les faire peu à peu écrire par les élèves sur leur cahier ou leur ardoise. Faire remarquer les changements des verbes au moment où on les écrit, les nommer en précisant leur infinitif, revoir les terminaisons de l'imparfait, souligner les verbes au passé composé et constater qu'ils sont en deux parties. Constater la présence du verbe ***avoir*** ou ***être*** conjugué au présent. Nommer l'auxiliaire et le participe passé.
Les CE2 peuvent s'arrêter à ***y circule bien*** et recopier la 1re question et sa réponse dans le texte à transposer et dans le texte transposé.
Poursuivre avec les CM puis les CM2.
Les CM1 recopient la première question et la première réponse en vert transposées.

Collecte

Passé 2

Mon grand-père a acheté un moulin en ruines. / Mes grands-parents ont acheté un moulin en ruines.
D'abord, j'ai réparé la roue du moulin et les vannes. / D'abord, nous avons réparé la roue du moulin et les vannes.
J'ai consolidé le barrage. / Nous avons consolidé le barrage.
Enfin, j'ai nettoyé le canal d'arrivée d'eau. / Enfin, nous avons nettoyé le canal d'arrivée d'eau.

Passé 3

Oui, nous avons fait beaucoup de travaux. / Oui, j'ai fait beaucoup de travaux.
As-tu fait beaucoup de travaux ? / Avez-vous fait beaucoup de travaux ?

Passé 4

Je suis allé voir un moulin en fonctionnement. / Nous sommes allés voir un moulin en fonctionnement.

Exercice

Transposer à la 1re personne du pluriel.

J'ai réparé une vieille voiture de collection. J'ai démonté le moteur et je l'ai remonté. J'ai huilé toutes les pièces. J'ai changé les freins et les pneus. J'ai redressé une aile. J'ai refait la peinture complètement. J'ai nettoyé l'intérieur avec soin.

Texte transposé

Mes grands-parents ont acheté un moulin en ruines ; autrefois, ce moulin servait à moudre du blé. J'ai réalisé une interview de mes grands-parents pour le journal de l'école.

– Quand avez-vous acheté ce vieux moulin ?
– Nous avons acheté ce moulin il y a deux ans.

– Est-ce qu'il fonctionnait encore ?
– Non, il ne fonctionnait plus depuis plusieurs années.

– Avez-vous fait beaucoup de travaux ?
– Oui, nous avons fait beaucoup de travaux. D'abord, nous avons réparé la roue du moulin et les vannes. Ensuite, nous avons consolidé le barrage qui sert à élever l'eau de la rivière. Puis, nous avons enlevé les branches mortes de la grille qui protège la roue. Enfin, nous avons nettoyé le canal d'arrivée d'eau pour que l'eau y circule bien.

– Pourquoi avez-vous voulu restaurer un moulin ?
– Nous avons voulu restaurer un moulin pour produire nous-mêmes de l'électricité.

– Qui a travaillé avec vous pour ces travaux ?
– Personne. Nous sommes allés voir un moulin en fonctionnement et ensuite nous avons travaillé seuls. D'ailleurs, nous avons bientôt fini. Dès que l'alternateur sera relié à la roue, le moulin produira de l'électricité.

CE2 · CM1 · CE2/CM1 · CM2 · CM1/CM2 · CE2/CM1/CM2

JOUR 2 > Activités sur les phrases

- **Lire la phrase négative :** ***Il ne fonctionnait plus depuis plusieurs années.*** La transformer à la forme affirmative.
- **Lire les phrases interrogatives.** Constater la présence du point d'interrogation.
  Relire celles dont la réponse est oui ou non. Dans ces phrases, remarquer qu'une des questions commence par ***est-ce que.*** Redire et écrire l'autre question en utilisant ***est-ce que***. Veiller à l'orthographe de ***est-ce que.***
  Faire remarquer que le sujet du verbe ***tu*** est parfois après le verbe. Redire l'autre question en inversant le sujet et attirer l'attention sur le tiret entre le verbe et le sujet.
- **Les CE2** écrivent la phrase suivante : ***Tu as bientôt fini les travaux ?*** en utilisant ***est-ce que*** puis l'inversion du sujet.
  Travailler avec les CM sur les autres questions. Constater que les réponses ne sont plus oui ou non.
  Observer la construction des phrases ; inversion du sujet avec tiret entre le sujet et le verbe, présence d'un mot interrogatif : ***pourquoi, qui, quand.***
- Dans chaque phrase, **entourer** le sujet, le prédicat et les groupes supprimables et déplaçables (les compléments de phrase), souligner le verbe, donner son infinitif.
  Timothée a réalisé une interview de son grand-père pour le journal de l'école.
  Avec ce moulin, nous produirons de l'électricité.
  Dans quelques jours, le moulin produira de l'électricité.
  Redire les phrases en changeant ces groupes supprimables et déplaçables de place puis en les supprimant.
  Faire dire quelles informations apportent les compléments de phrase.
  Remplacer ces groupes par d'autres groupes ayant le même sens.
  Indiquer si les compléments de phrase sont des groupes nominaux introduits par une préposition ou des adverbes.
- **Faire souligner** les verbes conjugués dans la phrase suivante :
  Mes grands-parents ont acheté un moulin en ruines ; autrefois, ce moulin servait à moudre du blé.

Collecte

Phrases négatives et phrases affirmatives correspondantes

Il ne fonctionnait plus. / Il fonctionnait toujours. Il fonctionnait encore.

Exercices

Reconstituer une phrase.

un moulin – mes grands parents – ont acheté – en ruine – il y a deux ans – qui – à faire de la farine – servait autrefois

Souligner le verbe, donner son infinitif, entourer le sujet et le groupe déplaçable et supprimable (complément de phrase). Récrire chaque phrase en changeant ce groupe de place. Indiquer la nature des sujets et des compléments de phrase (adverbe, groupe nominal avec préposition).

Nous réparons le moulin depuis deux ans.
Ensuite, nous avons consolidé le barrage.
Enfin, nous avons nettoyé soigneusement le canal d'arrivée d'eau.

JOUR 3 > Activités sur les groupes nominaux et les classes de mots (CM2)

- **Faire classer** dans le tableau les groupes nominaux suivants :
  Timothée – mon grand-père – un ancien moulin – la roue – les vannes – le barrage – les branches mortes – le canal – l'eau – la grille – ce moulin – l'électricité – cette rivière – plusieurs années – des travaux

nom propre	GN contenant un déterminant, un nom	GN contenant un déterminant, un nom, un adjectif

CE2 · CM1 · CE2 / CM1 · CM2 · CM1 / CM2 · CE2 / CM1 / CM2

- **Faire classer** ensuite ces GN en nombre.
  Récrire les groupes nominaux en changeant l'adjectif.
- **Récrire la phrase** comme si l'interview était réalisée par Timothée et Déborah : *Mes grands-parents ont acheté un moulin en ruines.* Constater et expliciter le changement du déterminant.
- **Écrire au pluriel** les groupes nominaux suivants et observer l'orthographe des déterminants : *ce moulin – cette roue.*

Collecte

Groupes nominaux 3

un moulin en ruines
le journal de l'école
l'eau de la rivière

Exercices

Recopier les groupes nominaux suivants en ajoutant un adjectif devant ou derrière le nom.

une étoile – le monstre – le chat – une histoire – des oiseaux – ce voyage – un piéton – des pluies – des fauves

Recopier les groupes nominaux suivant en remplaçant l'adjectif par un autre.

un gâteau salé – une tomate rouge – une haute tour – le lait chaud – des cheveux blonds – une chaise moderne – un garçon calme – un animal sauvage – des chaussures neuves

JOUR 4 > Vocabulaire et production écrite

Vocabulaire

- **Ouvrir le dictionnaire** à une page donnée (*par exemple sur le Robert Junior 2005*), page 569 et faire recopier les adjectifs.
  Pendant ce temps, les CM cherchent et relèvent, dans le dictionnaire, un adjectif commençant par ***a***, un autre commençant par ***é***, un autre commençant par ***o***. Ils indiquent le numéro de la page.
- **Rechercher dans le texte** le nom formé à partir du verbe : ***restaurer*** et celui formé à partir du verbe ***fonctionner.***
  Isoler les deux suffixes utilisés : ***-ation***, ***-ment***.
  Trouver les noms dérivés des verbes suivants : *circuler – réparer – consolider – hésiter – nettoyer – accrocher – coller – changer – embarquer – produire – protéger – enlever – élever.* Entourer les suffixes et dégager leur sens.
  Pour chaque suffixe isolé, trouver d'autres mots, formés à partir de verbes le contenant.

Production écrite

- **Réaliser une interview** en relation avec les projets de la classe.
- **Ou imaginer** des réponses à ces questions :
  Un enfant a acheté un vélo dans une brocante et l'a remis à neuf avec des copains. Il répond aux questions que lui pose un camarade.
  Quand as-tu acheté ce vélo ?
  Est-ce qu'il roulait encore ?
  Quels travaux avez-vous réalisés sur ce vélo ?
  Pourquoi as-tu voulu un vélo ?
  As-tu fini de le remettre à neuf ?
  Répondre aux questions en utilisant le passé composé.
  Faire relire les productions en vérifiant la ponctuation, les terminaisons des verbes et les accords dans le groupe nominal.

COLLECTE de la semaine 4

- Mon grand-père a acheté un moulin en ruines.
- Mes grands-parents ont acheté un moulin en ruines.
- D'abord, j'ai réparé la roue du moulin et les vannes.
- D'abord, nous avons réparé la roue du moulin et les vannes.
- J'ai consolidé le barrage.
- Nous avons consolidé le barrage.
- Enfin, j'ai nettoyé le canal d'arrivée d'eau.
- Enfin, nous avons nettoyé le canal d'arrivée d'eau.

- Oui, nous avons fait beaucoup de travaux.
- Oui, j'ai fait beaucoup de travaux.
- As-tu fait beaucoup de travaux ?
- Avez-vous fait beaucoup de travaux ?

- Je suis allé voir un moulin en fonctionnement.
- Nous sommes allés voir un moulin en fonctionnement.

- Il ne fonctionnait plus. Il fonctionnait toujours. Il fonctionnait encore.

- un moulin en ruines
- le journal de l'école
- l'eau de la rivière

Semaine 5 Une expérience scientifique (1)

Autour d'un compte rendu

La réalisation d'une mini-station d'épuration

Dans notre classe, nous avons fabriqué une mini-station d'épuration.

1. Nous avons découpé quatre grandes bouteilles en plastique. Puis, nous avons percé trois trous dans le fond de trois bouteilles.
2. Dans la bouteille A, nous avons déposé une grille. Cette grille arrête les gros débris naturels.
3. Dans la bouteille B, nous avons placé une couche de gravier. Ce gravier filtre l'eau.
4. Dans la bouteille C, nous avons versé du sable. Dessus, nous avons étalé du charbon de bois. Le charbon de bois détruit les produits chimiques et le sable filtre l'eau, une dernière fois.
5. Dans la bouteille D, nous n'avons rien mis. Pour terminer, nous avons emboité les quatre bouteilles l'une dans l'autre.

Nous avons alors fait notre expérience : nous avons versé de l'eau très sale dans la bouteille A. Et... nous avons réussi ! Dans la bouteille D, l'eau était claire. Néanmoins, nous n'avons pas bu cette eau.

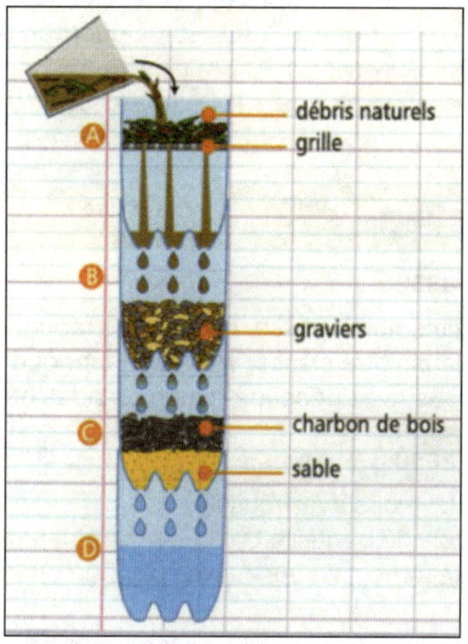

Extrait de *Toutes les sciences*, cycle 3, Nathan.

Lecture compréhension du texte

- **Faire expliciter** les différentes étapes de la fabrication en mettant en relation le texte et le dessin.
  Pourquoi les élèves n'ont-ils pas bu l'eau après épuration ?
  Mettre en relation avec ce qui a pu être fait dans la classe en sciences.
  Expliquer : ***station d'épuration – débris naturels – du gravier – filtrer – produit chimique.***
- **Distinguer** l'introduction du texte, les étapes de la réalisation et la conclusion.
- **Relever** les mots ou groupes de mots qui donnent des indications de temps, de lieu, les indicateurs logiques et compléter les affiches commencées en période 1.
- **Remarquer** l'emploi des déterminants ***cette, ce*** dans ***cette grille, ce gravier,*** groupes nominaux qui reprennent ***une grille, une couche de gravier.***

JOUR 1 > Transposition du texte

- **Retrouver** les différents temps employés dans le texte : présent (de vérité générale), passé composé, imparfait. Classer les verbes suivant leur temps.
- **Transposer le texte** à la 2e personne du pluriel.
Bien lire le texte à l'oral en le transposant puis écrire les changements au tableau, les faire peu à peu écrire par les élèves sur leur cahier ou leur ardoise. Inviter les CM1 à transposer l'étape 5 en s'arrêtant à ***l'eau était claire.*** Demander au CM2 de transposer en autonomie à partir du paragraphe 3. Faire remarquer les changements des verbes au moment où on les écrit, les nommer en précisant leur infinitif, revoir les terminaisons de l'imparfait, souligner les verbes au passé composé et constater qu'ils sont en deux parties. Constater la présence du verbe ***avoir.*** Nommer l'auxiliaire et le participe passé.
Constater et expliciter le changement des déterminants : ***notre classe, votre classe.***
Les CE2 peuvent s'arrêter à ***charbon de bois*** et recopier la 1re étape du texte à transposer et du texte transposé.
Poursuivre avec les CM puis les CM2.
Les CM1 recopient la première question et la première étape transposée.

Collecte

Passé 2

Dans notre classe, nous avons fabriqué une mini-station d'épuration.
Dans votre classe, vous avez fabriqué une mini-station d'épuration.
Vous avez découpé quatre grandes bouteilles en plastique.

Passé 3

Et… vous avez réussi !
Dans la bouteille D, vous n'avez rien mis.
Néanmoins, vous n'avez pas bu cette eau.

Exercice

Transposer à la 2e personne du pluriel.

J'ai réparé une vieille voiture de collection. J'ai démonté le moteur et je l'ai remonté. J'ai huilé toutes les pièces. J'ai changé les freins et les pneus. J'ai redressé une aile. J'ai refait la peinture complètement. J'ai nettoyé l'intérieur avec soin.

Texte transposé

La réalisation d'une mini-station d'épuration

Dans votre classe, vous avez fabriqué une mini-station d'épuration.

1. Vous avez découpé quatre grandes bouteilles en plastique. Puis, vous avez percé trois trous dans le fond de trois bouteilles.
2. Dans la bouteille A, vous avez déposé une grille. Cette grille arrête les gros débris naturels.
3. Dans la bouteille B, vous avez placé une couche de gravier. Ce gravier filtre l'eau.
4. Dans la bouteille C, vous avez versé du sable. Dessus, vous avez étalé du charbon de bois. Le charbon de bois détruit les produits chimiques et le sable filtre l'eau, une dernière fois.
5. Dans la bouteille D, vous n'avez rien mis.
Pour terminer, vous avez emboité les quatre bouteilles l'une dans l'autre.

Vous avez alors fait votre expérience : vous avez versé de l'eau très sale dans la bouteille A. Et… vous avez réussi ! Dans la bouteille D, l'eau était claire. Néanmoins, vous n'avez pas bu cette eau.

CE2 CM1 CE2/CM1 CM2 CM1/CM2 CE2/CM1/CM2

JOUR 2 > Activités sur les phrases

- **Compter** le nombre de phrases du texte.
- **Relever** la phrase à la forme négative : ***Dans la bouteille D, nous n'avons rien mis.*** La transformer à la forme affirmative.
- **Les CM2** lisent la phrase négative dans le paragraphe en rouge. Faire remarquer que le ***pas*** est situé entre l'auxiliaire et le participe passé.
- Dans chaque phrase, **entourer** le sujet, le prédicat et les groupes supprimables et déplaçables (les compléments de phrase), souligner le verbe, donner son infinitif. Indiquer si les sujets sont des pronoms ou des groupes nominaux.
  Puis, les élèves percent trois trous dans le fond de trois bouteilles.
  Dans la bouteille A, ils déposent une grille.
  Dessus, ils étalent du charbon de bois.
  Redire les phrases en changeant les groupes supprimables et déplaçables de place puis en les supprimant.
  Faire dire quelles informations apportent les compléments de phrase.
  Remplacer ces groupes par d'autres groupes ayant le même sens.
  Indiquer si les compléments de phrase sont des groupes nominaux introduits par une préposition ou des adverbes.
  Constater que dans le groupe verbal prédicat, il y a un groupe de mots qui ne peut pas être supprimé : ***trois trous, une grille, du charbon de bois.*** Pronominaliser ces groupes avec ***les, la*** dans les deux premières phrases.
- **Les CE2** recopient les phrases suivantes. Ils entourent le sujet, le prédicat, le groupe supprimable et déplaçable. Ils soulignent le verbe. Ils récrivent la phrase en changeant le groupe mobile de place.
  Dans la bouteille, le gravier filtre l'eau.
  Les CM entourent le sujet et le prédicat et récrivent la phrase suivante avec les sujets proposés :
  L'eau était claire. / Le liquide .... / Les liquides .... / Les eaux ....
  Constater la présence dans le groupe verbal du verbe ***être.*** Chercher par quel autre verbe on pourrait remplacer ***était*** : ***semblait, paraissait.***

Collecte

Phrases négatives et phrases affirmatives correspondantes

Dans la bouteille D, nous n'avons rien mis. / Dans la bouteille D, nous avons mis quelque chose.

Groupes verbaux 1

L'eau était claire. Le liquide était clair. / Les eaux étaient claires. Les liquides étaient clairs.

Groupes verbaux 2

Puis, les élèves percent trois trous dans le fond de trois bouteilles.
Puis, les élèves les percent dans le fond de trois bouteilles.
Dans la bouteille A, ils déposent une grille. / Dans la bouteille A, ils la déposent.

Exercices

Constituer une phrase.

pour filtrer l'eau – ont réalisé – avec des bouteilles en plastique – les élèves de la classe de CM2 – une mini-station d'épuration – et – ont réussi – ils – leur expérience

Souligner le verbe, donner son infinitif, entourer le sujet et le groupe déplaçable et supprimable (complément de phrase). Récrire la phrase en changeant ce groupe de place. Indiquer la nature des sujets et des compléments de phrase (adverbe, groupe nominal avec préposition).

Dans la bouteille B, ils ont placé une couche de gravier.
Dans leur classe, les élèves ont fabriqué une mini station d'épuration.

Faire souligner les verbes conjugués dans les phrases suivantes.

Vous avez alors fait votre expérience : vous avez versé de l'eau très sale dans la bouteille A.
Le charbon de bois détruit les produits chimiques et le sable filtre l'eau, une dernière fois.

JOUR 3 > Activités sur les groupes nominaux et les classes de mots (CM2)

- **Relever dans le texte** des groupes nominaux avec des déterminants différents et des adjectifs. Puis les classer suivant leur genre et leur nombre. Les récrire en changeant le nombre.
- **Récrire la phrase** en commençant par ***Tu, J', Il, Elle, Nous,*** constater et expliciter le changement de déterminant : *Vous avez alors fait votre expérience.*
- **Écrire** au pluriel les groupes nominaux suivants et observer l'orthographe des déterminants : *ce gravier – cette eau.*
- **Relever** les verbes à l'infinitif.

Exercices

Écrire un groupe nominal avec chaque adjectif de la liste.

grand – jaune – multicolore – étroite – calme – vide – belle – joyeux – célèbre – blond – étincelante – désertique – rêveur – rare – immobile.

Compléter chaque phrase avec un ou plusieurs des adjectifs proposés.

multicolore – égaré – encaissée – large – enneigé – petit – haut – violent.

Cette avenue traverse la ville.
Les sommets de cette montagne sont souvent dans le brouillard l'hiver.
Les roses de ce bouquet viennent de mon jardin.
Le vent surprend les randonneurs.

JOUR 4 > Évaluation sur l'adjectif

Évaluation CE2

Il s'agit d'évaluer si les élèves savent :

- identifier et employer des adjectifs dans un groupe nominal ;
- classer des groupes nominaux suivant leur genre et leur nombre.

Évaluation CM1

Il s'agit d'évaluer si les élèves savent :

- identifier et employer des adjectifs dans un groupe nominal ;
- classer des groupes nominaux suivant leur genre et leur nombre.

Évaluation CM2

Il s'agit d'évaluer si les élèves savent :

- identifier et employer des adjectifs dans un groupe nominal ;
- classer des groupes nominaux suivant leur genre et leur nombre.

Évaluation 6 / CE2

1. Lis ces groupes nominaux et entoure les adjectifs.

une petite souris blanche – un animal sauvage – un château ancien – une grande forêt touffue – une bonne tisane parfumée – la peinture fraiche – des chaussures neuves

2. Ajoute un adjectif à ces groupes nominaux. Attention aux accords.

des routes – un chapeau – du chocolat – des sportifs – une tarte – un âne – des étoiles – une fleur

....

....

....

3. Recopie ces groupes nominaux dans la case qui convient. Souligne les adjectifs.

un énorme bateau – ma jambe droite – ses outils préférés – certains oiseaux migrateurs – de gros engins – sa chanson triste – l'histoire vraie – des hautes montagnes – votre parfum délicat – notre maison neuve

	masculin	féminin
singulier		
pluriel		

Évaluation 6 / CM1

1. Lis ces groupes nominaux et entoure les adjectifs.

une petite souris blanche – un animal sauvage – un château ancien – une grande forêt touffue – une bonne tisane parfumée – la peinture fraiche – des chaussures neuves – des animaux vifs et intelligents

2. Ajoute un adjectif à ces groupes nominaux. Attention aux accords.

des routes – un chapeau – du chocolat – des sportifs – une tarte – un âne – des étoiles – une fleur – des artistes

....

....

....

3. Recopie ces groupes nominaux dans la case qui convient. Souligne les adjectifs.

un énorme bateau – ma jambe droite – ses outils préférés – certains oiseaux migrateurs – de gros engins – sa chanson triste – l'histoire vraie – des hautes montagnes – votre parfum délicat – notre maison neuve – cette merveilleuse journée – des magiciennes extraordinaires

	masculin	féminin
singulier		
pluriel		

Évaluation 6 / CM2

1. Lis ces groupes nominaux et entoure les adjectifs.

une petite souris blanche – un animal sauvage – un château ancien – une grande forêt touffue – une bonne tisane parfumée – la peinture fraiche – des chaussures neuves – des animaux vifs et intelligents – une rose blanche et odorante

2. Ajoute un adjectif à ces groupes nominaux. Attention aux accords.

des routes – un chapeau – du chocolat – des sportifs – une tarte – un âne – des étoiles – une fleur – des artistes

....

....

....

3. Recopie ces groupes nominaux dans la case qui convient. Souligne les adjectifs.

un énorme bateau – ma jambe droite – ses outils préférés – certains oiseaux migrateurs – de gros engins – sa chanson triste – l'histoire vraie – des hautes montagnes – votre parfum délicat – notre maison neuve – cette merveilleuse journée – des magiciennes extraordinaires – ces plongeons réussis

	masculin	féminin
singulier		
pluriel		

COLLECTE de la semaine 5

- Dans notre classe, nous avons fabriqué une mini-station d'épuration.
- Dans votre classe, vous avez fabriqué une mini-station d'épuration.
- Vous avez découpé quatre grandes bouteilles en plastique.

- Et… vous avez réussi !
- Dans la bouteille D, vous n'avez rien mis.
- Néanmoins, vous n'avez pas bu cette eau.

- Dans la bouteille D, nous n'avons rien mis. / Dans la bouteille D, nous avons mis quelque chose.

- Puis, les élèves percent trois trous dans le fond de trois bouteilles.
- Puis, les élèves les percent dans le fond de trois bouteilles.
- Dans la bouteille A, ils déposent une grille. Dans la bouteille A, ils la déposent.

- L'eau était claire. Le liquide était clair.
- Les eaux étaient claires. Les liquides étaient clairs.

CE2 CM1 CE2/CM1 CM2 CM1/CM2 CE2/CM1/CM2

Semaine 6 Une expérience scientifique (2)

Autour d'un compte rendu

La réalisation d'une mini-station d'épuration

Dans notre classe, nous avons fabriqué une mini-station d'épuration.

1. Nous avons découpé quatre grandes bouteilles en plastique. Puis, nous avons percé trois trous dans le fond de trois bouteilles.
2. Dans la bouteille A, nous avons déposé une grille. Cette grille arrête les gros débris naturels.
3. Dans la bouteille B, nous avons placé une couche de gravier. Ce gravier filtre l'eau.
4. Dans la bouteille C, nous avons versé du sable. Dessus, nous avons étalé du charbon de bois. Le charbon de bois détruit les produits chimiques et le sable filtre l'eau, une dernière fois.
5. Dans la bouteille D, nous n'avons rien mis. Pour terminer, nous avons emboité les quatre bouteilles l'une dans l'autre.

Nous avons alors fait notre expérience : nous avons versé de l'eau très sale dans la bouteille A. Et… nous avons réussi ! Dans la bouteille D, l'eau était claire. Néanmoins, nous n'avons pas bu cette eau.

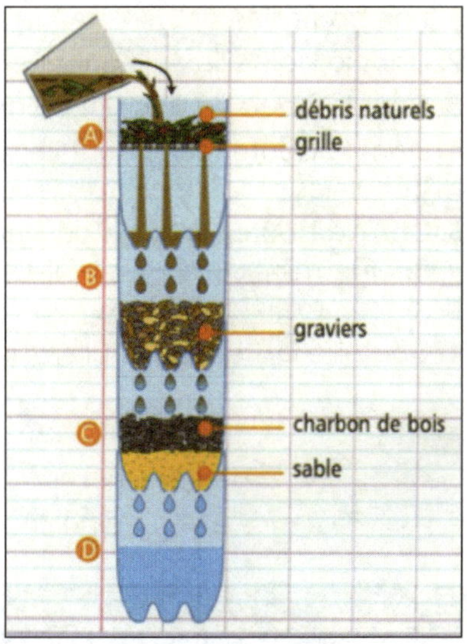

Extrait de *Toutes les sciences*, cycle 3, Nathan.

JOUR 1 > Transposition du texte

- **Relire le texte** *La réalisation d'une mini-station d'épuration.*
- **Transposer le texte** à la 3e personne du pluriel : *Dans leur classe, les élèves…*
  Bien lire le texte à l'oral en le transposant puis écrire les changements au tableau, les faire peu à peu écrire par les élèves sur leur cahier ou leur ardoise. Inviter les CM1 à transposer l'étape 5 en s'arrêtant à ***l'eau était claire.*** Demander au CM2 de transposer en autonomie à partir du paragraphe 3. Faire remarquer les changements des verbes au moment où on les écrit, les nommer en précisant leur infinitif, revoir les terminaisons de l'imparfait, souligner les verbes au passé composé et constater qu'ils sont en deux parties.
  Constater la présence du verbe ***avoir.*** Nommer l'auxiliaire et le participe passé.
  Constater et expliciter le changement des déterminants : ***notre classe, leur classe.***
  Les CE2 peuvent s'arrêter à ***charbon de bois*** et recopier la 1re étape du texte à transposer et du texte transposé.

Collecte

Passé 1

Dans leur classe, ils ont fabriqué une mini-station d'épuration.
Ils ont découpé quatre grandes bouteilles en plastique.

Passé 2

Et… ils ont réussi !
Dans la bouteille D, ils n'ont rien mis.
Néanmoins, ils n'ont pas bu cette eau.

Exercice

Transposer à la 3e personne du singulier puis du pluriel.

J'ai réparé une vieille voiture de collection. J'ai démonté le moteur et je l'ai remonté. J'ai huilé toutes les pièces. J'ai changé les freins et les pneus. J'ai redressé une aile. J'ai refait la peinture complètement. J'ai nettoyé l'intérieur avec soin.

Texte transposé

La réalisation d'une mini-station d'épuration

Dans leur classe, les élèves ont fabriqué une mini-station d'épuration.

1. Ils ont découpé quatre grandes bouteilles en plastique. Puis, ils ont percé trois trous dans le fond de trois bouteilles.
2. Dans la bouteille A, ils ont déposé une grille. Cette grille arrête les gros débris naturels.
3. Dans la bouteille B, ils ont placé une couche de gravier. Ce gravier filtre l'eau.
4. Dans la bouteille C, ils ont versé du sable. Dessus, ils ont étalé du charbon de bois. Le charbon de bois détruit les produits chimiques et le sable filtre l'eau, une dernière fois.
5. Dans la bouteille D, ils n'ont rien mis.
   Pour terminer, ils ont emboité les quatre bouteilles l'une dans l'autre.

Ils ont alors fait leur expérience : ils ont versé de l'eau très sale dans la bouteille A. Et… ils ont réussi ! Dans la bouteille D, l'eau était claire. Néanmoins, ils n'ont pas bu cette eau.

JOUR 2 & 3 > Structuration : le passé composé des verbes en *-er* formé avec le verbe *avoir*.

Il s'agit de montrer que :
- le passé composé est un temps qui exprime des événements passés ;
- il est composé de deux mots : l'auxiliaire ***avoir*** est conjugué au présent et le participe passé se termine par ***-é***.

- **Relire les textes au passé.** Rappeler que les verbes expriment des événements passés. Il y a deux temps dans ces textes pour le passé : un temps dont les verbes sont en deux parties (le passé composé) et un autre temps (l'imparfait).
- **Lire** la page de cahier *Passé 1.*
- Dans ces phrases, **faire souligner** les verbes conjugués au passé composé et faire donner leur infinitif : il s'agit de verbes en ***-er.***
  Constater que ces verbes conjugués se composent de deux parties : l'auxiliaire ***avoir*** lui-même conjugué au présent et le participe passé terminé par ***-é.*** Comparer avec des verbes conjugués au présent : le verbe est constitué d'une seule partie, c'est un temps simple.

  Établir ensuite la conjugaison complète d'un verbe en ***-er.***
- **Garder** la conjugaison d'un verbe en ***-er*** qui servira de modèle pour tous les autres verbes de ce groupe, conjugués avec l'auxiliaire ***avoir.*** Les CM2 remarquent la présence du ***y*** dans le participe passé du verbe en ***-yer.*** Leur faire conjuguer les verbes ***appeler*** et ***jeter.***
- **Mettre** quelques phrases des collectes à la forme négative et constater que la négation ***pas*** s'intercale entre l'auxiliaire et le participe passé.
- **Donner** aux élèves la conjugaison du verbe ***être*** dont le participe passé se termine par ***-é.***

Exercices

Associer les pronoms sujets aux verbes en *-er* et recopier les groupes ainsi formés.

verbes > a chanté – avons discuté – ont collé – as bavardé – ai escaladé – avez crié – ai été malade – a payé – ont appelé
sujets > tu – ils – j' – vous – elle – nous

Récrire les phrases en conjuguant les verbes au passé composé.

Je découpe des étoiles dans du carton. Vous allumez la lumière. Les voitures dérapent sur le verglas. Nous donnons un os au chien. Elle mange de la soupe. Tu sautes au-dessus du fossé. Nous sommes attentifs. Elles oublient leurs affaires. Il envoie un message à ses parents.

Recopier les phrases en les mettant à la forme négative, puis souligner les verbes conjugués au passé composé et écrire leur infinitif.

Elle a préparé le repas. Tu as fermé la porte. Vous avez lavé vos chaussures. Elle a abimé ses bottes. Nous avons rattrapé le ballon. J'ai rangé la chambre. Il a été un grand chanteur. Ils ont essuyé le tableau. Tu as jeté les épluchures des pommes.

Conjuguer au passé composé à toutes les personnes.

J'enfile des chaussures, je quitte la maison et je joue au ballon.

Recopier chaque phrase en mettant un pronom sujet qui convienne.

.... ont déchiré leur pantalon. – Cette nuit, ... as crié. – .... a coupé sa viande seul. – Hier, ... ai plongé dans le grand bain. – .... avez étalé la pâte. – .... a refusé de venir à la maison – À l'annonce de cette nouvelle, ... avons éclaté de rire.

Recopier chaque phrase en conjuguant les verbes au passé composé.

La semaine dernière, les voisins ***(gagner)*** au loto. – Les garçons ***(creuser)*** un trou dans le sable. – Le sanglier ***(patauger)*** dans la boue. – Nous ***(tracer)*** des cercles. – Vous ***(acheter)*** des croquettes pour le chat. – J'***(attacher)*** mes cheveux. – Tu ***(regarder)*** un film. – Elles ***(recopier)*** leurs exercices. – Vous ***(être)*** très drôles. – Tu ***(jouer)*** au tennis. – Ils ***(nager)*** plusieurs heures. – Les employés de la mairie ***(balayer)*** la cour de l'école.

Transposer au passé composé.

Pour Noël, nous décorons la classe. Je découpe des sapins de Noël et je réalise une guirlande. Samia dessine des étoiles pour coller sur les vitres. Jules et Enzo accrochent des boules dans le sapin. Pendant une semaine, nous réalisons cette décoration après la récréation de l'après-midi. Tous les élèves aiment ce travail !

JOUR 4 > Vocabulaire et production écrite

Vocabulaire

- **Rechercher dans le dictionnaire** les mots *débris, gravier, épuration.*
- **Donner** les différents sens du mot *pur* et constituer sa famille du mot.
- **Poursuivre** le travail sur la formation de noms à partir de verbes. Écrire les noms dérivés des verbes suivants : *découper – filtrer – essorer – enterrer – déménager – étonner – brûler – griffer – fabriquer – tracer – construire – fermer – écrire – détruire.* Entourer les suffixes utilisés et dégager leur sens.

Production écrite

- **Raconter au passé composé** un événement de la vie de classe : une fabrication, une expérience en sciences, l'élection des délégués, la réalisation d'un spectacle, etc.
- **Choisir** l'événement à raconter et rédiger la phrase d'introduction à la 1re personne du pluriel en commençant par : *Dans notre classe…*
- **Oralement,** formuler les différentes étapes de l'événement. Chaque élève ou groupe d'élèves choisit une étape et la rédige au passé composé à la première personne du pluriel. Écrire au tableau les éléments dont les élèves pourraient avoir besoin : verbes à l'infinitif, groupe nominaux écrits au singulier… À partir des phrases rédigées, constituer un texte.
Écrire une phrase de conclusion. Faire relire les productions en vérifiant la ponctuation, les terminaisons des verbes et les accords dans le groupe nominal.

COLLECTE de la semaine 6

- Dans sa classe, il a fabriqué une mini-station d'épuration.
- Dans leur classe, ils ont fabriqué une mini-station d'épuration.
- Ils ont découpé quatre grandes bouteilles en plastique.

- Et… ils ont réussi !
- Dans la bouteille D, ils n'ont rien mis.
- Néanmoins, ils n'ont pas bu cette eau.

CE2 CM1 CE2/CM1 CM2 CM1/CM2 CE2/CM1/CM2

Semaine 7 : Évaluation

Évaluation CE2

Il s'agit d'évaluer si les élèves savent :
- identifier un verbe conjugué au passé composé et en donner l'infinitif ;
- conjuguer les verbes du premier groupe au passé composé de l'indicatif (avec ***avoir***) ;
- transposer un texte au passé composé.

Évaluation CM1

Il s'agit d'évaluer si les élèves savent :
- identifier un verbe conjugué au passé composé et en donner l'infinitif ;
- conjuguer les verbes du premier groupe au passé composé de l'indicatif (avec ***avoir***) ;
- transposer un texte au passé composé.

Évaluation CM2

Il s'agit d'évaluer si les élèves savent :
- identifier un verbe conjugué au passé composé et en donner l'infinitif ;
- conjuguer les verbes du premier groupe au passé composé de l'indicatif (avec ***avoir***) ;
- transposer un texte au passé.

Évaluation 7 / CE2

1. a. Lis le texte. Souligne les verbes conjugués et écris leur infinitif.

La semaine dernière, nous avons réalisé des expériences. Dans un pot, chaque élève a semé des petits pois. Tom a placé son pot dans une armoire. Léa et Julie ont déposé leur pot sur une étagère au-dessus du radiateur. J'ai laissé mon pot à l'extérieur sur la fenêtre. Nous avons arrosé régulièrement nos semis.

b. À quel temps sont conjugués ces verbes ? ....

2. Récris les phrases au passé composé avec le pronom proposé.

Tu as regagné ta place. / Elle ....

Il a dégusté une glace à la fraise. / Elles ....

Vous avez découpé la tarte. / Tu ....

J'ai accroché un cadre au mur. / Vous ....

Nous avons mélangé tous les ingrédients. / J' ....

Elles ont adoré ce manège. / Nous ....

3. Récris les phrases en conjuguant les verbes entre parenthèses au passé composé.

Les animaux (***trouver***) de la nourriture. ....

Le poney (***trotter***) sur le chemin. ....

Vous (***penser***) à apprendre votre leçon. ....

J'(***discuter***) avec mon voisin. ....

Nous (***réparer***) un château. ....

Tu (***rechercher***) plusieurs solutions à ton problème. ....

....

4. Transpose ce texte au passé composé.

À la mer, des enfants jouent sur la plage. D'autres nagent. Moi, je trempe d'abord un pied puis deux puis le corps. Mon frère plonge tout de suite la tête la première. Mes cousines trempent juste leurs pieds dans l'eau.

....

....

....

....

....

Évaluation 7 / CM1

1. a. Lis le texte. Souligne les verbes conjugués et écris leur infinitif.

La semaine dernière, nous avons réalisé des expériences. Dans un pot, chaque élève a semé des petits pois. Tom a placé son pot dans une armoire. Léa et Julie ont déposé leur pot sur une étagère au-dessus du radiateur. J'ai laissé mon pot à l'extérieur sur la fenêtre. Nous avons arrosé régulièrement nos semis. Ce matin, dans les pots de Léa et Julie, nous avons vu une petite pousse verte.

b. À quel temps sont conjugués ces verbes ? ....

2. Récris les phrases au passé composé avec le pronom proposé.

Tu as regagné ta place. / Elle ....

Il a dégusté une glace à la fraise. / Elles ....

Vous avez découpé la tarte. / Tu ....

J'ai accroché un cadre au mur. / Vous ....

Nous avons terminé l'exercice. / J' ....

Elles ont passé un long moment sous la douche. / Nous ....

....

3. Récris les phrases en conjuguant les verbes entre parenthèses au passé composé.

Les magiciens (***captiver***) le public. ....

Le poney (***trotter***) sur le chemin. ....

Vous lui (***adresser***) des paroles encourageantes. ....

....

Je (***discuter***) avec mon voisin. ....

Nous (***taper***) dans le ballon. ....

Tu (***démarrer***) la voiture. ....

Les enfants (***être***) prudents. ....

4. Transpose ce texte au passé composé.

À la mer, des enfants jouent sur la plage. Ils creusent des trous dans le sable. D'autres nagent. Moi, je trempe d'abord un pied puis deux puis le corps. Mon frère plonge tout de suite la tête la première. Mes cousines trempent juste leurs pieds dans l'eau.

....

....

....

....

....

....

Évaluation 7 / CM2

1. a. Lis le texte. Souligne les verbes conjugués et écris leur infinitif.

La semaine dernière, nous avons réalisé des expériences. Dans un pot, chaque élève a semé des petits pois. Tom a placé son pot dans une armoire. Léa et Julie ont déposé leur pot sur une étagère au-dessus du radiateur. J'ai laissé mon pot à l'extérieur sur la fenêtre. Nous avons arrosé régulièrement nos semis. Ce matin, dans les pots de Léa et Julie, nous avons vu une petite pousse verte.

b. À quel temps sont conjugués ces verbes ? ....

2. Récris les phrases au passé composé avec le pronom proposé.

Tu as regagné ta place. / Elle ....

Il a dégusté une glace à la fraise. / Elles ....

Vous avez découpé la tarte. / Tu ....

J'ai accroché un cadre au mur. / Vous ....

Nous avons terminé l'exercice. / J' ....

Elles ont passé un long moment sous la douche. / Nous ....

....

Il a regagné sa place. / Ils ....

3. Récris les phrases en conjuguant les verbes entre parenthèses au passé composé.

Les magiciens (***captiver***) le public. ....

Le poney (***trotter***) sur le chemin. ....

Vous lui (***adresser***) des paroles encourageantes. ....

....

Je (***discuter***) avec mon voisin. ....

Nous (***taper***) dans le ballon. ....

Tu (***démarrer***) la voiture. ....

Les enfants (***être***) prudents. ....

Les voisins (***laisser***) leur voiture dehors. ....

Vous (***payer***) à la caisse. ....

4. Transpose ce texte au passé composé.

À la mer, des enfants jouent sur la plage. Ils creusent des trous dans le sable. Ils édifient des châteaux. D'autres nagent. Moi, je trempe d'abord un pied puis deux puis le corps. Mon frère court et plonge tout de suite la tête la première. Mes cousines trempent juste leurs pieds dans l'eau.

....

....

....

....

....

....

Période 4

Mars - Avril

Programmation

SEMAINE	JOUR	SÉQUENCES
1 **Autour d'un récit**	1 2 3 & 4	• **Lecture** du texte *Les vacances de Violette,* transposition à la 3e personne du pluriel. • **Activités** sur les phrases. • **Structuration : le passé composé des autres verbes au programme avec l'auxiliaire *avoir.***
2 **Autour d'un récit**	1 2 3 4	• **Transposition** en autonomie au CE2 et transposition du texte *Les vacances de Jules* à la 3e personne du pluriel. • **Activités** sur les groupes nominaux et les classes de mots. • **Activités** en autonomie. **Structuration : le complément du nom et …** • **Production écrite. Exercices sur le complément du nom.**
3 **Autour d'un récit**	1 2 3 4	• **Lecture** du texte *Les vacances de Violette (suite),* transposition au passé composé. • **Activités** sur les phrases. • **Activités** sur les groupes nominaux et les classes de mots. • **Vocabulaire** et **production écrite**.
4 **Autour d'un récit extrait d'un roman**	1 2 3 4	• **Lecture** du texte *Le bain,* transposition au passé simple, au passé composé. • **Exercices** sur le passé composé avec *avoir.* **Structuration : le passé composé avec l'auxiliaire *être.*** • **Activités** sur les phrases. **Exercices sur le passé composé.** • **Vocabulaire** et **production écrite**.
5 **Autour d'un récit extrait d'un roman**	1 2 3 4	• **Lecture** du texte *Le bain (suite),* transposition en autonomie au passé composé, transposition au passé simple. • **Activités** sur les groupes nominaux et les classes de mots. • **Évaluation sur le passé composé avec l'auxiliaire *avoir,* avec l'auxiliaire *être.*** • **Vocabulaire** et **production écrite**.
6 **Autour d'un récit extrait d'un roman**	1 2 3 & 4	• **Activités** sur les phrases. • **Exercices** sur les groupes nominaux. **Structuration : l'attribut.** • **Structuration : la phrase négative. Exercices sur le complément du nom et l'attribut.**
7 **Évaluation**		• **Évaluation sur le complément du nom.**

L'évaluation sur la phrase négative et celle sur l'attribut se fera en période 5.

CE2 · CM1 · CE2 / CM1 · CM2 · CM1 / CM2 · CE2 / CM1 / CM2

Semaine 1 Violette à la campagne (1)

Autour d'un récit

Les Vacances de Violette

10 juillet

Cette année, Violette passe ses grandes vacances avec moi, ici à la campagne. Je suis sûre qu'elle pense : « Quel horrible mois de juillet ! » Elle est toujours triste et elle boude souvent. Ma petite-fille est une vraie citadine, elle n'aime pas la campagne. D'ailleurs, elle ne regarde pas la nature.

11 juillet

Dimanche, elle a ramassé des prunes avec moi chez le voisin. Elle a rempli un panier, puis elle a eu mal au dos et elle a voulu rentrer à la maison à cause des insectes.

12 juillet 2002

Je lui ai dit :
« Allons piqueniquer au bord de la rivière. La rivière est si belle et paisible ! »
Elle n'a pas accepté. Elle a pris un livre et elle a lu dans le jardin.

13 juillet 2002

Ce matin, il pleuvait. Elle a dit : « Emmène-moi au cinéma, s'il te plait ! »
J'ai ri : « Il n'y a pas de cinéma à la campagne ! Va plutôt chercher des escargots ! »
Alors, elle est montée dans sa chambre. Puis, un peu plus tard, elle est partie explorer le grenier.

14 juillet 2002

Il y a quelques jours, je lui avais parlé du grenier où je garde toutes sortes d'objets. Elle a sûrement vu les livres aux pages jaunies, les jouets anciens, les coffres qui sont remplis de vêtements à l'odeur de naphtaline… Mais sous une vieille couverture, dans une très jolie commode qui est recouverte de marbre, elle a peut-être trouvé un bouquet de fleurs séchées, une boîte avec des photos et un gros cahier d'écolier.
Violette s'est enfermée dans sa chambre. Je crois qu'elle lit le gros cahier !

Lecture compréhension du texte

- **Préciser** qu'il s'agit d'un extrait de journal intime.
  Par qui est-il rédigé ? Comment le sait-on ? De qui parle-t-il ? Où et quand se passe ce qui est raconté ? Violette se plaît-elle à la campagne ? Pourquoi ? Que fait Violette le jour du 14 juillet ? Qu'y a-t-il dans le grenier ? Que peut-il y avoir dans ce gros cahier ? Expliquer : ***citadine* – *naphtaline* – *marbre*.**
- **Distinguer** les paroles rapportées et les pensées, du récit, constater la ponctuation : les paroles sont encadrées par des guillemets.
- **Trouver** qui est désigné par les mots soulignés. Faire indiquer si ces mots soulignés sont des pronoms ou des groupes nominaux.
- **Relever les mots ou groupes de mots** qui donnent des indications de temps, de lieu, les indicateurs logiques et compléter les affiches commencées en période 1.
- **Relire** les phrases qui sont des ordres, des prières.
- **Relire** les phrases terminées par un point d'exclamation et indiquer ce qu'elles expriment : le mécontentement, l'admiration, la moquerie. Certaines phrases donnant un ordre ont un point d'exclamation qui renforce l'ordre donné.

JOUR 1 > Transposition du texte

- **Retrouver** les temps employés (présent, passé composé) et les justifier. Remarquer, dans la première phrase du journal du 14 juillet, le temps formé avec le verbe ***avoir*** à l'imparfait. Montrer que ce qui est dit dans cette phrase a eu lieu avant ce qui est énoncé au passé composé : Violette s'est enfermée dans sa chambre.

- **Transposer** en parlant de Violette et d'Amandine. Laisser les élèves écrire seuls les verbes au présent puis les verbes en ***-er*** conjugués au passé composé avec l'auxiliaire ***avoir***. Faire constater la graphie du participe passé des verbes ***dire, vouloir, avoir***, l'accord du participe passé avec le sujet quand l'auxiliaire est le verbe ***être***. Commencer à lister les verbes qui se conjuguent avec ***être*** au passé composé : ***monter (dans), partir.*** Faire remarquer l'emploi de ***leurs / leur*** à la place de ***ses/sa*** *(ses vacances, leurs vacances, sa chambre, leur chambre)* et de ***leur*** à la place de ***lui*** *(lui ai dit, leur ai dit)*.
  Les CE2 recopient la dernière phrase du 3e paragraphe non transposée puis transposée et ils soulignent les verbes au passé composé.
  Poursuivre avec les CM1 puis les CM2 (remarquer le verbe précédé de **se**). Les CM1 recopient la dernière phrase du journal du 13 juillet, soulignent les verbes conjugués au passé composé et écrivent leur infinitif.

- **Poursuivre** le relevé de ***et, son, à*** et expliciter leur rôle.

Collecte

Passé 3

Elle a eu mal au dos. / Elles ont eu mal au dos.
Je lui ai dit : …
Elle a voulu rentrer. / Elles ont voulu rentrer.
Elle a dit : … / Elles ont dit : …
Elle a rempli un panier. / Elles ont rempli un panier.

Passé 4

Alors, elle est montée dans sa chambre. / Alors, elles sont montées dans leur chambre.
Puis, un peu plus tard, elle est partie explorer le grenier. / Puis, un peu plus tard, elles sont parties explorer le grenier.

Exercice

Écrire au passé composé.

Lina passe ses vacances chez sa grand-mère. Elle ramasse des pommes et elle explore le grenier. Elle emporte un cahier et un livre au jardin. Elle dessine et elle regarde des images. Elle trouve un gros cahier dans le grenier. Elle repart avec, dans sa chambre. Elle regarde les photos et elle se plonge dans la lecture des souvenirs de sa grand-mère.

Texte transposé

Les Vacances de Violette et d'Amandine

10 juillet
Cette année, Violette et Amandine passent leurs grandes vacances avec moi, ici à la campagne. Je suis sûre qu'elles pensent : « Quel horrible mois de juillet ! » Elles sont toujours tristes et elles boudent souvent. Mes petites-filles sont de vraies citadines, elles n'aiment pas la campagne. D'ailleurs, elles ne regardent pas la nature.

11 juillet
Dimanche, elles ont ramassé des prunes avec moi chez le voisin. Elles ont rempli un panier puis elles ont eu mal au dos et elles ont voulu rentrer à la maison à cause des insectes.

12 juillet 2002
Je leur ai dit :
« Allons piqueniquer au bord de la rivière. La rivière est si belle et paisible ! »
Elles n'ont pas accepté. Elles ont pris un livre et elles ont lu dans le jardin.

• • •

• • •

13 juillet 2002
Ce matin, il pleuvait. Elles ont dit : « Emmène-nous au cinéma, s'il te plait ! »
J'ai ri : « Il n'y a pas de cinéma à la campagne ! Allez plutôt chercher des escargots ! »
Alors, elles sont montées dans leur chambre. Puis, un peu plus tard, elles sont parties explorer le grenier.

14 juillet 2002
Il y a quelques jours, je leur avais parlé du grenier où je garde toutes sortes d'objets. Elles ont sûrement vu les livres aux pages jaunies, les jouets anciens, les coffres qui sont remplis de vêtements à l'odeur de naphtaline... Mais sous une vieille couverture, dans une très jolie commode qui est recouverte de marbre, elles ont peut-être trouvé un bouquet de fleurs séchées, une boîte avec des photos et un gros cahier d'écolier.
Violette et Amandine se sont enfermées dans leur chambre. Je crois qu'elles lisent le gros cahier !

JOUR 2 > Activités sur les phrases

- **Relever les phrases à la forme négative :** ***Elle n'aime pas la campagne. D'ailleurs, elle ne regarde pas la nature.***
  Les transformer à la forme affirmative
- **Les CE2** recopient les phrases suivantes. Ils entourent le sujet, le prédicat, le groupe supprimable et déplaçable. Ils soulignent le verbe. Ils récrivent la phrase en changeant le groupe mobile de place.
  Mes deux petites-filles n'aiment pas la campagne.
  Dimanche, elles ont ramassé des prunes.
  Les fillettes cherchent des escargots dans les hautes herbes.
- Dans les phrases suivantes, **entourer** le sujet et le prédicat. Dans le groupe verbal prédicat, souligner le verbe :
  Toute la journée, Violette reste seule. *(Violette et Amandine)*
  Elles sont toujours tristes. *(Elle)*
  La rivière est si belle et paisible ! *(Le fleuve)*
  Ma petite-fille est une vraie citadine. *(Mes petites-filles)*
  Récrire les phrases en remplaçant par les sujets proposés entre parenthèses. Constater que le mot ou le groupe de mots situé après le verbe dans le groupe verbal se rapporte au sujet.
- Dans la phrase suivante, **entourer** le sujet et le prédicat, souligner le verbe, donner son infinitif, et faire constater que dans le groupe verbal, le groupe ***dans leur chambre*** indique un lieu mais ne peut être ni supprimé, ni déplacé. Ce n'est pas un complément de phrase.
  Elles sont montées dans leur chambre.

Collecte

Phrases négatives et phrases affirmatives correspondantes

Elle n'aime pas la campagne. / Elle aime la campagne.
D'ailleurs, elle ne regarde pas la nature. / D'ailleurs, elle regarde la nature.

Groupes verbaux 1

Elles sont toujours tristes. / Elle est toujours triste.
Mes petites-filles sont de vraies citadines. / Ma petite-fille est une vraie citadine.
Elle est restée seule toute la journée. / Elles sont restées seules toute la journée.
La rivière est si belle et paisible ! / Le fleuve est si beau et paisible !

■ CE2 ■ CM1 ■ CE2 / CM1 ■ CM2 ■ CM1 / CM2 ■ CE2 / CM1 / CM2

Exercices

Reconstituer une phrase.

à la campagne – sont – Violette et Amandine – chez leur grand-mère – pour les vacances d'été – la nature – mais – n'aiment pas – elles.

Souligner le verbe, donner son infinitif, entourer le sujet et le groupe déplaçable et supprimable (complément de phrase). Récrire la phrase en changeant ce groupe de place. Indiquer la nature des sujets et des compléments de phrase (adverbe, groupe nominal avec préposition).

Les fillettes piqueniquent au bord de la rivière avec leur grand-mère.
Un peu plus tard, elles explorent le grenier.
Sous l'arbre, les insectes ont piqué Violette.
Sous une vieille couverture, les fillettes trouvent un bouquet de fleurs séchées.
Les jours de pluie, on ramasse des escargots.

Souligner les verbes conjugués dans la phrase suivante, entourer les sujets.

Elles ont rempli un panier puis elles ont eu mal au dos et elles ont voulu rentrer à la maison à cause des insectes.

JOUR 3 & 4 > Structuration : le passé composé des autres verbes au programme avec l'auxilaire *avoir*

Il s'agit de montrer qu'au passé composé, le participe passé des verbes en ***-ir, -dre, -oir, -re*** et du verbe ***avoir*** se termine par :
- ***i, is, it,*** quand on entend [i] ;
- ***u,*** quand on entend [y] ;
- ***t*** dans les autres cas.

- **Lire** les phrases collectées dans le cahier *Passé 2.*
- Dans ces phrases, **faire souligner** les verbes conjugués au passé composé et faire donner leur infinitif : il s'agit de verbes en ***-ir, -dre, -oir, -re*** et du verbe ***avoir.***
  Constater que ces verbes conjugués se composent de deux parties : l'auxiliaire ***avoir*** lui-même conjugué au présent et le participe passé terminé par ***i, is, u*** ou ***t.***
- **Faire compléter** le tableau suivant à l'aide des phrases collectées et des verbes suivants :
  Il a pu prendre son train. – Vous avez pu venir à l'école à pied. – J'ai pu ranger ma chambre.
  Préciser que ***dû*** a un accent circonflexe afin qu'il ne soit pas confondu avec le déterminant ***du.***

participe passé terminé par *-i*	participe passé terminé par *-is*	participe passé terminé par *-it*	participe passé terminé par *-u / -û*	participe passé terminé par *-t*

- **Faire entourer** la terminaison de chaque participe passé. Indiquer aux élèves que c'est quand on entend **[i]** à la fin du participe passé qu'il faut se demander comment cela s'écrit. Afficher dans la classe les participes passés terminés par **[i]** déjà rencontrés puis chaque fois qu'on les rencontre : ***dit – pris – saisi – réussi – rempli.***
- **Faire écrire** par les élèves de CM2 : ***il a lu – tu as bu – vous avez reçu – nous avons entendu – elle a peint.***
- **Comme trace écrite,** garder la conjugaison des verbes ***avoir – pouvoir – vouloir – faire – dire – prendre – voir – devoir*** qu'il faut mémoriser.

Exercices

1. Écrire l'infinitif des verbes soulignés.

Les enfants ont eu très peur.
L'explosion a fait du bruit.
Hier, j'ai pris rendez-vous chez le coiffeur.
Ils ont dit leur nom de famille.
Tu as voulu un bol de chocolat.
Nous avons vu deux films cette semaine.

2. Récrire les phrases au passé composé avec le pronom proposé.

Vous avez vu l'avion dans le ciel ? / Tu ....
J'ai pris un cachet contre le mal de tête. / Nous ....
Il a dit la poésie sans se tromper. / Ils ....
Ils ont fait du ski. / Elle ....
Nous avons pu aller à la pêche. / J' ....
Ils ont eu leur permis de conduire. / Vous ....
Tu as dû partir. / Il ....
Tu as choisi une bande dessinée. / Nous .... / Ils ....
Nous avons obéi au maître. / Elle .... / J' ....

3. Récrire les phrases en conjuguant les verbes au passé composé.

Ils ont le temps de jouer.
Je vois un ver luisant.
Elle veut aller trop vite.
Vous faites un château de sable.
Tu prends du thé au lieu du chocolat.
Nous pouvons rentrer à pied.
Le journaliste dit la vérité.
Les enfants prennent le TGV pour la première fois.
Les magiciens disent des paroles incompréhensibles.
Le spectacle doit être exceptionnel.
Le bolide ralentit.

4. Récrire les phrases en conjuguant les verbes au passé composé.

Vous ***(pouvoir)*** réparer l'ordinateur.
Elles ***(prendre)*** des romans d'aventures.
Je ***(dire)*** plusieurs répliques dans la pièce de théâtre.
Nous **(avoir)** une maladie contagieuse.
Tu ***(vouloir)*** monter à la Tour Eiffel.
Les castors ***(faire)*** un barrage.
Les voisins ***(devoir)*** emmener leur chat chez le vétérinaire.
Les randonneurs ***(gravir)*** le Mont Blanc.

5. Transposer au passé composé.

Marina termine son goûter puis elle prend un livre. Ensuite, elle fait un dessin. Elle regarde par la fenêtre, elle voit un oiseau sur le bord du balcon. Elle lui donne des graines. Elle doit ensuite apprendre ses leçons. Une heure plus tard, elle finit et enfin elle peut regarder un film.

CE2 CM1 CE2/CM1 CM2 CM1/CM2 CE2/CM1/CM2

COLLECTE de la semaine 1

- Elle a eu mal au dos.
- Elles ont eu mal au dos.
- Je lui ai dit : …
- Elle a voulu rentrer.
- Elles ont voulu rentrer.
- Elle a dit : …
- Elles ont dit : …
- Elle a rempli un panier.
- Elles ont rempli un panier.

- Alors, elle est montée dans sa chambre.
- Alors, elles sont montées dans leur chambre.
- Puis, un peu plus tard, elle est partie explorer le grenier.
- Puis, un peu plus tard, elles sont parties explorer le grenier.

- Elle n'aime pas la campagne. / Elle aime la campagne.
- D'ailleurs, elle ne regarde pas la nature. / D'ailleurs, elle regarde la nature.

- Elles sont toujours tristes. / Elle est toujours triste.
- Mes petites-filles sont de vraies citadines. / Ma petite-fille est une vraie citadine.
- Elle est restée seule toute la journée. / Elles sont restées seules toute la journée.
- La rivière est si belle et paisible ! / Le fleuve est si beau et paisible !

Semaine 2 Violette à la campagne (2)

Autour d'un récit

Les Vacances de Jules

10 juillet
Cette année, Jules passe ses grandes vacances avec moi, ici à la campagne. Je suis sûre qu'il pense : « Quel horrible mois de juillet ! » Il est toujours triste et il boude souvent. Mon petit-fils est un vrai citadin, il n'aime pas la campagne. D'ailleurs, il ne regarde pas la nature.

11 juillet
Dimanche, il a ramassé des prunes avec moi chez le voisin. Il a rempli un panier puis il a eu mal au dos et il a voulu rentrer à la maison à cause des insectes.

12 juillet 2002
Je lui ai dit :
« Allons piqueniquer au bord de la rivière. La rivière est si belle et paisible ! »
Il n'a pas accepté. Il a pris un livre et il a lu dans le jardin.

13 juillet 2002
Ce matin, il pleuvait. Il a dit : « Emmène-moi au cinéma, s'il te plait ! »
J'ai ri : « Il n'y a pas de cinéma à la campagne ! Va plutôt chercher des escargots ! »
Alors, il est monté dans sa chambre. Puis, un peu plus tard, il est parti explorer le grenier.

14 juillet 2002
Il y a quelques jours, je lui avais parlé du grenier où je garde toutes sortes d'objets. Il a sûrement vu les livres aux pages jaunies, les jouets anciens, les coffres qui sont remplis de vêtements à l'odeur de naphtaline… Mais sous une vieille couverture, dans une très jolie commode qui est recouverte de marbre, il a peut-être trouvé un bouquet de fleurs séchées, une boîte avec des photos et un gros cahier d'écolier.
Jules s'est enfermé dans sa chambre. Je crois qu'il lit le gros cahier !

JOUR 1 > Transposition du texte

- **Les CE2-CM1 transposent,** en autonomie, au passé composé :
Cosette prend le chemin de la source. Elle avance dans le bois. Puis, elle voit la source. Elle plonge son seau dans l'eau. Elle attrape l'anse à deux mains. Et elle reprend le chemin vers le village. Elle fait plusieurs pas et elle pose le seau. Elle respire un moment puis elle fait à nouveau quelques pas.
- **Lire le texte** *Les vacances de Jules.* Transposer en parlant de *Jules* et *Julien.*
Faire remarquer les changements au niveau des participes passés des verbes conjugués avec *être* et des adjectifs ou groupes nominaux après le verbe *être.*

Collecte

Passé 4

Alors, il est monté dans sa chambre. / Alors, ils sont montés dans leur chambre.
Puis, un peu plus tard, il est parti explorer le grenier. / Puis, un peu plus tard, ils sont partis explorer le grenier.

CE2 CM1 CE2/CM1 CM2 CM1/CM2 CE2/CM1/CM2

Exercice

Écrire en remplaçant *Jules* par *Jules et Julien.*

Jules passe ses vacances chez sa grand-mère. Il ramasse des pommes et il explore le grenier. Il emporte un cahier et un livre au jardin. Il dessine et il regarde des images. Il trouve un gros cahier dans le grenier. Il repart avec, dans sa chambre. Il regarde les photos et il se plonge dans la lecture des souvenirs de sa grand-mère.

Texte transposé

Les Vacances de Jules et de Julien

10 juillet

Cette année, Jules et Julien passent leurs grandes vacances avec moi, ici à la campagne. Je suis sûre qu'ils pensent : « Quel horrible mois de juillet ! » Ils sont toujours tristes et ils boudent souvent. Mes petits-fils sont de vrais citadins, ils n'aiment pas la campagne. D'ailleurs, ils ne regardent pas la nature.

11 juillet

Dimanche, ils ont ramassé des prunes avec moi chez le voisin. Ils ont rempli un panier puis ils ont eu mal au dos et ils ont voulu rentrer très vite à la maison à cause des insectes.

12 juillet 2002

Je leur ai dit :
« Allons piqueniquer au bord de la rivière. La rivière est si belle et paisible ! »
Ils n'ont pas voulu. Ils ont pris un livre et ils ont lu dans le jardin.

13 juillet 2002

Ce matin, il pleuvait. Ils ont dit : « Emmène-nous au cinéma, s'il te plait ! »
J'ai ri : « Il n'y a pas de cinéma à la campagne ! Allez plutôt chercher des escargots ! »
Alors, ils sont montés dans leur chambre. Puis, un peu plus tard, ils sont partis explorer le grenier.

14 juillet 2002

Il y a quelques jours, je leur avais parlé du grenier où je garde toutes sortes d'objets. Ils ont sûrement vu les livres aux pages jaunies, les jouets anciens, les coffres qui sont remplis de vêtements à l'odeur de naphtaline… Mais sous une vieille couverture, dans une très jolie commode qui est recouverte de marbre, ils ont peut-être trouvé un bouquet de fleurs séchées, une boîte avec des photos et un gros cahier d'écolier.
Jules et Julien se sont enfermés dans leur chambre. Je crois qu'ils lisent le gros cahier !

JOUR 2 > Activités sur les groupes nominaux

- **Relever dans le texte,** les noms propres, des groupes nominaux avec des déterminants différents.
- **Retrouver** les adjectifs dans les groupes nominaux suivants :
  ses grandes vacances – de vraies citadines – une vieille couverture – une jolie commode.
- **Lire** les groupes nominaux suivants, souligner les noms et faire trouver le nom principal :
  quel horrible mois de juillet – les piles de journaux jaunis – un bouquet de fleurs séchées – une boite avec des photos – un gros cahier d'écolier – une très jolie commode qui est recouverte de marbre.
  Trouver à quel nom se rapporte l'adjectif quand il y en a un.
  Redire les groupes nominaux en changeant la deuxième partie du groupe nominal :
  quel horrible mois …., les piles ….., un bouquet …., une boite …., un gros cahier …., une très jolie commode.
- **Continuer** les phrases incomplètes et observer l'orthographe des déterminants :
  Jules et Julien passent leurs grandes vacances avec moi. / Julien passe ….
  Ils sont montés dans leur chambre. / Il est monté…
- Dans le texte, les CM2 relèvent des verbes à l'infinitif.

Collecte

Groupes nominaux 3

quel horrible mois de juillet
les livres aux pages jaunies
un bouquet de fleurs séchées
une boite avec des photos
un gros cahier d'écolier

Exercice

Classer les groupes nominaux suivant leur genre et leur nombre. Souligner les adjectifs.

ses grandes vacances – de vraies citadines – une vieille couverture – une jolie commode – la campagne – la nature – des escargots – des insectes – leur chambre – le grenier – le jardin – la journée – la rivière – mes petites-filles – mon petit-fils – un gros cahier – une très jolie commode.

	masculin	féminin
singulier		
pluriel		

JOUR 3 > Activités en autonomie (CE2) Structuration : le complément du nom (CM)

Activité en autonomie

- **Relire ce texte.**

Cette année, Violette et Amandine passent leurs grandes vacances avec moi, ici à la campagne. Je suis sûre qu'elles pensent : « Quel horrible mois de juillet ! » Elles sont toujours tristes et elles boudent souvent. Mes petites-filles sont de vraies citadines, elles n'aiment pas la campagne. D'ailleurs, elles ne regardent pas la nature.
Dimanche, elles ont ramassé des prunes avec moi chez le voisin. Elles ont eu mal au dos et elles ont voulu rentrer très vite à la maison à cause des insectes.

Entourer les noms propres.
Recopier dans la case qui convient les groupes nominaux soulignés.

	masculin	féminin
singulier		
pluriel		

Recopier 6 groupes nominaux avec des déterminants différents.
Recopier deux pronoms personnels sujets.

Structuration : le complément du nom

Il s'agit de montrer :
- que dans un GN, un nom peut être complété par un autre nom ;
- que les deux noms sont alors reliés par un petit mot (le plus souvent une préposition) : ***de, à, sans, avec, pour,*** etc.

- **Lire les GN** collectés à la page *Groupes nominaux 3* du cahier ; dans chaque GN, faire entourer le nom principal : c'est ce dont on parle (remarquer que c'est toujours le premier).
- **Faire trouver** que le nom entouré peut parfois être complété par un adjectif (étranges, grande, simple…) mais qu'il est toujours complété par un groupe nominal qui donne un renseignement sur le premier nom : c'est un complément du nom. Souligner les compléments du nom. Remarquer que dans ce complément du nom, le nom peut lui-même être complété par un adjectif.

- **Faire observer** que les compléments du nom sont reliés aux noms qu'ils complètent par des petits mots (le plus souvent des prépositions) : ***de, à, en, avec,*** etc. Les entourer dans les GN collectés.

  Donner des GN avec un complément du nom, souligner ce dernier et entourer le petit mot qui l'introduit. Attirer l'attention sur l'orthographe de ***au*** et ***aux :***

  un seau d'eau – un pot de confiture – un sac à main – le vernis à ongles – un régime sans sel – un appartement avec balcon – un voyage par le train – le rayon des fruits – une soupe aux légumes – une glace au chocolat – un transport sur route – un jouet pour bébé – un jouet en bois

  Redire chaque groupe nominal en changeant le complément du nom ; le petit mot l'introduisant peut être changé : ***une bouteille de vin – une bouteille avec du vin – un sac de jouets – etc.***

- **Le complément du nom** apporte des précisions sur le nom, tout comme l'adjectif. D'ailleurs, on peut parfois remplacer un adjectif par un complément du nom : ***une journée hivernale*** > ***une journée d'hiver.***

  Remplacer l'adjectif par un complément du nom et vice versa : ***un animal nocturne – un monument parisien – la récréation du matin – un homme à la retraite.***

- **Garder une trace écrite dans le cahier.**

Le complément du nom

- Dans un groupe nominal, **un complément du nom apporte des précisions sur le nom principal :** *l'eau* ***de la rivière*** *– une boite* ***avec des photos.***
- Le complément du nom est introduit par un petit mot : ***à, de, sans, en, au, aux, en, avec, pour*** *un sac à main – une bouteille d'eau – un gâteau au chocolat – une soupe de légumes*

Exercices

1. Parmi les GN, souligner seulement ceux qui contiennent un complément du nom.

un fruit abimé – une cuillère à dessert – un défilé de voitures – ma boite de Lego® – des collines arrondies – un hiver froid – une maison en paille – le ski sur herbe

2. Dans les GN suivants, entourer le nom principal et souligner le complément du nom.

un vélo de course – la peinture sur soie – les lions du cirque – l'épicerie du quartier – une excursion en mer – la salle de bain – le directeur de l'école – le livre pour enfants

3. Dans chaque GN, entourer le nom principal et souligner le complément du nom.

le salon du livre – le camion de déménagement – mon livre de géographie – un verre à vin – un chapeau de cow-boy – le parc de la ville – le frère de Boris – la clé de la valise – un sac de voyage

4. Dans les GN, souligner le complément du nom, entourer le petit mot qui l'introduit et remplacer ce complément de nom par un autre, en gardant le même petit mot.

le centre de la Terre > ....
une nuit d'été > ....
les régions de la France > ....
une chaise en fer > ....
un coiffeur pour hommes > ....
une machine à coudre > ....

5. Compléter les noms suivants avec un complément de nom (introduit par *à, d'* ou *de*).

un chapeau .... – un sandwich .... – un gâteau ....
le morceau .... – une crêpe .... – la porte ....
une tranche .... – la fin .... – le conducteur ....

6. Écrire des noms qui pourraient être complétés par ces compléments du nom.

.... aux fruits – .... à cheveux – .... du verger –
.... de tuiles – .... de la maison – .... sans manches –
.... sans fautes – .... en or.

7. Récrire chaque GN en remplaçant le complément du nom souligné par un adjectif et inversement.

ce tournoi de sport – un pantalon avec des trous – la fraicheur du matin – un objet en métal – le langage de l'enfant – les résultats annuels – une plage rocheuse – un vaisseau spatial – un sport hivernal – le lait maternel – l'autorité paternelle – une promenade nocturne – un château médiéval – le transport par mer – le trafic ferroviaire – du ski sur l'eau.

8. Recopier le bon numéro dans la colonne qui convient.

1 Une formidable explosion a eu lieu dans 2 une rue de la ville à 3 cinq heures du soir.
4 L'homme à la valise est sorti de 5 la vieille maison et il est monté dans 6 un taxi jaune et noir.
7 Les touristes anglais regardent 8 le coucher du soleil depuis 9 le balcon de leur chambre.
10 Les élèves de l'école participent à 11 un tournoi sportif avec 12 le maitre de leur classe.

GN avec un ou plusieurs adjectifs	GN avec complément du nom

9. Compléter ces noms par un complément du nom et récrire les GN ainsi formés.

des habits ...... – un paquet ...... – une sucette ...... – une assiette ...... – un bijou ...... – un ballon ......

10. Compléter les noms par un adjectif (A) (devant ou derrière le nom principal) ou un complément du nom (CN), ou les deux, selon la consigne.

un anorak **+ A** > .... ; un animal **+ A + A** > ....
un kilo **+ CN** > .... ; un film **+ CN** > ....
une journée **+ A + A** > .... ; un bracelet **+ A + CN** > ....

JOUR 4 > Production écrite (CE2) Exercices sur le complément du nom (CM)

Production écrite

Raconter au passé composé, à la 1re personne, comme dans un journal intime, une journée de classe. Utiliser différentes personnes pour parler de ce que les élèves ont fait : *nous* mais aussi la 3e personne du singulier ou du pluriel.
Écrire les idées au tableau puis faire énoncer oralement les phrases que les élèves vont écrire. Écrire une ou deux phrases en dictée à l'adulte puis laisser les élèves écrire deux ou trois phrases. Aider les élèves à relire leur texte en attirant leur attention sur la conjugaison des verbes, la ponctuation et les accords dans les groupes nominaux.

Exercices sur le complément du nom

À choisir parmi ceux de la leçon de structuration.

COLLECTE de la semaine 2

- Alors, il est monté dans sa chambre.
- Alors, ils sont montés dans leur chambre.
- Puis, un peu plus tard, il est parti explorer le grenier.
- Puis, un peu plus tard, ils sont partis explorer le grenier.

- quel horrible mois de juillet
- les livres aux pages jaunies
- un bouquet de fleurs séchées
- une boite avec des photos
- un gros cahier d'écolier

Semaine 3 Violette à la campagne (3)

Autour d'un récit

Les Vacances de Violette (suite)

Violette accompagne sa grand-mère dans un endroit que cette dernière aime beaucoup. Elles marchent vers une falaise sur un petit sentier plutôt raide. La fillette porte le sac avec le piquenique. Là-haut, quelle vue magnifique ! La rivière serpente tranquillement parmi les champs, les collines ondulent doucement.

Après le piquenique, elles font la sieste dans l'herbe haute. Puis elles prennent un autre chemin pour redescendre. Soudain, elles croisent un troupeau de vaches.

« N'aie pas peur, dit Grand-mère. Reste bien derrière moi. »

Avec son bâton, elle pousse calmement les bêtes sur le côté. Alors, les deux promeneuses passent sur le bord du chemin. Grand-mère lui apprend à reconnaître les différents oiseaux et leurs chants, elle lui explique la vie des insectes.

Après le repas, le soir, elles vont dans la cour et elles restent un long moment à contempler le ciel. Grand-mère lui parle du système solaire, des différentes constellations, de toutes ces choses qui, à l'école, lui paraissent si éloignées de la vie. Avec Grand-mère, les choses les plus simples prennent une signification : faire des confitures, ramasser des pommes de terre, écouter le cri du hibou, observer une araignée qui tisse sa toile, tout est important, tout est rattaché à la vie.

Lecture compréhension du texte

- **Lire** aux élèves le début de l'épisode 5 (14 juillet après le diner) puis lire le texte ci-dessus en disant que cela correspond à ce que Violette et sa grand-mère ont fait le 15 juillet.
  Où va Violette avec sa grand-mère ? Que font-elles ce soir-là ? Pourquoi Grand-mère connait-elle aussi bien la nature ?
  Expliquer : *une falaise – les collines ondulent – les constellations.*
- **Distinguer** les paroles rapportées, et constater la ponctuation : les paroles sont encadrées par des guillemets.
- **Trouver** qui est désigné par les mots soulignés. Faire indiquer si ces mots soulignés sont des pronoms ou des groupes nominaux.
- **Relever les mots ou groupes de mots** qui donnent des indications de temps, de lieu, les indicateurs logiques et compléter les affiches commencées en période 1.

Au cours de la semaine, lire l'épisode 6 du texte joint : *Violette à la campagne.*

JOUR 1 > Transposition du texte

- **Transposer au passé.** Bien transposer à l'oral avant de faire écrire les changements. Rappeler les terminaisons des verbes à l'imparfait. Insister sur les verbes ***aller, passer, rester*** qui, au passé composé, se conjuguent avec l'auxiliaire ***être***. Compléter la liste des verbes qui se conjuguent avec ***être*** au passé composé.
  Les CE2 peuvent s'arrêter à ***sur le côté*** et recopient les deux premières phrases du texte non transposées puis transposées. Poursuivre avec les CM puis les CM2.
  Les CM1 recopient les deux premières phrases du deuxième paragraphe transposées.
- **Poursuivre** le relevé de ***et, son, à*** et expliciter leur rôle.

Collecte

Passé 4

Les deux promeneuses sont passées tranquillement à côté des vaches.
Après le repas, le soir, elles sont allées dans la cour.
Elles sont restées un long moment à contempler le ciel.

Exercice

Écrire au passé composé.

Lise regarde un livre puis elle goute avec sa grande sœur. Elles apprennent leurs leçons et elles font leurs devoirs. Puis elles vont jouer. Elles restent dehors jusqu'au retour de leurs parents.

Texte transposé

Violette a accompagné sa grand-mère dans un endroit que cette dernière aimait beaucoup. Elles ont marché vers une falaise sur un petit sentier plutôt raide. La fillette portait le sac avec le piquenique. Là-haut, quelle vue magnifique ! La rivière serpentait tranquillement parmi les champs, les collines ondulaient doucement.
Après le piquenique, elles ont fait la sieste dans l'herbe haute. Puis elles ont pris un autre chemin pour redescendre et, soudain, elles ont croisé un troupeau de vaches.
« N'aie pas peur, a dit Grand-mère. Reste bien derrière moi. »
Avec son bâton, elle a poussé calmement les bêtes sur le côté. Alors, les deux promeneuses sont passées sur le bord du chemin. Grand-mère lui a appris à reconnaître les différents oiseaux et leurs chants, elle lui a expliqué la vie des insectes. Après le repas, le soir, elles sont allées dans la cour et elles sont restées un long moment à contempler le ciel. Grand-mère lui a parlé du système solaire, des différentes constellations, de toutes ces choses qui, à l'école, lui paraissaient si éloignées de la vie. Avec Grand-mère, les choses les plus simples prenaient une signification : faire des confitures, ramasser des pommes de terre, écouter le cri du hibou, observer une araignée qui tisse sa toile, tout était important, tout était rattaché à la vie.

JOUR 2 > Activités sur les phrases

- **Lire** les phrases qui expriment des conseils.
- **Lire** la phrase qui se termine par un point d'exclamation et faire préciser qu'elle exprime de l'admiration.
- **Lire** la phrase négative. Indiquer les mots de la négation.
- Dans chaque phrase, **entourer** le sujet, le prédicat et les groupes supprimables et déplaçables (les compléments de phrase), souligner le verbe, donner son infinitif. Indiquer si les sujets sont des pronoms ou des groupes nominaux.

  Après le piquenique, elles font la sieste dans l'herbe haute.
  La fillette portait le sac avec le piquenique.
  Soudain, elles ont croisé un troupeau de vaches.
  Après le repas, le soir, elles sont allées dans la cour.

  Redire les phrases en changeant les groupes supprimables et déplaçables de place puis en les supprimant.
  Faire dire quelles informations apportent les compléments de phrase.
  Remplacer ces groupes par d'autres groupes ayant le même sens.
  Constater que dans le groupe verbal, il y a un groupe qui ne peut être ni supprimé ni déplacé : ***la sieste – le sac avec le piquenique – un troupeau de vaches – dans la cour.*** Pronominaliser ce groupe avec ***la, le, l'.***
  Indiquer si les compléments de phrase sont des groupes nominaux introduits par une préposition ou des adverbes.

Collecte

Groupes verbaux 2

Après le piquenique, elles font la sieste dans l'herbe haute. / Après le piquenique, elles la font dans l'herbe haute.
La fillette portait le sac avec le piquenique. / La fillette le portait.
Soudain, elles ont croisé un troupeau de vaches. / Soudain, elles l'ont croisé.

Exercices

Reconstituer une phrase.

au sommet – accompagne – ce matin – Violette – sa grand-mère – d'une falaise.
et sa grand-mère – un long moment – le ciel – après le repas – dans la cour – Violette – pour contempler – restent.

Souligner le verbe, donner son infinitif, entourer le sujet et le groupe déplaçable et supprimable (complément de phrase). Récrire la phrase en changeant ce groupe de place. Indiquer la nature des sujets et des compléments de phrase (adverbe, groupe nominal avec préposition).

Du haut de la falaise, Violette et sa grand-mère découvrent un magnifique paysage.
À midi, elles mangent leurs sandwichs.
Dans la cour, Grand-mère parle du système solaire.
Dans un coin de mur, elles observent une araignée qui tisse sa toile.

Souligner les verbes conjugués dans la phrase suivante, entourer les sujets.

La rivière serpente parmi les champs, les collines ondulent doucement.

JOUR 3 > Activités sur les groupes nominaux et les classes de mots (CM2)

- **Relever dans le texte** des groupes nominaux sans adjectifs.
- Dans ces groupes nominaux, **identifier** le déterminant, l'adjectif et le nom :
  un petit sentier raide – l'herbe haute – un long moment – quelle vue magnifique
  Récrire les groupes nominaux en changeant le nom.
- **Lire** les groupes nominaux suivants, souligner le nom principal et entourer le complément du nom :
  le sac avec le piquenique – un troupeau de vaches – le bord du chemin – le cri du hibou
  Récrire les groupes nominaux en changeant le complément du nom.
- Les CM2 relèvent les verbes à l'infinitif dans le texte.

JOUR 4 > Vocabulaire et production écrite

Vocabulaire

- **Chercher dans le dictionnaire** le mot *doucement.* Constater qu'il est formé à partir de l'adjectif *doux* au féminin auquel on a ajouté le suffixe ***-ment.*** Préciser qu'il s'agit d'un mot invariable.
- **Rechercher dans le texte** d'autres mots invariables ainsi formés : *calmement, tranquillement.* Dégager le rôle de ces mots invariables : ils indiquent la manière dont serpente la rivière, dont ondulent les collines, dont Grand-mère pousse les bêtes.
  Faire écrire les adverbes formés à partir des adjectifs suivants : *lent – chaud – froid – facile – léger – simple – sérieux – nouveau – attentif – actuelle – total – sec – fou.*
  À l'oral, dire une phrase contenant chacun de ces adverbes.

CE2 | CM1 | CE2/CM1 | CM2 | CM1/CM2 | CE2/CM1/CM2

Production écrite

- **Raconter** une sortie en utilisant le passé composé, à la 3e personne du singulier et/ou du pluriel.
  Choisir ensemble quelle sortie va être racontée, en lister les différentes étapes, écrire les verbes à l'infinitif au tableau et donner les mots dont les élèves ne maitrisent pas l'orthographe.
  Rechercher des mots invariables en ***-ment*** qui pourraient être ajoutés pour indiquer la manière dans certaines phrases.
  Commencer en dictée à l'adulte puis laisser les élèves écrire en autonomie deux (CE2) ou 3 phrases (CM).
  Faire relire les productions en vérifiant la ponctuation, les terminaisons des verbes et les accords dans le groupe nominal.

COLLECTE de la semaine 3

- Les deux promeneuses sont passées tranquillement à côté des vaches.
- Après le repas, le soir, elles sont allées dans la cour.
- Elles sont restées un long moment à contempler le ciel.

- Après le piquenique, elles font la sieste dans l'herbe haute. / Après le piquenique, elles la font dans l'herbe haute.
- La fillette portait le sac avec le pique-nique. / La fillette le portait.
- Soudain, elles ont croisé un troupeau de vaches. / Soudain, elles l'ont croisé.

Semaine 4 Poil de Carotte (1)

Autour d'un récit extrait d'un roman

Le bain

Poil de Carotte, M. Lepic et grand frère Félix décident d'aller se baigner dans la rivière. Félix ordonne à son frère de porter les caleçons.

Poil de Carotte porte sur l'épaule, son caleçon sans dessin et le caleçon rouge et bleu de grand frère Félix. Il avance à grands pas, il chante, il saute après les branches. Il a hâte d'arriver.

Mais tout à coup, il voit la rivière devant lui. Des reflets glacés miroitent sur l'eau. Elle clapote comme des dents qui claquent. « Que l'eau doit être froide ! » pense-t-il. Poil de Carotte frissonne. Il n'est plus pressé de se baigner.

Il commence de se déshabiller, à l'écart. Il tremble. Il ôte ses vêtements un à un. Il les plie soigneusement sur l'herbe. Il dénoue ses cordons de souliers lentement. Il met son caleçon, enlève sa chemise courte. « Poil de Carotte, il faut y aller », ordonne monsieur Lepic.

Enfin il va vers l'eau ; il la tâte d'un orteil que ses chaussures trop étroites ont écrasé. En même temps, il se frotte l'estomac qui peut-être n'a pas fini de digérer. Puis il se laisse glisser le long des racines. Quand il a de l'eau jusqu'au ventre, il veut remonter et se sauver. Mais la motte où il s'appuie cède, et Poil de Carotte tombe, disparait, barbote et se redresse, en toussant, en crachant, suffoqué, aveuglé, étourdi.

D'après *Poil de Carotte de* Jules Renard

Lecture compréhension du texte

- **Indiquer** que dans le roman de Jules Renard, ***Poil de Carotte,*** François Lepic, surnommé « Poil de Carotte » à cause de ses cheveux roux et ses taches de rousseur, est victime des humiliations et de l'indifférence de ses parents, de son frère Félix et de sa sœur, Ernestine.
  Quels sont les personnages ? Où vont-ils ? Pourquoi Poil de Carotte n'est-il plus pressé de se baigner ?
- **Relever les mots** employés qui montrent que l'eau doit être froide. Que fait-il pour retarder son entrée dans l'eau ? Pourquoi veut-il sortir de l'eau ? Pourquoi n'y parvient-il pas ?
  Expliquer : ***des reflets glacés miroitent – clapoter comme des dents qui claquent – frissonner – la motte – suffoqué – étourdi***.
- **Distinguer** les paroles rapportées, et constater la ponctuation : les paroles sont encadrées par des guillemets.
- **Interpréter** le point d'exclamation : de l'appréhension.
- **Trouver** qui est désigné par les mots soulignés. Faire indiquer si ces mots soulignés sont des pronoms ou des groupes nominaux.
- **Relever les mots ou groupes de mots** qui donnent des indications de temps, de lieu, les indicateurs logiques et compléter les affiches commencées en période 1.

JOUR 1 > Transposition du texte

- **Indiquer** à quel temps est écrit le texte.
- **Les CE2 et les CM1 transposent en autonomie au passé.** Bien transposer à l'oral avant de faire écrire les changements. Insister sur les verbes à l'imparfait.
On peut donner aux élèves un document comme celui ci-dessous sur lequel sont distingués les verbes qui seront à l'imparfait et ceux qui seront au passé composé et leur demander de récrire ce qui est surligné.

Le bain

Poil de Carotte, M. Lepic et grand frère Félix décident d'aller se baigner dans la rivière. Félix ordonne à son frère de porter les caleçons.
Poil de Carotte porte sur l'épaule, son caleçon sans dessin et le caleçon rouge et bleu de grand frère Félix. Il avance à grands pas, il chante, il saute après les branches. Il a hâte d'arriver.
Mais tout à coup, il voit la rivière devant lui. Des reflets glacés miroitent sur l'eau. Elle clapote comme des dents qui claquent. « Que l'eau doit être froide ! » pense-t-il. Poil de Carotte frissonne.
Il n'est plus pressé de se baigner.
Il commence de se déshabiller, à l'écart. Il tremble. Il ôte ses vêtements un à un.

Le bain

Poil de Carotte, M. Lepic et grand frère Félix décident d'aller se baigner dans la rivière. Félix ordonne à son frère de porter les caleçons.
Poil de Carotte porte sur l'épaule, son caleçon sans dessin et le caleçon rouge et bleu de grand frère Félix. Il avance à grands pas, il chante, il saute après les branches. Il a hâte d'arriver.
Mais tout à coup, il voit la rivière devant lui. Des reflets glacés miroitent sur l'eau. Elle clapote comme des dents qui claquent. « Que l'eau doit être froide ! » pense-t-il. Poil de Carotte frissonne.
Il n'est plus pressé de se baigner.
Il commence de se déshabiller, à l'écart. Il tremble. Il ôte ses vêtements un à un.
Il enlève ses souliers et il va vers l'eau. Il glisse le long des racines et il entre dans l'eau.

- **Avec les CM2** transposer le texte au passé simple/imparfait à l'oral puis en faisant écrire les changements.
Commencer ainsi : ***Poil de Carotte, M. Lepic et grand frère Félix décidèrent de partir se baigner dans la rivière.***
Faire remarquer les terminaisons des verbes.

Collecte

Passé 5

Poil de Carotte, M. Lepic et grand frère Félix décidèrent d'aller se baigner dans la rivière.
Félix ordonna à son frère de porter les caleçons.
Il alla vers l'eau.
Il commença de se déshabiller.
Il enleva sa chemise courte.
Il se frotta l'estomac.
Poil de Carotte tomba.

Passé 6

Il vit la rivière devant lui.
Il eut de l'eau jusqu'au ventre.
Il voulut remonter.

Exercice

Écrire au passé simple et à l'imparfait.

Tom est content de se baigner. Il ôte ses habits et il enfile son maillot de bain. Il avance sur le bord de la piscine. Il est prêt à entrer dans l'eau.

Texte transposé

Le bain

Poil de Carotte, M. Lepic et grand frère Félix ont décidé d'aller se baigner dans la rivière. Félix a ordonné à son frère de porter les caleçons.
Poil de Carotte portait sur l'épaule, son caleçon sans dessin et le caleçon rouge et bleu de grand frère Félix. Il avançait à grands pas, il chantait, il sautait après les branches. Il avait hâte d'arriver.
Mais tout à coup, il a vu la rivière devant lui. Des reflets glacés miroitaient sur l'eau. Elle clapotait comme des dents qui claquent. « Que l'eau doit être froide ! » a-t-il pensé. Poil de Carotte a frissonné. Il n'était plus pressé de se baigner.
Il a commencé de se déshabiller, à l'écart. Il tremblait. Il a ôté ses vêtements un à un.
Il a enlevé ses souliers et il est allé vers l'eau. Il a glissé le long des racines et il est entré dans l'eau.

Le bain

Poil de Carotte, M. Lepic et grand frère Félix décidèrent d'aller se baigner dans la rivière. Félix ordonna à son frère de porter les caleçons.
Poil de Carotte portait sur l'épaule, son caleçon sans dessin et le caleçon rouge et bleu de grand frère Félix. Il avançait à grands pas, il chantait, il sautait après les branches. Il avait hâte d'arriver.
Mais tout à coup, il vit la rivière devant lui. Des reflets glacés miroitaient sur l'eau. Elle clapotait comme des dents qui claquent. « Que l'eau doit être froide ! » pensa-t-il. Poil de Carotte frissonna. Il n'était plus pressé de se baigner.
Il commença de se déshabiller, à l'écart. Il tremblait. Il ôta ses vêtements un à un. Il les plia soigneusement sur l'herbe. Il dénoua ses cordons de souliers lentement. Il mit son caleçon, enleva sa chemise courte.
« Poil de Carotte, il faut y aller », ordonna monsieur Lepic.
Enfin il alla vers l'eau, la tâta l'eau d'un orteil que ses chaussures trop étroites avaient écrasé. En même temps, il se frotta l'estomac qui peut-être n'avait pas fini de digérer. Puis il se laissa glisser le long des racines. Quand il eut de l'eau jusqu'au ventre, il voulut remonter et se sauver. Mais la motte où il s'appuyait céda, et Poil de Carotte tomba, disparut, barbota et se redressa, en toussant, en crachant, suffoqué, aveuglé, étourdi.

JOUR 2 > Exercice (CE2) – Structuration : le passé composé avec l'auxiliaire *être* (CM)

- **Indiquer** aux élèves que l'on va procéder à la structuration du passé composé des verbes qui se conjuguent avec l'auxiliaire ***être***. Cette structuration ne concerne que les CM, néanmoins, écrire sur un affichage, à l'attention des CE2, la conjugaison des verbes fréquents se conjuguant avec ***être*** (aller, arriver) afin qu'ils s'y reportent si besoin.

Exercice

- **Écrire au passé composé et à l'imparfait.** (Les verbes soulignés se conjuguent à l'imparfait.)
Tom <u>est</u> content de se baigner. Il ôte ses habits et il enfile son maillot de bain. Le jeune garçon avance sur le bord de la piscine. Il <u>veut</u> entrer doucement dans l'eau. Mais il trébuche et plouf, le voilà dans l'eau !

Structuration : le passé composé avec l'auxiliaire *être*

- **Il s'agit de montrer que :**
  - certains verbes en ***-er*** et les verbes ***aller*** et ***venir*** se conjuguent au passé composé avec l'auxiliaire ***être*** ; il y a aussi d'autres verbes se conjuguant avec ***être*** qui ne sont pas à mémoriser : *devenir – partir – sortir – descendre – naitre – mourir ;*
  - dans ce cas, le participe passé s'accorde avec le sujet.

- **Lire** les phrases collectées à la page de cahier *Passé 3*.
- **Faire souligner** les verbes, identifier l'auxiliaire, constater les accords.
- **Faire compléter** les phrases suivantes en conjuguant le verbe proposé au passé composé et expliciter les accords :

entrer
Violette **est entrée** dans la maison.
Les fillettes .... dans la maison. Le garçon .... dans la maison. Les garçons .... dans la maison.

Faire de même avec ***venir*** et ***aller.***

- **Afficher** une liste des verbes se conjuguant avec *être* au passé composé :
entrer – passer par – monter dans – retourner – aller – tomber – rester – venir – devenir – partir – sortir – descendre de – naitre – mourir.
- Dans ces phrases écrites au tableau, **faire expliciter** les accords :
Je suis entrée dans la classe.
Nous sommes parties en vacances.
Vous êtes venus chez moi.
- **Garder** dans le cahier la conjugaison au passé composé d'un des verbes en ***-er*** se conjuguant avec ***être,*** les verbes ***aller*** et ***venir*** en mettant les accords en rouge.
Rappeler que le participe passé ne s'accorde jamais avec le sujet quand le verbe est conjugué avec l'auxiliaire *avoir.*

Exercices

1. Recopier les phrases dont le verbe est conjugué au passé composé avec le verbe *être.*

Tu es allé en vacances.
Elle a perdu ses lunettes.
Le jeune enfant est tombé de sa poussette.
Elle a mangé sa soupe.
Marine est venue avec moi au stade.
Le train est parti en retard.

phrases avec verbe conjugué avec l'auxiliaire *avoir*	phrases avec verbe conjugué avec l'auxiliaire *être*

2. Récrire chaque phrase au passé composé avec les sujets indiqués.

Tu es entré sans frapper. > Elle, Ils ....
Je suis resté une heure près de lui. > Ils, Elles ....
Nous sommes allés au concert. > Il, ils ....
Vous êtes reparties avec le gros lot. > Ils, Elle ....
Il est sorti du magasin à deux heures. > Ils, Elles ....

3. Récrire chaque phrase au passé composé avec le verbe *être.*

Elle passe sans me voir.
Il passe sans me voir.
Sa mère rentre sans bruit.
Ses parents rentrent sans bruit.
Ils tombent sur le tapis.
Elle tombe sur le tapis.
Mes cousins montent à la Tour Eiffel.
Mon cousin monte à la Tour Eiffel.

Récrire chaque phrase à la forme négative.

4. Remplacer *Romain* par *Leila* puis recopier les groupes de mots en gras.

Romain raconte :
J'ai vu de la lumière sous la porte, **j'ai eu peur** alors **je suis allé** me cacher dans la salle de bain. **J'ai écouté :** aucun bruit ! **Je suis retourné** dans mon lit et **j'ai pu** me rendormir.

Remplacer *Sarah et Tania* par *Enzo et Jordan* puis recopier les groupes de mots en gras.

Sarah et Tania disent :
Nous sommes allées à la fête. **Nous sommes montées** dans un manège à sensation. **Nous avons fait** plusieurs tours. **Nous sommes reparties** au bout d'une heure.

5. Écrire qui est désigné par chaque pronom souligné : un garçon, une fille, des garçons, des filles.

Je suis partie seule en vacances.
Pourquoi êtes-vous déjà revenues ?
Nous sommes entrés sans faire de bruit.
Je suis rentré avec une heure de retard.
Nous sommes allées au cinéma.
Tu es restée immobile.
Vous êtes descendus de voiture.
Tu es passé par la porte du jardin.

JOUR 3 > Activités sur les phrases (CE2) – Exercices sur le passé composé (CM)

Pendant que les CM réalisent des exercices, travailler avec les CE2.

- **Relever** la phrase à la forme négative : *Il n'est plus pressé de se baigner.*
La transformer à la forme affirmative.
- Dans chaque phrase, **entourer** le sujet, le prédicat et les groupes supprimables et déplaçables, souligner le verbe, donner son infinitif. Indiquer si les sujets sont des pronoms ou des groupes nominaux.

Poil de Carotte portait sur l'épaule son caleçon sans dessin.
Tout à coup, il a vu la rivière devant lui.
Il a ôté ses vêtements un à un.
Dans le bois, Poil de Carotte fredonne des chansons.

Redire les phrases en changeant de place les groupes déplaçables puis en les supprimant.

Collecte

Phrases négatives et phrases affirmatives correspondantes

Il n'est plus pressé de se baigner. / Il est encore pressé de se baigner. / Il est toujours pressé de se baigner.

Exercices

Reconstituer une phrase.

d'aller se baigner – décident – par un bel après-midi d'été – deux enfants – dans la rivière

Souligner le verbe, donner son infinitif, entourer le sujet et le groupe déplaçable et supprimable. Récrire la phrase en changeant ce groupe de place.

Dans le bois, Poil de Carotte frissonnait.
Sur le bord de la rivière, Mr Lepic regarde ses enfants.

CE2 CM1 CE2/CM1 CM2 CM1/CM2 CE2/CM1/CM2

JOUR 4 > Vocabulaire et production écrite

Vocabulaire

- **Chercher** le verbe ***frissonner*** dans le dictionnaire. Relever ses synonymes. Écrire le nom à partir duquel il est formé.
- **Chercher** le verbe ***clapoter*** dans le dictionnaire et écrire le mot qui en est dérivé. L'employer dans une phrase.
- **Faire trouver** les mots invariables terminés par ***-ment*** et faire expliquer leur formation.
- **Chercher** le verbe ***miroiter*** dans le dictionnaire et établir la famille du mot ***se mirer.***
- **Trouver** les différents sens du mot ***reflet*** sans le dictionnaire d'abord puis à l'aide du dictionnaire.

Production écrite

- **Lire** aux élèves le début de cette histoire :

L'été dernier, Karim passe quelques jours au bord de la mer avec son frère et son père. Le jour de son arrivée, il avait hâte de se baigner. En arrivant sur la plage, le vent soufflait et il y avait de grosses vagues. Néanmoins le drapeau était vert, la baignade était possible.

À l'oral, décrire l'état de la mer et énoncer ce que Karim a fait avant de se baigner puis au moment où il entre dans l'eau. Au fur et à mesure, écrire les mots dont les élèves vont avoir besoin au tableau. Réutiliser aussi des mots du texte : ***clapoter – ôter ses vêtements un à un – trembler –*** etc.

Faire écrire quelques phrases au passé (imparfait/passé composé - passé simple) pour raconter le début de la baignade des deux enfants. Commencer en dictée à l'adulte puis laisser les élèves écrire en autonomie deux (CE2) ou 3 phrases (CM). Faire relire les productions en vérifiant la ponctuation, les terminaisons des verbes et les accords dans le groupe nominal.

Le texte sera terminé la semaine suivante après la lecture de la suite du texte *Le bain.*

COLLECTE de la semaine 4

- Il n'est plus pressé de se baigner. / Il est encore pressé de se baigner. / Il est toujours pressé de se baigner.

- Poil de Carotte, M. Lepic et grand frère Félix décidèrent d'aller se baigner dans la rivière.
- Félix ordonna à son frère de porter les caleçons.
- Il commença de se déshabiller.
- Il enleva sa chemise courte.
- Il alla vers l'eau.
- Il se frotta l'estomac.
- Poil de Carotte tomba.

- Il vit la rivière devant lui.
- Il eut de l'eau jusqu'au ventre.
- Il voulut remonter.

CE2 ■ CM1 ■ CE2/CM1 ■ CM2 ■ CM1/CM2 ■ CE2/CM1/CM2

Semaine 5 Poil de Carotte (2)

Autour d'un récit extrait d'un roman

Le bain (suite)

« Maintenant, nage ! » lui ordonne monsieur Lepic.
Alors Poil de Carotte fait aller ses bras mais il laisse ses genoux marcher sur le sable.
« Nage ! répète M. Lepic. N'agite pas tes poings fermés. Remue tes jambes qui ne font rien. »
À ce moment-là, grand frère Félix l'appelle :
« Poil de Carotte, viens ici. Il y a plus d'eau ! Je perds pied, j'enfonce. Regarde donc. Tiens : tu me vois. Attention : tu ne me vois plus. À présent, mets-toi là vers le grand saule. Ne bouge pas. Je parie de te rejoindre en dix brassées.
– Je compte », répond Poil de Carotte en grelotant, les épaules hors de l'eau, immobile comme une vraie borne.
De nouveau, il s'accroupit pour nager. Mais grand frère Félix grimpe sur son dos, pique une tête et dit :
« À ton tour, grimpe sur le mien.
– Laisse-moi tranquille, murmure Poil de Carotte.
– Sortez, crie M. Lepic.
– Déjà ! » dit Poil de Carotte.
Maintenant il ne veut plus sortir. Il veut encore profiter de son bain. Il n'a plus peur de l'eau froide.
« Dépêche-toi de sortir », s'écrie M. Lepic.

Les CE2 et les CM1 participent à la lecture-compréhension du texte mais ils transposeront un résumé du texte.

Lecture compréhension du texte

- Poil de Carotte veut-il nager ? Que veut-il faire dans l'eau ? Que fait son frère ? Relever les mots employés qui montrent que l'eau doit être froide. Que fait-il pour retarder son entrée dans l'eau ? Pourquoi ne parvient-il pas à sortir de l'eau ?
- **Expliquer :** *perdre pied – une brassée* (rapprocher de bras) *immobile comme une vraie borne – piquer une tête.*
- **Distinguer** les paroles rapportées, et remarquer la ponctuation du dialogue : guillemets et tirets.
- **Relever** les mots ou groupes de mots qui donnent des indications de temps, de lieu, les indicateurs logiques.
- **Trouver** à quoi renvoient les mots soulignés.
- **Interpréter** les signes de ponctuation : points d'exclamation pour renforcer les ordres ou exprimer le regret.

JOUR 1 > Transposition du texte

- **Indiquer** à quel temps est écrit le texte.
- **Les CE2-CM1** transposent au passé. Ils soulignent les verbes et écrivent leur infinitif.
  Alors, Poil de Carotte fait aller ses bras. Il laisse ses genoux marcher sur le sable. Son grand frère Félix lui dit d'aller vers le grand saule. Puis grand frère Félix grimpe sur son dos. Et il n'arrête pas de l'embêter. Mr Lepic ordonne à Poil de Carotte de sortir.
- **Avec les CM transposer** le texte au passé simple/imparfait à l'oral puis en faisant écrire les changements. Faire remarquer que le verbe *dire* et le verbe *s'accroupir* ne varient pas du présent au passé simple.
- **Poursuivre** le relevé de ***et, son, à*** et expliciter leur rôle.

Collecte

Passé 5

Grand frère Félix l'appela.

Passé 6

Poil de Carotte fit aller ses bras.

Exercice

Transposer au passé simple.

Le garçon entre dans l'eau doucement. Il plonge la tête sous l'eau, il nage puis il sort de la rivière. Il est heureux. Après son bain, le garçon enfile ses vêtements et rentre à la maison. Il a froid et il est affamé. Alors, il avale une tisane brulante et dévore un gâteau.

Texte transposé

« Maintenant, nage ! » lui ordonna monsieur Lepic.
Alors Poil de Carotte fit aller ses bras mais il laissa ses genoux marcher sur le sable.
« Nage ! répéta M. Lepic. N'agite pas tes poings fermés. Remue tes jambes qui ne font rien. »
À ce moment-là, Grand frère Félix l'appela :
« Poil de Carotte, viens ici. Il y a plus d'eau ! Je perds pied, j'enfonce. Regarde donc. Tiens : tu me vois. Attention : tu ne me vois plus. À présent, mets-toi là vers le grand saule. Ne bouge pas. Je parie de te rejoindre en dix brassées. »
- Je compte », répondit Poil de Carotte en grelotant, les épaules hors de l'eau, immobile comme une vraie borne.
De nouveau, il s'accroupit pour nager. Mais grand frère Félix grimpa sur son dos, piqua une tête et dit :
« À ton tour, grimpe sur le mien.
- Laisse-moi tranquille, murmura Poil de Carotte.
- Sortez, cria M. Lepic.
- Déjà ! », dit Poil de Carotte.
Maintenant il ne voulait plus sortir. Il voulait encore profiter de son bain. Il n'avait plus peur de l'eau froide.
« Dépêche-toi de sortir », s'écria M. Lepic.

JOUR 2 > Activités sur les groupes nominaux et les classes de mots (CM2)

- **Relire** le texte notamment pour les CE2.
- **Relever** des groupes nominaux avec des déterminants différents.
- Dans les groupes nominaux suivants, **trouver l'adjectif :** *tes poings fermés – l'eau froide – le grand saule – une vraie borne.* Les récrire en changeant l'adjectif.
- **Ajouter** un complément du nom à chaque groupe nominal suivant : le *sable – les bras – le grand saule – la tête.*
- **Relever dans le texte** des mots appartenant à des classes grammaticales différentes : déterminant, nom, verbe, adjectif, pronom.

Exercice

Classer les groupes nominaux suivant leur genre et leur nombre.

ses bras, le sable – tes poings fermés – tes jambes – le grand saule – les épaules – une vraie borne – le dos – une tête – ton tour – son bain – l'eau froide – dix brassées.

	masculin	féminin
singulier		
pluriel		

JOUR 3 > Évaluation sur le passé composé

Évaluation CE2

Il s'agit d'évaluer si les élèves savent :

- identifier un verbe conjugué au passé composé et en donner l'infinitif ;
- conjuguer les verbes au passé composé de l'indicatif (auxiliaire ***être*** et ***avoir***).

Évaluation CM1

Il s'agit d'évaluer si les élèves savent :

- conjuguer les verbes au passé composé de l'indicatif (auxiliaire ***être*** et ***avoir***) ;
- transposer un texte.

Évaluation CM2

Il s'agit d'évaluer si les élèves savent :

- conjuguer les verbes au passé composé de l'indicatif (auxiliaire ***être*** et ***avoir***) ;
- transposer un texte.

Évaluation 8 / CE2

1. Lis le texte.

Violette a passé quelques jours à la campagne chez sa grand-mère. Toutes les deux, elles ont fait des promenades. Elles partaient pour la journée. La fillette portait le sac à dos avec le piquenique.

a. Recopie un verbe conjugué au passé composé : ....

Indique l'infinitif du verbe conjugué :..

b. Recopie un verbe conjugué à l'imparfait : ....

2. Recopie les verbes avec leur sujet en conjuguant le verbe au passé composé.

La cuisinière fait une soupe de légumes. / Hier, ...

Ils voient de minuscules insectes au microscope. / Hier, ...

Elles peuvent dessiner l'expérience. / Hier, ...

Ils prennent leur parapluie. / Hier, ...

Je veux rentrer à pied. / Hier, ...

Les sorcières disent des paroles magiques. / Hier, ...

3. Récris les phrases en conjuguant les verbes entre parenthèses au passé composé.

Les voleurs ***(pénétrer)*** dans la maison en cassant une vitre.

....

Le cheval ***(voir)*** quelque chose qui l'a effrayé.

....

Je ***(penser)*** le départ comme d'habitude.

....

Les touristes ***(pouvoir)*** faire une excursion à la montagne.

....

Deux élèves ***(marquer)*** un but contre leur camp.

....

4. Transpose ce texte au passé composé.

Toute la famille veut aller à Paris. Ils prennent le train. Durant le trajet, Papa fait des mots croisés. Mes deux frères jouent avec leur console. Ma petite sœur joue avec sa poupée et moi Léa, je regarde un livre. À midi, ils quittent le train et ils posent leurs bagages à l'hôtel.

La semaine dernière, ...

....

....

....

Évaluation 8 / CM1

1. Lis le texte.

Violette a passé quelques jours à la campagne chez sa grand-mère. Toutes les deux, elles ont fait des promenades. Elles partaient pour la journée. La fillette portait le sac à dos avec le piquenique. Elles rentraient le soir. Une nuit, elles ont regardé les étoiles.

a. Recopie trois verbes conjugués au passé composé et écris leur infinitif.

.... > .... – .... > .... – .... > ....

b. Recopie trois verbes conjugués à l'imparfait et écris leur infinitif.

.... > .... – .... > .... – .... > ....

2. Recopie les verbes avec leur sujet en conjuguant le verbe au passé composé.

La cuisinière fait une soupe de légumes. / ....

Ils peuvent rentrer en voiture. / ....

Elle retourne dans la fourmilière. / ....

Les trains passent à grande vitesse. / ....

Ils rougissent. / ....

Les élèves repartent chez eux à pied. / ....

Elle vient aussi vite que possible. / ....

3. Récris les phrases au passé composé avec le pronom proposé.

Il a payé la facture. / Elles. ....

La souris est passée par ce trou minuscule. / Les souris ....

Il a pris le temps de se doucher. / Elles ....

Les abeilles sont rentrées à la ruche. / L'abeille ....

Les sœurs de Cendrillon sont allées au bal. / Le prince ....

Elles ont fini leur exercice. / Il ....

Les skieurs ont dû aller trop vite et ils ont chuté. / Le skieur ....

4. Récris les phrases en conjuguant les verbes entre parenthèses au passé composé.

Les voleurs ***(entrer)*** dans la maison en cassant une vitre. ....

....

Le cheval ***(devoir)*** tomber en sautant la haie. ....

Moi, Léa, je ***(arriver)*** la première. ....

Tom et Arnaud, vous ***(partir)*** faire une excursion à la montagne. ....

....

Deux élèves ***(marquer)*** un but contre leur camp. ....

Les deux voitures ***(passer)*** en trombe dans la rue. ....

5. Transpose ce texte au passé composé.

Toute la famille part à Paris. Ils prennent le train. Durant le trajet, Papa fait des mots croisés. Mes deux frères jouent avec leur console. Ma petite sœur joue avec sa poupée. À midi, le train arrive à Paris. Ils quittent alors le train et ils posent leurs bagages à l'hôtel.

La semaine dernière, ...

....

....

....

Évaluation 8 / CM2

1. Lis le texte.

Violette a passé quelques jours à la campagne chez sa grand-mère. Toutes les deux, elles ont fait des promenades. Elles partaient pour la journée. La fillette portait le sac à dos avec le piquenique. Elles rentraient le soir. Une nuit, elles ont regardé les étoiles. Grand-mère a expliqué le système solaire à Violette. Tout était simple avec Grand-mère.

a. Recopie quatre verbes conjugués au passé composé et écris leur infinitif.

.... > .... – .... > ....
.... > .... – .... > ....

b. Recopie quatre verbes conjugués à l'imparfait et écris leur infinitif.

.... > .... – .... > ....
.... > .... – .... > ....

2. Recopie les verbes avec leur sujet en conjuguant le verbe au passé composé.

La cuisinière fait une soupe de légumes. / ....
Ils peuvent rentrer en voiture. / ....
Elle retourne dans la fourmilière. / ....
Les trains passent à grande vitesse. / ....
Ils rougissent. / ....
Les élèves repartent chez eux à pied. / ....
Elle vient aussi vite que possible. / ....

3. Récris les phrases au passé composé avec le pronom proposé.

Il a payé la facture. / Elles. ....
La souris est passée par ce trou minuscule. / Les souris ....
Il a pris le temps de se doucher. / Elles ....
Les abeilles sont rentrées à la ruche. / L'abeille ....
Les sœurs de Cendrillon sont allées au bal. / Le prince ....
Elles ont fini leur exercice. / Il ....
Les skieurs ont dû aller trop vite et ils ont chuté. / Le skieur ....

4. Récris les phrases en conjuguant les verbes entre parenthèses au passé composé.

Les voleurs ***(entrer)*** dans la maison en cassant une vitre. ....
....
Le cheval ***(devoir)*** tomber en sautant la haie. ....
Moi, Léa, je ***(arriver)*** la première. ....
Tom et Arnaud, vous ***(partir)*** faire une excursion à la montagne. ....
....
Deux élèves ***(marquer)*** un but contre leur camp. ....
Les deux voitures ***(passer)*** en trombe dans la rue. ....
Les garçons ***(tomber)*** mais ils ***(repartir)*** aussitôt. ....

5. Transpose ce texte au passé composé.

Toute la famille part à Paris. Ils prennent le train. Durant le trajet, Papa fait des mots croisés. Mes deux frères jouent avec leur console. Ma petite sœur joue avec sa poupée. À midi, le train arrive à Paris. Ils quittent alors le train et ils posent leurs bagages à l'hôtel.

La semaine dernière, ...
....
....
....

JOUR 4 > Vocabulaire et production écrite

Vocabulaire

- **Retrouver** dans les deux textes *Le bain* le lexique lié au froid et aux effets du froid : ***frissonne – clapote comme des dents qui claquent – des reflets glacés – il tremble – l'eau froide – en grelotant.***
  Trouver d'autres mots ou expressions pour désigner le froid (un froid vif, piquant, intense, polaire), pour montrer que l'on a froid : ***être transi – frigorifié – avoir la chair de poule…***
- **Retrouver** dans les deux textes ***Le bain*** les expressions imagées utilisant la comparaison :
  immobile comme une vraie borne – clapoter comme des dents qui claquent
- **Chercher** par quoi on pourrait remplacer ***comme une vraie borne*** *(une statue).*
  Compléter les comparaisons : *bavard comme... – curieux comme… – agile comme... – solide comme… – paresseux comme... – noir comme...*

Production écrite

- **Poursuivre** le texte commencé en semaine 4 : les jeux de Karim avec son frère puis la sortie de l'eau sur l'ordre de leur père.
  À l'oral, rechercher des idées et au fur et à mesure, écrire les mots dont les élèves vont avoir besoin au tableau. Réutiliser aussi des mots du texte : ***perdre pied – greloter – etc.***
  Commencer en dictée à l'adulte puis laisser les élèves écrire en autonomie deux (CE2) ou 3 phrases (CM).
  Faire relire les productions en vérifiant la ponctuation, les terminaisons des verbes et les accords dans le groupe nominal.
  des deux enfants. Commencer en dictée à l'adulte puis laisser les élèves écrire en autonomie deux (CE2) ou 3 phrases (CM).
  Faire relire les productions en vérifiant la ponctuation, les terminaisons des verbes et les accords dans le groupe nominal.

COLLECTE de la semaine 5

- Grand frère Félix l'appela.

- Poil de Carotte fit aller ses bras.

Semaine 6 Poil de Carotte (3)

Autour d'un récit extrait d'un roman

JOUR 1 > Activités sur les phrases

- **Relire le texte** *Le bain (suite).*
- **Relever les phrases à la forme négative :** *N'agite pas tes poings fermés. Tu ne me vois plus. Ne bouge pas.*
  Les transformer à la forme affirmative.
- Dans chaque phrase, **entourer** le sujet, le prédicat et les groupes supprimables et déplaçables (les compléments de phrase), souligner le verbe, donner son infinitif. Indiquer si les sujets sont des pronoms ou des groupes nominaux.
  Poil de Carotte agite ses bras dans l'eau.
  Le jeune garçon remue ses jambes sur le sable.
  Poil de Carotte profite de son bain.
  À ce moment-là, grand frère Félix appelle Poil de Carotte.
  Redire les phrases en changeant les groupes supprimables et déplaçables de place puis en les supprimant.
  Faire dire quelles informations apportent les compléments de phrase.
  Remplacer ces groupes par d'autres groupes ayant le même sens.
  Constater que dans le groupe verbal prédicat des trois premières phrases, il y a un groupe de mots qui ne peut pas être supprimé : ***ses bras – ses jambes – de son bain***. Le pronominaliser dans les deux premières phrases.
  Constater dans la dernière phrase qu'il y a dans le groupe verbal, un pronom. Faire préciser quel groupe nominal ce pronom remplace. Récrire la phrase avec le groupe nominal : ***À ce moment-là, grand frère Félix appelle Poil de Carotte.***
  Dans la phrase suivante, entourer le sujet, le prédicat et dans le groupe verbal, souligner le verbe :
  Poil de Carotte reste immobile.
  Récrire la phrase en remplaçant ***Poil de Carotte*** par ***Poil de Carotte et son frère.***

Collecte

Groupes verbaux 2

Poil de Carotte agite ses bras dans l'eau. / Poil de Carotte les agite.
Le jeune garçon remue ses jambes sur le sable. / Le jeune garçon les remue sur le sable.
À ce moment-là, grand frère Félix appelle Poil de Carotte. / À ce moment-là, grand frère Félix l'appelle.

Exercice

Souligner le verbe, entourer le sujet, le prédicat et quand il y en a, le complément de phrase. Récrire les phrases en changeant le complément de phrase de place.

Grand frère Félix rejoint Poil de Carotte en dix brassées.
Dans la rivière, Félix embête Poil de Carotte sans arrêt.
Après la baignade, Poil de Carotte remet ses vêtements.
À leur retour, les deux enfants sont fatigués.
Ils prennent une bonne boisson chaude pour se délasser.

JOUR 2 > Exercices sur les phrases (CE2/CM1) Structuration : l'attribut (CM2)

Exercices.

1. Lire le texte.

Poil de Carotte va se baigner dans la rivière avec son grand frère. Il porte le caleçon rouge et bleu de son frère. Sur le chemin, il saute après les branches. Tout à coup, il voit les reflets glacés de la rivière. Il n'a plus envie de se baigner dans l'eau froide. Pourtant il enlève ses vêtements, sa chemise courte. Il enfile son caleçon de bain. Il avance lentement dans l'eau de la rivière.

2. Classer les groupes nominaux soulignés dans la colonne qui convient :

GN sans adjectifs	GN avec un seul adjectif (devant le nom)	GN avec un seul adjectif (derrière le nom)	GN avec 2 adjectifs	GN avec complément du nom

3. Recopier les groupes nominaux soulignés dans la case qui convient :

	masculin	féminin
singulier		
pluriel		

Structuration : l'attribut.

Il s'agit de montrer que :

- l'attribut fait partie du groupe verbal : il ne peut pas être supprimé, il se trouve souvent après le verbe ***être*** ou un autre verbe d'état : ***paraitre – sembler – rester – demeurer – devenir – avoir l'air*** ;
- il donne un renseignement sur le sujet ;
- l'attribut peut être un groupe nominal ou un adjectif ;
- l'attribut s'accorde avec le sujet.

- **Lire** les phrases sur la page de cahier ***Groupes verbaux 1,*** rappeler ce qui a été dit à propos de ces mots ou groupes de mots situés après le verbe dans le groupeverbal : on ne peut pas les supprimer, ils nous renseignent sur les sujets, ils s'accordent en genre et en nombre avec le sujetde la phrase. Indiquer qu'on les appelle des **attributs du sujet.**
- Dans les phrases, **vérifier les accords** de chaque attribut du sujet et lister les verbes suivis d'un attribut : ***être – devenir – rester.***
  Indiquer que l'on appelle ces verbes, des verbes d'état.
  Faire trouver après quels autres verbes que le verbe ***être*** on trouve un attribut.
  Pour cela, chercher par quels verbes on peut remplacer ***être*** dans les phrases suivantes :
  Le chien est content de revoir son maitre. (sembler, paraitre, avoir l'air)
  Elle est sagement assise à son bureau. (demeurer)
- **Rapprocher** l'accord de l'attribut après le verbe ***être*** de l'accord du participe passé au passé composé avec l'auxiliaire ***être.***
- **Préciser** que, après le verbe ***être,*** on trouve souvent un attribut du sujet mais pas toujours. Dans les phrases suivantes trouver l'attribut du sujet quand il y en a : *La fillette est gentille. – La fillette est dans la cour. – Ces fleurs sont des roses. – Ces fleurs sont dans le jardin. – Le froid est vif. – Il est avec son copain.*
- **Garder** une trace écrite dans le cahier.

L'attribut du sujet

- L'attribut du sujet **fait partie du groupe verbal.** Il **ne peut pas être supprimé.**
  Il est situé juste après le verbe ***être*** ou un autre verbe d'état :
  *Le haricot **semble** magique. Le haricot **parait** magique. Le haricot **reste** magique. Le haricot **a l'air** magique. Le haricot **devient** magique. Le haricot **demeure** magique.*
- L'attribut du sujet **apporte des précisions** sur le sujet. Il **s'accorde avec le sujet.**
  *Le seau est **lourd.** La cuve est **lourde.***
  *Les seaux sont **lourds.** Les cuves sont **lourdes.***

Exercices

Recopier les phrases, souligner le verbe, entourer le sujet et l'attribut du sujet.

Le pantalon semble usé.
Pierre est un garçon.
Paola est devenue une grande actrice.
Le chat reste immobile.
Le maître a l'air fâché.
La voiture paraît neuve.

Recopier les phrases en deux colonnes : celles avec un attribut adjectif et celles avec un attribut GN.

Ce gâteau semble cuit.
Les anacondas sont des reptiles.
La douleur demeure présente.
Ce petit chien deviendra un gros animal.
Ce château reste un monument très visité.

Recopier chaque phrase en la complétant avec un attribut du sujet ; faire les accords nécessaires.

Le chien semble ....
Le vautour est ....
Leila est ....
La pelouse devient ....
Les arbres sont ....

Récrire les phrases en changeant le nombre (singulier / pluriel) des sujets ; faire les accords nécessaires.

Le tableau semble terminé.
Le livre deviendra un succès.
Cet outil est cher.
La pizza reste son plat préféré.
Cette opération paraît facile.

Récrire les phrases en changeant le genre (masculin / féminin) des sujets ; faire les accords nécessaires.

Le lion reste dangereux.
Le garçon devient coléreux.
Ton invitée est contente.
L'ogre paraît vieux.
Cet homme est directeur d'école.

Récrire chaque phrase en la complétant avec un sujet au choix ; le sujet choisi doit s'accorder avec l'attribut proposé.

.... devient insupportable.
.... semble gentil.
.... sont des poissons.
.... demeure souriant.
.... devient un grand sportif.

Recopier les phrases avec les sujets proposés. Attention aux accord du participe passé ou de l'attribut.

Cet animal est agité. / Ces chattes .... / Ces animaux ....
Ce cheval est tombé. / Cette jument .... / Ces chevaux ....
Ces sportifs sont épuisés. / Ce sportif .... / Cette sportive ....
Les danseurs sont entrés en sautant. / La danseuse .... / Les danseuses ....
Les vacances étaient courtes et ensoleillées. / La journée .... / Le jour ....

Recopier uniquement les phrases qui contiennent un attribut du sujet.

Ces garçons ont les yeux bleus.
Le ciel devient orageux.
Ces deux chiens sont des caniches.
La maison semble récente.
Le téléphone est sur la table de chevet.
Vous paraissez fatigués ce matin.
Ils ont un petit chat.
Cette rue reste très bruyante.

Dans les phrases recopiées, souligner le verbe, entourer le sujet et l'attribut du sujet.

JOUR 3 & 4 > Structuration : la phrase négative + exercices (CE2) Exercices sur le complément du nom (CM) Exercices sur l'attribut (CM2)

Structuration : la phrase négative

Il s'agit :
- de montrer qu'une phrase est soit affirmative soit négative ;
- de savoir transformer une phrase affirmative en phrase négative et vice versa ;
- de savoir utiliser des négations à bon escient.

- **Lire** dans le cahier les phrases collectées à la page des phrases négatives.

- **Faire entourer** les **négations.**
  Constater qu'il y a un autre mot que ***pas*** qui marque la négation : ***plus, rien.*** Trouver les mots affirmatifs correspondants : *encore – toujours – quelque chose.*
  Faire trouver d'autres mots négatifs en transformant à la forme négative les phrases suivantes : ***jamais.***
  Ici, l'hiver, il fait toujours froid. Ici, l'hiver, il fait souvent froid.

- **Faire expliciter** que devant un mot commençant par ***a, e*** ou ***é,*** on emploie ***n'*** au lieu de ***ne.***
  Montrer qu'il en est de même devant un mot commençant par ***o, u, i, y.***
  Il n'oublie pas ton anniversaire.
  Vous n'inventez pas d'histoires.
  Je n'utilise plus cet outil.

- **À l'oral, faire transformer** en phrase négative les phrases affirmatives suivantes pour mettre en évidence l'utilisation de ***jamais / toujours*** et conforter l'utilisation de ***plus / encore*** ou toujours, ***rien / quelque chose.***
  Ils vont toujours au cinéma le mardi soir.
  Cette fenêtre est souvent ouverte.
  Il y a encore des pommes sur l'arbre.
  Mon téléphone a encore besoin d'être rechargé.
  Le chat guette quelque chose.
  Maman boit toujours du thé à la fin du repas.

  Cette utilisation des différents mots négatifs se fera toute l'année en contexte.

- **Garder une trace écrite dans le cahier.**

La phrase affirmative et la phrase négative

phrases affirmatives	phrases négatives
La vache donne du lait.	La vache **ne** donne **pas** de lait.
La vache donne **encore** du lait.	La vache **ne** donne **plus** de lait.
Vous observez **quelque chose.**	Vous **n'**observez **rien.**
Ici, l'hiver, il fait **toujours** froid. En hiver, il fait **souvent** froid.	Ici, l'hiver, il **ne** fait **jamais** froid.

Les phrases de la colonne **2** sont des **phrases négatives :** elles contiennent des **négations :** ***ne … pas, ne … jamais, n'… rien, n'… plus.***

Les deux parties de la négation, ***ne*** (ou ***n'***) et ***pas*** (ou ***plus, jamais, personne...***) sont **obligatoires.**

Exercices

Recopier les phrases qui sont à la forme négative.

Tu ne pars pas souvent en vacances.
Ces voitures sont rapides.
Le pirate n'attaque pas le bateau.
Je n'ai jamais de chance.
Tu viens me rendre visite souvent.

Entourer les mots de la négation.

Elle ne répond jamais au téléphone.
On n'entend rien.
Tu ne peux plus courir aussi vite qu'avant.
Vous n'aimez pas les films documentaires.
Nous n'avons rencontré personne sur le chemin.

Compléter avec *ne* ou *n'*.

La porte .... est pas ouverte.
Je .... chante pas bien.
Lina .... a pas mis son manteau ce matin.
Le cheval .... veut plus sauter l'obstacle.
Tu .... aimes pas le chocolat.
Vous .... attrapez pas le ballon.

Transformer ces phrases en phrases négatives.

Nous prenons l'avion ce soir.
Ce vieux chat chasse encore.
Il a souvent mal au ventre.
Ce berger allemand renifle quelque chose.
Le jardinier a aperçu quelqu'un dans la serre.
Les histoires de Samia sont toujours drôles.
Je ne veux plus aller au judo.

Transformer ces phrases en phrases affirmatives.

Jules n'aime pas les épinards.
La voiture ne démarre pas.
Elle ne mange jamais vite.
Ton petit frère n'a plus faim.
Le magasin n'est jamais ouvert le lundi.
Vous ne mangez plus de bonbons.
Tu ne trouves rien.

CM1 : Exercices sur le complément du nom à prendre parmi ceux non encore réalisés.

COLLECTE de la semaine 6

- Poil de Carotte agite ses bras dans l'eau. / Poil de Carotte les agite.
- Le jeune garçon remue ses jambes sur le sable. / Le jeune garçon les remue sur le sable.
- À ce moment-là, grand frère Félix appelle Poil de Carotte. / À ce moment-là, grand frère Félix l'appelle.

Semaine 7 : Évaluation

Évaluation CM1

Il s'agit d'évaluer si les élèves savent :

- identifier les groupes nominaux avec complément du nom ;
- enrichir un groupe nominal avec un complément du nom.

Évaluation CM2

Il s'agit d'évaluer si les élèves savent :

- identifier les groupes nominaux avec complément du nom ;
- enrichir un groupe nominal avec un complément du nom.

Évaluation 9 / CM1

1. Recopie les groupes nominaux suivants dans la colonne qui convient.

Le chat de Zoé – l'eau chaude – la trompe de l'éléphant – la rue de la ville – un mur solide – une émission de télévision – un plat de spaghettis – un fossé profond.

groupes nominaux avec adjectif	groupes nominaux avec complément du nom

2. Complète les noms avec un complément du nom.

un serpent .... – un cheval .... – les remparts ....

un morceau .... – les patins ....

3. Remplace chaque adjectif par un complément du nom.

un refuge montagnard > ....

un froid hivernal > ....

un lait chocolaté > ....

un village campagnard > ....

une affiche publicitaire > ....

Évaluation 9 / CM2

1. Recopie les groupes nominaux suivants dans la colonne qui convient.

Le chat de Zoé – l'eau chaude – la trompe de l'éléphant – la rue de la ville – un mur solide – une émission de télévision – un plat de spaghettis – un fossé profond.

groupes nominaux avec adjectif	groupes nominaux avec complément du nom

2. Souligne les groupes nominaux avec complément du nom.

À la cantine de l'école, ce midi, on a mangé : du pamplemousse, de la viande avec des pâtes, du fromage et une salade de fruits.

À la bibliothèque de la ville, j'ai emprunté un livre de contes.

Dans la cour de récréation, j'ai discuté avec le frère de Lydia.

3. Complète les noms avec un complément du nom.

un serpent .... – un cheval .... – les remparts ....

un morceau .... – les patins .... – un troupeau ....

4. Remplace chaque adjectif par un complément du nom.

un refuge montagnard > ....

un froid hivernal > ....

un lait chocolaté > ....

un village campagnard > ....

une affiche publicitaire > ....

une idée géniale > ....

une manifestation estivale > ....

Période 5

Mai - Juin

Programmation

SEMAINE	JOUR	SÉQUENCES
1 **Autour d'un récit**	1 2 3 4	• **Lecture** du texte ***Les fleurs de glais,*** transposition au présent, au passé simple, à la 3e personne du pluriel. • **Activités** sur les phrases. **Structuration : le passé simple des verbes en *-er* et exercices.** • **Activités** sur les groupes nominaux. **Structuration : le passé simple des autres verbes et exercices.** • **Vocabulaire** et **production écrite.**
2 **Autour d'un règlement extrait d'un roman**	1 2 3 4	• **Lecture** du texte ***Les droits de Gulliver, l'homme montagne,*** transposition au futur. • **Activités** sur les phrases. • **Activités** sur les groupes nominaux et les classes de mots. • **Vocabulaire** et **production écrite.**
3 **Autour d'un règlement extrait d'un roman**	1 2 3 4	• **Transposition** à la 3e personne du pluriel du texte ***Les droits de Gulliver, l'homme montagne.*** • **Transposition au futur – Structuration : le complément du verbe.** • **Exercices.** • **Évaluation sur la phrase négative – Évaluation sur le passé simple.**
4 **Autour d'une fiche de fabrication**	1 2 3 4	• **Lecture** du texte ***Je fabrique un chapeau chinois,*** transposition au futur. • **Activités** sur les phrases. • **Activités** sur les groupes nominaux et les classes de mots. • **Vocabulaire** et **production écrite.**
5 **Autour d'une fiche de fabrication**	1 2 3 4	• **Transposition** du texte ***Je fabriquerai un chapeau chinois,*** à la 2e personne. • **Structuration : le futur des verbes en *-er* et exercices.** • **Structuration : le futur des autres verbes et exercices.** • Exercices.
6 **Évaluation**		• **Évaluation sur le futur – Évaluation sur l'attribut et le complément du verbe.**

En période 5, les CM1 lisent l'intégralité des textes proposés.

CE2 · CM1 · CE2/CM1 · CM2 · CM1/CM2 · CE2/CM1/CM2

Semaine 1 Mémoires et récits

Autour d'un récit

Les fleurs de glais

Plein de zèle, Frédéric vole vers les poules qui rôdent par les chaumes, becquetant les épis laissés par le râteau. Mais voici qu'une poulette huppée pourchasse une sauterelle, une de celles qui ont les ailes rouges et bleues... Et toutes deux, avec lui après qui veut voir la sauterelle, sautent à travers champs, si bien qu'ils arrivent au fossé du Puits à roue ! Et voilà encore les fleurs d'or qui se mirent dans le ruisseau et qui réveillent son envie, mais une envie passionnée, délirante, excessive, à lui faire oublier ses deux plongeons dans le fossé :

– Oh ! mais, cette fois, dit-il, je ne tomberai pas !

Et, descendant le talus, il entortille à sa main un jonc qui pousse là ; et se penchant sur l'eau avec prudence, il essaie d'atteindre de l'autre main les fleurs de glais... Ah ! malheur, le jonc casse et il plonge la tête première au milieu du fossé. Il crie comme un perdu, tous les gens de l'aire accourent.

Frédéric Mistral, *Mes origines*, Mémoires et récits (Traduction du provençal)

Les CE2 participent à la lecture-compréhension du texte mais ils transposeront un résumé du texte.

- **Lire** aux élèves le début du texte (en fin de document). Les ***glais*** sont des iris jaunes comme ceux que l'on voit sur la photo : http://ekladata.com/sBgxSY3VmXmaOxO4Wu_6pV6HTx4.jpg
  Préciser que la scène se passe vers 1835, après la moisson quand les hommes battent le blé sur une aire de battage (espace où l'on battait les épis de blé avec un fléau pour récupérer le grain) : http://p2.storage.canalblog.com/25/23/1043820/79896659_o.jpg).
  Ajouter qu'autrefois, les garçons jusqu'à cinq ans portaient des jupes et que les ***gelines*** sont des poules.

Lecture compréhension du texte

- Comment Frédéric se retrouve-t-il encore une fois au bord du fossé ? Pourquoi est-il tombé ? Quelle va être la réaction de sa mère ?
- **Expliquer :** ***zèle – voler – les chaumes – becqueter – huppée – se mirer – entortille – l'aire.***
- **Distinguer** les paroles prononcées par Frédéric.
- **Trouver** à quoi renvoient les mots soulignés.
- **Lire la fin du texte** aux élèves. *(Elle se trouve à la fin de la période)*.

JOUR 1 > Transposition du texte

- **Indiquer** les temps employés dans le texte. Relever la phrase au futur.
- Les CE2-CM1 **Transposent** en autonomie au passé le texte ci-dessous. Bien transposer à l'oral avant de faire écrire les changements. Insister sur les verbes à l'imparfait.
On peut donner aux élèves de CE2 un document où les verbes avec leur sujet sont surlignés.

Frédéric vole vers les poules. Il saute dans les champs derrière une poule et il arrive au fossé du Puits à roue !
Il entortille un jonc à sa main, il avance l'autre main pour atteindre les fleurs de glais... Ah ! malheur, le jonc casse, il glisse et au milieu du fossé, il plonge la tête première. Il crie comme un perdu.

Frédéric vole vers les poules. Il saute dans les champs derrière une poule et il arrive au fossé du Puits à roue !
Il entortille un jonc à sa main, il avance l'autre main pour atteindre les fleurs de glais... Ah ! malheur, le jonc casse, il glisse et au milieu du fossé, il plonge la tête première. Il crie comme un perdu. Sa mère arrive. Une fois encore, elle gronde Frédéric.

- Avec les CM, **transposer** le texte *Les fleurs de glais* du présent au passé simple/imparfait à l'oral. Puis le redire au passé en parlant de ***Frédéric et son frère.*** Faire écrire les changements.
- **Poursuivre** le relevé de ***et, son, à*** et expliciter leur rôle.

Collecte

Passé 5

Frédéric et son frère volèrent vers les poules.

Ils sautèrent à travers champs.
Ils essayèrent d'atteindre les fleurs de glais.
Ils plongèrent la tête première.
Ils crièrent comme des perdus.

Passé 6

Ils dirent…

Exercice

Transposer. en remplaçant *le garçon* par *les garçons.*

Le garçon courut après les poules, sauta dans le pré. Il arriva près du fossé. Il voulut se pencher doucement mais il glissa et tomba la tête la première dans l'eau. Il essaya de remonter mais il ne put pas, il cria de toutes ses forces.

Texte transposé

Les fleurs de glais

Plein de zèle, Frédéric et son frère volèrent vers les poules qui rôdaient par les chaumes, becquetant les épis laissés par le râteau. Mais voici qu'une poulette huppée pourchassa une sauterelle, une de celles qui avait les ailes rouges et bleues... Et toutes deux, avec lui après, qui voulait voir la sauterelle, sautèrent à travers champs, si bien qu'ils arrivèrent au fossé du Puits à roue ! Et voilà encore les fleurs d'or qui se miraient dans le ruisseau et qui réveillaient leur envie, mais une envie passionnée, délirante, excessive, à leur faire oublier leurs deux plongeons dans le fossé :
– Oh ! mais, cette fois, dirent-ils, nous ne tomberons pas !
Et, descendant le talus, ils entortillèrent à leur main un jonc qui poussait là ; et se penchant sur l'eau avec prudence, ils essayèrent d'atteindre de l'autre main les fleurs de glais... Ah ! malheur, le jonc cassa et ils plongèrent la tête première au milieu du fossé. Ils crièrent comme des perdus, tous les gens de l'aire accoururent.

JOUR 2 > Activités sur les phrases (CE2/CM1) Structuration : le passé simple des verbes en *-er* + exercices (CM2)

Exercices à réaliser en autonomie par les CE2 - CM1.

- **Reconstitue** une phrase.
  appelle – tombe – plusieurs fois dans la journée – au secours – Frédéric – dans le fossé – et
- **Souligne** le verbe, donne son infinitif, entoure le sujet et le groupe déplaçable et supprimable (le complément de phrase).
  Après la moisson, les hommes battent le blé.
  Pendant ce temps, Frédéric garde les poules.
  Il cueille une belle fleur de glais avec une main.
  Le petit garçon plonge dans le fossé plein d'eau la tête la première.
  Récris chaque phrase en changeant le groupe déplaçable et supprimable (le complément de phrase) de place.
  Indique la nature des sujets.

Structuration : le passé simple des verbes du 1er groupe et du verbe *aller.*

Il s'agit de mettre en évidence les terminaisons des verbes du 1er groupe au passé simple à la 3e personne.

- **Lire** les phrases collectées sur la page *Passé 4.*
- **Souligner** les verbes et donner leur infinitif. Constater qu'il s'agit des verbes en ***-er*** et du verbe ***aller.***
- **Entourer** la terminaison à la 3e personne du singulier : ***-a .***
- **Remarquer** le **ç** à la fin du radical du verbe ***commencer*** et le ***e*** à la fin du radical du verbe ***manger.***
- **Entourer** la terminaison à la 3e personne du pluriel : ***-èrent.***
- **Faire écrire :** *il distingue – il distingua.* Constater comme pour le présent la présence du ***u*** à la fin du radical alors que devant un ***a*** il n'est pas utile.
- **Compléter la conjugaison des verbes suivants :**

rester	manger	commencer	distinguer	aller
il/elle/on	il/elle/on	il/elle/on	il/elle/on	il/elle/on ....
ils/elles	ils/elles	ils/elles	ils/elles	ils/elles ....

- **Compléter la conjugaison des verbes suivants**

acheter	jeter	peler	appeler
il/elle/on achet	il/elle/on jet	il/elle/on pel	il/elle/on appel ....
ils/elles achet	ils/elles jet	ils/elles pel	ils/elles appel ....
employer	**essayer**	**essuyer**	
il/elle/on employ	il/elle/on essay	il/elle/on essu	
ils/elles employ	ils/elles essay	ils/elles essu	

- **Garder sur le cahier,** les tableaux de conjugaison.

Exercices

1. Recopier les phrases qui contiennent un verbe au passé simple ; souligner ces verbes.

Le linge séchait sur des fils.
L'orage gronda tous les soirs.
Tu iras à la pêche.
Vous avez récité un poème.
L'avion décolla à l'heure.
Vous aimez jouer avec votre console.
Les renards regagnèrent leur terrier au lever du jour.

2. Récrire cette phrase au passé simple à la 3e personne du singulier et du pluriel.

Elle frappe, entre et va jusqu'à sa place.

3. Récrire chaque phrase au passé simple avec le pronom proposé.

Ils plongèrent aussitôt. / Il …
Elles tracèrent une marelle. / Il …
Elle alla jusqu'au sommet. / Elles …
Il navigua longtemps. / Ils …
Il appela au secours. / Ils …
Ils essuyèrent leurs pieds. / Elle …

4. Récrire chaque phrase au passé simple.

L'ogre renifle la chair fraiche.
Les voyageurs quittent le navire.
Maman prépare une salade de fruits.
Elles referment le livre.
Le jeune garçon téléphone à ses parents.
Les enfants vont se cacher dans le grenier.
Il achète le pain, il paye et il rentre chez lui.

5. Recopier chaque phrase en conjuguant le verbe au passé simple.

Il ***(trouver)*** ses clés après plusieurs minutes de recherche.
Elles ***(avancer)*** sans bruit.
On ***(explorer)*** la grotte.
Elle ***(observer)*** le ciel.
Ils ***(aller)*** à la bibliothèque.
Il ***(marquer)*** un but.
Elle ***(distinguer)*** une lueur.
Il ***(envoyer)*** plusieurs lettres.
Elles ***(appeler)*** de toutes leurs forces.

JOUR 3 > Activités sur les groupes nominaux (CE2/CM1) Structuration : le passé simple des autres verbes au programme + exercices (CM2)

Exercices à réaliser en autonomie par les CE2 - CM1.

- Dans ces groupes nominaux, **écrire** D sous le déterminant, N sous l'adjectif et N sous le nom :
  un pont étroit – des pommes mures – une moto rouge – des trains électriques – les baguettes croustillantes – un chevreuil craintif – des clients charmants – la pluie abondante – des problèmes longs et difficiles – une expérience prodigieuse – des aventures extraordinaires
- **Les classer** en genre et en nombre.
- **Récrire** chaque groupe nominal en en changeant le nombre.

Structuration : le passé simple des verbes au programme et exercices.

Il s'agit de savoir que les terminaisons des autres verbes du programme *(être – avoir – faire – dire – prendre – vouloir – devoir – pouvoir – venir – voir)* au passé simple sont ***-t*** à la 3e personne du singulier, ***-rent*** à la 3e personne du pluriel et que le radical du verbe se termine par ***-u, -i ou -in.***

- **Lire** les phrases collectées sur la page *Passé 5.*
- **Indiquer** les terminaisons : à la 3e personne du singulier : ***-t,*** à la 3e personne du pluriel : ***-rent.***

- **Compléter** la conjugaison des verbes du tableau suivant :

finir	devoir	voir	prendre
il/elle/on .... ils/elles	il/elle/on .... ils/elles	il/elle/on .... ils/elles	il/elle/on .... ils/elles ....
faire	**dire**	**vouloir**	**pouvoir**
il/elle/on .... ils/elles	il/elle/on .... ils/elles	il/elle/on .... ils/elles	il/elle/on .... ils/elles ....
venir	**être**	**avoir**	
il/elle/on .... ils/elles	il/elle/on .... ils/elles	il/elle/on .... ils/elles	

- **Remarquer** que la conjugaison au passé simple des verbes ***finir*** et ***dire*** à la 3e personne du singulier est identique à celle du présent de l'indicatif.

- **Faire constater** que le radical de ces verbes se terminent par ***-i, -u*** ou ***-in.*** Les élèves de CM2 peuvent chercher d'autres verbes dont le radical se termine au passé simple par ***-i*** *(gravir – agir – sourire – mentir – partir – écrire – entendre – etc.)* par ***-u*** *(lire – boire – apercevoir – etc)* par ***-in*** *(tenir – retenir – etc.)*.

- **Comme trace écrite, garder** la conjugaison des verbes *avoir – être – pouvoir – vouloir – faire – dire – prendre – voir – venir – devoir* qu'il faut mémoriser.

Exercices (au choix)

1. Recopier les verbes avec leur sujet dans un tableau comme celui-ci.

radical terminé par *-i*	radical terminé par *-u*	radical terminé par *-in*

Le spectacle fut magnifique.
Les enfants applaudirent le magicien.
Elle eut du mal à se lever.
Ils prirent une douche très chaude.
Les élèves furent attentifs.
L'infirmière vint tous les jours.
Ils envahirent la Gaule.
Elles virent plusieurs étoiles filantes.
Ils parvinrent au sommet.

2. Recopier les phrases avec les pronoms proposés.

Vous avez vu l'avion dans le ciel ? / Tu…
Ils prirent la poudre d'escampette. / Elle…
Ils durent agir avec rapidité. / Elle…
Elles firent une surprise à leurs parents. /Il…
Elle voulut aller trop vite. / Elles…
Ils purent venir à ma rencontre. / Elle…
Elle dit des paroles gentilles aux invités. / Ils…
Ils eurent beaucoup de peine. / Il…
Il entendit du bruit. / Ils…
Il repartit tard. / Ils…

3. Recopier les phrases en conjuguant les verbes au passé simple.

Le jeune chien veut jouer.
Elle comprend le problème immédiatement.
Elle refait la même erreur.
Il a de la chance !
Tom est le dernier de la course.
Ils bâtissent un immeuble.
Elle boit du jus d'orange.
Ils courent vers leur mère.

4. Récrire chaque phrase en conjuguant le verbe au passé simple.

Elle ***(pouvoir)*** *jouer à la marelle.*
Les deux garçons ***(faire)*** un tour de manège.
On ***(prendre)*** un bon bol d'air.
Les fillettes ***(vouloir)*** regarder un dessin animé.
Ils ***(dire)*** la vérité, pour une fois !
Le sanglier ***(voir)*** le chasseur.

5. Transposer le texte au passé simple. Attention ! Les verbes soulignés sont à écrire à l'imparfait.

Après quelques hésitations, au bord d'un champ, elle prend le chemin de la source. Elle ne regarde ni à droite ni à gauche. Elle entre dans le bois et elle arrive à la source. Elle plonge son seau dans l'eau. Elle saisit l'anse à deux mains. Elle a de la peine à soulever le seau. Elle repart vers le village. Elle fait plusieurs pas, mais le seau est très lourd, alors elle le pose à nouveau. Elle respire un moment puis elle repart. Elle marche, la tête baissée, comme une vieille.

JOUR 4 > Vocabulaire et production écrite

Vocabulaire

- **Chercher** *zèle* dans le dictionnaire. Relever les synonymes et les contraires.
- **Chercher** le mot *voler* dans le dictionnaire. Constater qu'il y a deux mots différents. Ce sont des homonymes qui s'écrivent de la même façon. Relever les synonymes de chaque mot et faire indiquer dans quel sens voler est employé dans le texte.
Il existe d'autres mots qui se prononcent et s'écrivent de la même façon, trouver leur sens :
vase et vase – poêle et poêle – pêche et pêche – *cousin et cousin – son et son – page et page – bar et bar – livre et livre.*
Les élèves peuvent aussi feuilleter le dictionnaire pour en trouver d'autres.

Production écrite

- **Demander aux élèves de raconter** une situation semblable à celle de ***Frédéric*** qu'ils ont vécue ou d'en imaginer une : avoir très envie de quelque chose, essayer de l'obtenir, réessayer plusieurs fois mais ne pas y parvenir.
- **Rechercher** des idées, en choisir une et la développer.
- **Écrire au tableau** les mots dont les élèves peuvent avoir besoin. Commencer en dictée à l'adulte puis laisser les élèves écrire en autonomie deux (CE2) ou 3 phrases (CM).
Faire relire les productions en vérifiant la ponctuation, les terminaisons des verbes et les accords dans le groupe nominal.

COLLECTE de la semaine 1

- Frédéric et son frère volèrent vers les poules.
- Ils sautèrent à travers champs.
- Ils essayèrent d'atteindre les fleurs de glais.
- Ils plongèrent la tête première.
- Ils crièrent comme des perdus.

- Ils dirent…

Semaine 2 Les voyages de Gulliver (1)

Autour d'un règlement extrait d'un roman

Les droits de Gulliver, l'homme montagne

Après un naufrage en mer, Gulliver est sur l'île de Lilliput. Tout est minuscule, les habitants, les Lilliputiens mesurent 15 cm environ. Sa très Haute Majesté propose un règlement à Gulliver pour lui faciliter la vie.

I. L'homme montagne obéit à nos ordres. Il ne quitte pas notre Empire sans notre permission.
II. Il ne vient dans notre capitale qu'avec notre permission. Deux heures avant, il avertit les habitants pour qu'ils s'enferment chez eux.
III. L'homme montagne peut circuler dans nos principaux grands chemins. Il ne va ni dans un pré ni dans un champ de blé.
IV. En se promenant, il pense à nos fidèles sujets, à leurs chevaux ou voitures, il ne les écrase pas ; quand il voit un de nos sujets, il ne le prend pas dans ses mains.
V. Quand un de nos messagers a une course extraordinaire à faire, l'homme montagne le transporte dans sa poche.
VI. L'homme montagne aide à la construction de nos bâtiments impériaux. Il soulève certaines grosses pierres. Il mesure aussi le contour de notre Empire. Pour cela, il longe toute la côte de l'île et il compte ses pas.
VII. Il est notre allié contre nos ennemis de l'île de Blefuscu, et il fait tout son possible pour les empêcher d'envahir nos terres.
VIII. L'homme montagne a une provision journalière de viande et de boisson suffisante à la nourriture de dix-huit cent soixante-quatorze de nos Sujets, avec un accès libre auprès de notre personne impériale, et autres marques de notre faveur.
« Donné en notre palais, à Belsaborac, le douzième jour de la quatre-vingt-onzième lune de notre règne. »

Après bien des aventures, Gulliver réussit à rentrer en Angleterre.

D'après *Les voyages de Gulliver* de Jonathan Swift

Lecture compréhension du texte

- **Observer** des illustrations de l'ouvrage ***Le voyage de Gulliver.***
  http://www.1st-art-gallery.com/thumbnail/368897/1/Gulliver-In-Lilliput.jpg
  http://www.childrensillustrators.com/portfolioIllustrations/55745.jpg
  Où se trouve Gulliver ? Pourquoi est-il appelé l'homme montagne ? Combien le règlement a-t-il d'articles ? Quand et pourquoi les habitants devront-ils s'enfermer chez eux ? Pourquoi Gulliver n'a-t-il pas le droit d'aller dans un pré ou dans un champ ? Quel service rendra Gulliver aux courriers ? Quels travaux devra-t-il faire ? Où habitent les ennemis des Lilliputiens ? Quelle quantité de nourriture recevra-t-il ? Comment s'appelle la capitale de Lilliput ?
- **Expliquer** : *sujets – messagers – impériaux – le contour – longe – allié – provision – un accès libre auprès de notre personne impériale.*
- **Trouver** à quoi renvoient les mots soulignés. Faire indiquer si ces mots soulignés sont des pronoms ou des groupes nominaux.
- **Relever** les mots ou groupes de mots qui donnent des indications de temps, de lieu.

CE2 · CM1 · CE2 / CM1 · CM2 · CM1 / CM2 · CE2 / CM1 / CM2

JOUR 1 > Transposition du texte

- **Trouver** à quel temps le règlement est écrit.
- **Transposer** le texte au futur. Faire constater que la terminaison est toujours la même : ***-ra.*** Faire remarquer que pour les verbes en ***-er***, le radical se termine par un ***e*** que l'on ne prononce pas toujours : ***quittera – marchera – veillera – transportera – aidera – etc.***
  Les CE2 recopient les deux premiers articles au futur, ils entourent les verbes et écrivent leur infinitif.
  Poursuivre avec les CM.
- **Poursuivre** le relevé de ***et, son, à*** et expliciter leur rôle.

Collecte

Futur 1

Il ne quittera pas notre Empire sans notre permission.
Il pensera à nos fidèles sujets.
L'homme montagne aidera à la construction de nos bâtiments impériaux.

Futur 2

L'homme montagne obéira à nos ordres.
Il ne viendra dans notre capitale qu'avec notre permission.
Deux heures avant, il avertira les habitants.
Il n'ira ni dans un pré ni dans un champ de blé.
L'homme montagne pourra circuler dans nos principaux grands chemins.
Il verra un de nos sujets.
Il ne le prendra pas dans ses mains.
Un de nos messagers aura une course extraordinaire à faire.

Exercice

Écrire au futur.

L'homme montagne a le droit de se promener. Il voit des Lilliputiens mais il ne les prend pas dans ses mains. Quand il vient dans la capitale pour voir l'Empereur, il avertit les habitants. Il visite l'ile de Lilliput et il peut entrer dans sa capitale. Il va partout sauf dans les prés et les champs. Il empêche les ennemis de l'Empereur d'envahir le pays. Gulliver fait des travaux de constructions pour l'Empereur.

Texte transposé

Les droits de Gulliver, l'homme montagne

I. L'homme montagne obéira à nos ordres. Il ne quittera pas notre Empire sans notre permission.
II. Il ne viendra dans notre capitale qu'avec notre permission. Deux heures avant, il avertira les habitants pour qu'ils s'enferment chez eux.
III. L'homme montagne pourra circuler dans nos principaux grands chemins. Il n'ira ni dans un pré ni dans un champ de blé.
IV. En se promenant, il pensera à nos fidèles sujets, à leurs chevaux ou voitures, il ne les écrasera pas ; quand il verra un de nos sujets, il ne le prendra pas dans ses mains.
V. Quand un de nos messagers aura une course extraordinaire à faire, l'homme montagne le transportera dans sa poche.
VI. L'homme montagne aidera à la construction de nos bâtiments impériaux. Il soulèvera certaines grosses pierres. Il mesurera aussi le contour de notre Empire. Pour cela, il longera toute la côte de l'ile et il comptera ses pas.
VII. Il sera notre allié contre nos ennemis de l'île de Blefuscu, et il fera tout son possible pour les empêcher d'envahir nos terres.

• • •

• • •

VIII. L'homme montagne aura une provision journalière de viande et de boisson suffisante à la nourriture de dix-huit cent soixante-quatorze de nos Sujets, avec un accès libre auprès de notre personne impériale, et autres marques de notre faveur.
« Donné en notre palais, à Belsaborac, le douzième jour de la quatre-vingt-onzième lune de notre règne. »

Après bien des aventures, Gulliver réussira à rentrer en Angleterre.

JOUR 2 > Activités sur les phrases

- **Compter** le nombre de phrase dans chaque article du règlement.
- **Lire** les phrases négatives. Nommer les mots négatifs. Récrire à la forme négative les phrases suivantes :
  L'homme montagne obéira encore à nos ordres. Il avertira toujours les habitants.
  Les CM lisent la phrase : ***Il n'ira ni dans un pré ni dans un champ de blé.*** La transformer à la forme affirmative.
  Transformer à l'oral à la forme négative, les phrases affirmatives suivantes : ***Elle met une veste en laine ou un anorak. Il a une console et un téléphone.***
- Dans chaque phrase, **entourer** le sujet, le prédicat et quand il y en a les groupes supprimables et déplaçables (les compléments de phrase) et les attributs, souligner le verbe, donner son infinitif. Indiquer si les sujets sont des pronoms ou des groupes nominaux.
  Deux heures avant, l'homme montagne avertira les habitants.
  Lors de ses promenades, Gulliver suivra les chemins.
  L'homme montagne obéira à l'Empereur.
  Pour mesurer l'ile, Gulliver comptera ses pas.
  Sa très Haute Majesté propose un règlement à Gulliver pour lui faciliter la vie.
  Gulliver est sur l'ile de Lilliput.
  Il sera notre allié.
  Avec notre permission, il viendra dans la capitale.
  Après bien des aventures, Gulliver rentre en Angleterre.
  Constater que dans le groupe verbal, il y a un groupe qui ne peut être ni supprimé ni déplacé en début de phrase :
  les habitants – les chemins – à l'Empereur – ses pas – sur l'ile de Lilliput – dans la capitale – un règlement – à Gulliver – en Angleterre. Pronominaliser ce groupe dans les cinq premières phrases avec ***les, lui, lui, le.***

Collecte

Groupes verbaux 2

Deux heures avant, il avertira les habitants. / Deux heures avant, il les avertira.
Lors de ses promenades, Gulliver suivra les chemins. / Lors de ses promenades, Gulliver les suivra.
L'homme montagne obéira à l'Empereur. / L'homme montagne lui obéira.
Pour mesurer l'ile, Gulliver comptera ses pas. / Pour mesurer l'ile, Gulliver les comptera.
Sa très Haute Majesté propose un règlement à Gulliver. / Sa très Haute Majesté lui propose un règlement. / Sa très Haute Majesté le propose à Gulliver. / Sa très Haute Majesté le lui propose.

Exercices

Souligner le verbe, donner son infinitif, entourer le sujet et le groupe déplaçable et supprimable (complément de phrase) et l'attribut quand il y en a. Récrire la phrase en changeant ce groupe déplaçable et supprimable de place. Indiquer la nature des sujets, des compléments de phrase (adverbe, groupe nominal avec préposition) de l'attribut (adjectif ou groupe nominal).

Lors d'un autre voyage, Gulliver explore le pays des Géants.
Il vit avec les Géants pendant deux ans.
Des guêpes géantes attaquent Gulliver férocement au cours d'un repas.

CE2 CM1 CE2/CM1 CM2 CM1/CM2 CE2/CM1/CM2

Souvent, le roi des Géants critique l'Angleterre.
Chez les Géants, Gulliver devient le favori de la reine.

Les CM indiquent la nature des sujets, des compléments de phrase : groupe nominal, nom propre, pronom, groupe nominal précédé d'une préposition, adjectif, adverbe.

Souligner les verbes conjugués dans la phrase suivante :
Pour cela, il longera toute la côte de l'ile et il comptera ses pas.

JOUR 3 > Activités en autonomie (CE2) Structuration : le complément du nom (CM)

- **Classer** les groupes nominaux dans la case qui convient :
  notre Empire – nos principaux grands chemins – un champ de blé – nos fidèles sujets – ses mains – une course extraordinaire – la construction de nos bâtiments – sa poche – certaines grosses pierres – la côte de l'ile
  Faire souligner les noms.

GN simple avec nom propre	GN simple avec nom commun	GN avec adjectif	GN avec complément du nom

- **Remplacer** l'adjectif par un complément du nom de même sens :
  la provision journalière – les bâtiments impériaux
- **Relever** dans le texte, des mots de classes grammaticales différentes : déterminant, nom, adjectif, verbe, pronom.

Exercices

Classer les groupes nominaux suivant leur genre et leur nombre.

nos principaux grands chemins – nos ordres – notre Empire – notre capitale – un champ – nos fidèles sujets – leurs chevaux – ses mains – nos messagers – nos bâtiments impériaux – certaines grosses pierres – nos terres – notre palais – notre personne impériale – une provision journalière – un accès libre

	masculin	féminin
singulier		
pluriel		

Récrire les groupes nominaux en en changeant le nombre.

Ajouter un adjectif ou un complément du nom à chaque groupe nominal :
un cheval – les habitants – la capitale – l'aventure

JOUR 4 > Vocabulaire et production écrite

Vocabulaire

- **Rechercher** les contraires des mots suivants :
  obéir – permission – fidèle – honnête
  Montrer que deux mots contraires sont de même nature et que certains contraires sont formés avec des préfixes et d'autres non.
- Dans le dictionnaire, **retrouver** des mots commençant par ***-in, -il, -mal*** et trouver leur contraire.
- **Trouver** le contraire des noms suivants : ***le début – le silence – la vérité*** ; des adjectifs : ***innocent – absent – sauvage*** ; des verbes ***accepter – détester – finir.***

Production écrite

- **Demander aux élèves de raconter** une situation semblable à celle de ***Frédéric*** qu'ils ont vécue ou d'en imaginer une : avoir très envie de quelque chose, essayer de l'obtenir, réessayer plusieurs fois mais ne pas y parvenir.
- **Rechercher** des idées, en choisir une et la développer.
- **Écrire au tableau** les mots dont les élèves peuvent avoir besoin. Commencer en dictée à l'adulte puis laisser les élèves écrire en autonomie deux (CE2) ou 3 phrases (CM).
  Faire relire les productions en vérifiant la ponctuation, les terminaisons des verbes et les accords dans le groupe nominal.

COLLECTE de la semaine 2

- Il ne quittera pas notre Empire sans notre permission.
- Il pensera à nos fidèles sujets.
- L'homme montagne aidera à la construction de nos bâtiments impériaux.

- L'homme montagne obéira à nos ordres.
- Il ne viendra dans notre capitale qu'avec notre permission.
- Deux heures avant, il avertira les habitants.
- L'homme montagne pourra circuler dans nos principaux grands chemins.
- Il verra un de nos sujets.
- Il ne le prendra pas dans ses mains.
- Un de nos messagers aura une course extraordinaire à faire.

- Deux heures avant, il avertira les habitants. / Deux heures avant, il les avertira.
- Lors de ses promenades, Gulliver suivra les chemins. / Lors de ses promenades, Gulliver les suivra.
- L'homme montagne obéira à l'Empereur. / L'homme montagne lui obéira.
- Pour mesurer l'ile, Gulliver comptera ses pas. / Pour mesurer l'ile, Gulliver les comptera.
- Sa très Haute Majesté propose un règlement à Gulliver. / Sa très Haute Majesté lui propose un règlement. / Sa très Haute Majesté le propose à Gulliver. / Sa très Haute Majesté le lui propose.

CE2 CM1 CE2/CM1 CM2 CM1/CM2 CE2/CM1/CM2

Semaine 3 Les voyages de Gulliver (2)

Autour d'un règlement extrait d'un roman

Les droits de Gulliver, l'homme montagne

I. L'homme montagne obéira à nos ordres. Il ne quittera pas notre Empire sans notre permission.
II. Il ne viendra dans notre capitale qu'avec notre permission. Deux heures avant, il avertira les habitants pour qu'ils s'enferment chez eux.
III. L'homme montagne pourra circuler dans nos principaux grands chemins. Il n'ira ni dans un pré ni dans un champ de blé.
IV. En se promenant, il pensera à nos fidèles sujets, à leurs chevaux ou voitures, il ne les écrasera pas ; quand il verra un de nos sujets, il ne le prendra pas dans ses mains.
V. Quand un de nos messagers aura une course extraordinaire à faire, l'homme montagne le transportera dans sa poche.
VI. L'homme montagne aidera à la construction de nos bâtiments impériaux. Il soulèvera certaines grosses pierres. Il mesurera aussi le contour de notre Empire. Pour cela, il longera toute la côte de l'ile et il comptera ses pas.
VII. Il sera notre allié contre nos ennemis de l'île de Blefuscu, et il fera tout son possible pour les empêcher d'envahir nos terres.
VIII. L'homme montagne aura une provision journalière de viande et de boisson suffisante à la nourriture de dix-huit cent soixante-quatorze de nos Sujets, avec un accès libre auprès de notre personne impériale, et autres marques de notre faveur.
« Donné en notre palais, à Belsaborac, le douzième jour de la quatre-vingt-onzième lune de notre règne. »

Après bien des aventures, Gulliver réussira à rentrer en Angleterre.

JOUR 1 > Transposition du texte

- **Transposer** au futur le texte *Les droits de Gulliver, l'homme montagne* en parlant des droits de *Gulliver et Samuel, les hommes montagnes.*
- **Faire constater** que la terminaison est toujours la même : ***-ront.*** Faire remarquer que pour les verbes du premier groupe, le radical se termine par un ***e*** que l'on ne prononce pas toujours : *quitteront – marcheront – veilleront – transporteront – aideront.* Constater les changements au niveau des déterminants possessifs : ***son, sa*** > ***leur*** – ***ses*** > ***leurs.***

  Les CE2 recopient les deux premiers articles à la 3e personne du pluriel du futur, ils entourent les verbes et écrivent leur infinitif.

  Poursuivre avec les CM.

Collecte

Futur 1

Ils penseront à nos fidèles sujets.
Les hommes montagnes aideront à la construction de nos bâtiments impériaux.
Ils ne quitteront pas notre Empire sans notre permission.

Futur 2

Ils ne viendront dans notre capitale qu'avec notre permission.
Les hommes montagnes pourront circuler dans nos principaux grands chemins.
Ils verront un de nos sujets.
Ils ne le prendront pas dans leurs mains.
Nos messagers auront une course extraordinaire à faire.
Deux heures avant, ils avertiront les habitants.
Les hommes montagnes obéiront à nos ordres.

Exercice

Écrire à la 3e personne du pluriel.

L'homme montagne aura le droit de se promener. Il verra des Lilliputiens mais il ne les prendra pas dans ses mains. Quand il viendra dans la capitale pour voir l'Empereur, il avertira les habitants. Il visitera l'île de Lilliput et il pourra entrer dans sa capitale. Il empêchera les ennemis de l'Empereur d'envahir le pays. Gulliver fera des travaux de constructions pour l'Empereur.

Texte transposé

Les droits de Gulliver et Samuel, les hommes montagnes

I. Les deux hommes montagnes obéiront à nos ordres. Ils ne quitteront pas notre Empire sans notre permission.
II. Ils ne viendront dans notre capitale qu'avec notre permission. Deux heures avant, ils avertiront les habitants pour qu'ils s'enferment chez eux.
III. Les hommes montagnes pourront circuler dans nos principaux grands chemins. Ils n'iront ni dans un pré ni dans un champ de blé.
IV. En se promenant, ils penseront à nos fidèles sujets, à leurs chevaux ou voitures, ils ne les écraseront pas ; quand ils verront nos sujets, ils ne les prendront pas dans leurs mains.
V. Quand nos messagers auront une course extraordinaire à faire, les hommes montagnes les transporteront dans leur poche.
VI. Les hommes montagnes aideront à la construction de nos bâtiments impériaux. Ils soulèveront certaines grosses pierres. Ils mesureront aussi le contour de notre Empire. Pour cela, ils longeront toute la côte de l'ile et ils compteront leurs pas.
VII. Ils seront nos alliés contre nos ennemis de l'île de Blefuscu, et ils feront tout leur possible pour les empêcher d'envahir nos terres.
VIII. Les hommes montagnes auront une provision journalière de viande et de boisson suffisante à la nourriture de dix-huit cent soixante-quatorze de nos Sujets, avec un accès libre auprès de notre personne impériale, et autres marques de notre faveur.
« Donné en notre palais, à Belsaborac, le douzième jour de la quatre-vingt-onzième lune de notre règne.»

Après bien des aventures, Gulliver et Samuel réussiront à rentrer en Angleterre.

JOUR 2 > Transposition au futur (CE2/CM1) Structuration : les compléments du verbe (CM2)

Donner le texte suivant aux élèves et leur demander de récrire les verbes avec leur sujet à la troisième personne du singulier. Leur préciser de ne pas oublier le ***-e*** à la fin du radical des verbes.

Transposition

La réalisation d'une mini station d'épuration

Dans la classe, les élèves fabriqueront une mini-station d'épuration.
1. Ils découperont quatre grandes bouteilles en plastique.
Puis, ils perceront trois trous dans le fond de trois bouteilles.
2. Dans la bouteille A, ils déposeront une grille.
3. Dans la bouteille B, ils placeront une couche de gravier.
4. Dans la bouteille C, ils verseront du sable. Dessus, ils étaleront du charbon de bois.
5. Dans la bouteille D, il n'y aura rien.
Pour terminer, ils emboiteront les quatre bouteilles l'une dans l'autre.

Structuration : les compléments du verbe

Il s'agit de montrer que :

- dans le groupe verbal prédicat, le verbe est généralement accompagné d'un ou plusieurs compléments qui ne peuvent pas être déplacés ni supprimés, les compléments du verbe ;
- ils apportent un complément de sens essentiel, ils ne peuvent pas être déplacés ;
- ils peuvent être pronominalisés avec ***le, la, les, l', lui, leur*** ;
- ils sont rattachés directement ou indirectement au verbe.

Ce sont des COD, COI, COS mais les élèves n'ont plus à les nommer ainsi.

Attention, il ne faut pas confondre complément du verbe et attribut. Dans le groupe verbal, derrière des verbes d'état, comme *être, paraitre, sembler, rester…,* il n' y a pas de complément mais un attribut apportant des précisions sur le sujet.

- **Lire** les phrases collectées dans le cahier à la page *Groupe verbal 2.*
- **Entourer** dans le groupe verbal de chaque phrase, les compléments du verbe : ces groupes nominaux qui ne peuvent être ni supprimés ni déplacés en début de phrase. Faire indiquer quelle information manque si on supprime le complément du verbe.
  Entourer le pronom qui remplace le groupe nominal complément du verbe. Préciser que outre le non-déplacement et la suppression, la pronominalisation est un moyen d'identifier le complément du verbe.
- **Remarquer** qu'un petit mot (la préposition ***à***) peut séparer le verbe du complément du verbe.
- **Constater** que dans certains groupes verbaux, il y a deux compléments du verbe. La pronominalisation aide à les identifier.
  Faire pronominaliser à l'oral les compléments du verbe des phrases suivantes :
  Marie parle à Tom. / Marie lui parle.
  Marie parle à Tom et Léa. / Marie leur parle.
  Il prête son crayon à sa sœur / Il lui prête son crayon. / Il le prête à sa sœur. / Il le lui prête.
- **Trace écrite.**

Le complément du verbe

- Le **complément du verbe** fait partie du groupe verbal (surligné dans les exemples).
  Il ne peut être ni supprimé ni placé en début de phrase :
  Dans la bouteille A, ils déposent une grille.
- Le **complément du verbe** peut être remplacé par un **pronom personnel** : ***le, la, les, l', leur, lui***
  La fillette portait le sac avec le pique-nique. / La fillette le portait.
  Soudain, elles ont croisé un troupeau de vaches. / Soudain, elles l'ont croisé.
  Enfin, elle quitte la baraque. / Enfin elle la quitte.
  Poil de Carotte agite ses bras dans l'eau. / Poil de Carotte les agite.
  L'homme montagne obéira à l'Empereur. / L'homme montagne lui obéira.

Exercices

1. Récrire la phrase en remplaçant le complément du verbe encadré par le pronom *le, la les.*

Nous collons les feuilles sur un cahier. – En sortant, le garçon claque la porte. – L'homme mange le gâteau. – La grue soulève les pierres. – Les spectateurs regardent le nageur. – La maîtresse corrige mon cahier. – Il observe le chat aux poils noirs. – Tu ne range pas tes affaires.

2. Récrire la phrase en remplaçant le complément du verbe encadré par le pronom *lui* ou *leur.*

Vous téléphonez au médecin.
Tu ressemblais à ton grand-père.
J'écris à des amis.
Fatima parle à la maitresse.
L'enfant obéit à ses parents.

3. Recopier le prédicat de chaque phrase puis entourer le complément du verbe. Attention, ne pas le confondre avec un complément de phrase.

Dans le village, les touristes admirent le lavoir. – Vous écrivez un message. – Ce supermarché vend des ordinateurs. – J'ai oublié mes clés hier matin. – Le jardinier plante des salades dans son jardin. – Karim trace un trait sur sa feuille. – Elle dévale les escaliers. – Vous préparez le déjeuner tous les matins.

4. Compléter chaque phrase en ajoutant un complément du verbe.

Emma oublie ....
Je déguste ....
Tu ranges ....
Les chats guettent ....

5. Compléter chaque phrase en ajoutant un complément du verbe commençant par *à* ou *au* (remplace *à le*).

Vous répondrez .... plus tard.
Les clowns songent ....
Ces lions obéissent ....
Mon frère rêve ....
Tu écris ....

6. a. Dans chaque phrase, entourer le complément du verbe.

Vous regardez le sport à la télévision.
Autrefois, les rois portaient la perruque dès leur réveil.
Vous lisez ce livre attentivement.
Bientôt, Marie regagnera sa chambre.
Elle découvre plusieurs coquillages dans les rochers.

b. Recopier ensuite les phrases en pronominalisant le complément du verbe.

7. Recopier les phrases en remplaçant les pronoms encadrés par un groupe nominal complément du verbe.

Nous le prenons dans nos bras.
Les cyclistes la gravissent avec difficulté.
Tu la poses sur la table.
Son chat l'adore.
Les touristes les admirent.

8. Recopier seulement les phrases qui contiennent un complément du verbe. Puis entourer ce complément.

Ce coureur a remporté le Tour de France plusieurs fois.
Nous voyagerons pendant les vacances d'été.
Les pompiers sont courageux.
La nouvelle attraction attire les visiteurs.
Elle nage chaque matin.
L'artiste a réalisé une belle sculpture pour ce musée.

JOUR 3 > Exercices

Exercices sur la phrase négative.

Récrire ce texte en mettant toutes les phrases à la forme négative.

Le soir Mélanie discute encore avec sa mère. Elle lui parle des jeux avec ses camarades. Elle raconte toujours son travail à l'école. Elle écoute sa mère parler de son travail.

Exercices sur le passé composé ou le passé simple.

Récrire le texte en remplaçant *le randonneur* par *les randonneurs.*

Le randonneur passa la nuit dans un refuge. Tôt le matin, il prit son petit déjeuner et il admira le lever du soleil. Il marcha longtemps et arriva au sommet à midi. Il profita un peu du paysage puis voulut redescendre aussitôt.

Le randonneur a passé la nuit dans un refuge. Tôt le matin, il a pris son petit déjeuner et il a admiré le lever du soleil. Il a marché longtemps et il est arrivé au sommet à midi. Il a profité un peu du paysage puis il a voulu redescendre aussitôt.

JOUR 4 > Évaluation

Évaluation CE2

Il s'agit d'évaluer si les élèves savent :
- identifier une phrase négative ;
- transformer une phrase affirmative en phrase négative.

Évaluation CM2

Il s'agit d'évaluer si les élèves savent :
- identifier un verbe conjugué au passé simple ;
- conjuguer des verbes au passé simple ;
- écrire un texte au passé en utilisant le passé simple et l'imparfait.

Évaluation 9 / CE2

1. Recopie les phrases négatives du texte.

Aujourd'hui, Steve n'est pas de bonne humeur. Il vient d'apprendre qu'il va déménager. Il n'a pas envie de quitter son école. Il part à l'étranger avec ses parents. Il ne verra plus son meilleur copain Nico.

....

....

....

2. Écris chaque phrase à la forme négative.

Les fruits murissent en hiver. **>** ....

Karim oublie son livre. **>** ....

La bouteille d'eau est pleine. **>** ....

Tu vas à la piscine le dimanche. **>** ....

Elle roule toujours trop vite. **>**..

Vous avez encore faim. **>** ....

Elle a mangé quelque chose. **>** ....

Évaluation 10 / CM2

1. Recopie les phrases contenant un verbe conjugué au passé simple.

La conductrice n'a pas vu le cycliste. – L'alpiniste glissa dans une crevasse. – Ce jour-là, ils allèrent au cinéma. Autrefois, les films étaient en noir et blanc. – Cosette regarda la poupée avec émerveillement.

....

....

....

2. Conjugue les verbes au passé simple.

Il (prendre)......................... une lampe de poche et il (pénétrer) ....dans la grotte.
Les oiseaux (quitter) .... leur nid.
Elle ne (pouvoir) .... pas se relever, son père (devoir) .... l'aider.
Ses camarades (venir) .... à sa rencontre.
Les enfants (faire) .... un bonhomme de neige.

3. Transpose au passé en employant le passé simple. Un des verbes doit être conjugué à l'imparfait.

Ce matin le skieur arrive tôt sur les pistes. Il neige toujours. Il commence sa descente. Il négocie le dernier virage avec adresse et stoppe juste à la fin de la piste.

....

....

....

Récris ensuite le texte en parlant de deux skieurs.

....

....

....

COLLECTE de la semaine 3

- Ils penseront à nos fidèles sujets.
- Les hommes montagnes aideront à la construction de nos bâtiments impériaux.
- Ils ne quitteront pas notre Empire sans notre permission.

- Ils ne viendront dans notre capitale qu'avec notre permission.
- Les hommes montagnes pourront circuler dans nos principaux grands chemins.
- Ils verront un de nos sujets.
- Ils ne le prendront pas dans leurs mains.
- Nos messagers auront une course extraordinaire à faire.
- Les hommes montagnes obéiront à nos ordres.
- Deux heures avant, ils avertiront les habitants.

Semaine 4 La réalisation d'un chapeau chinois (1)

Autour d'une fiche de fabrication

Je fabrique un chapeau chinois

À l'école, nous faisons une fête qui a pour thème la Chine. Nous sommes déguisés en Chinois et nous dansons. Nous avons tous un chapeau. Ces chapeaux sont rouges avec une natte noire, mais on peut également confectionner des chapeaux jaunes, verts, bleus…

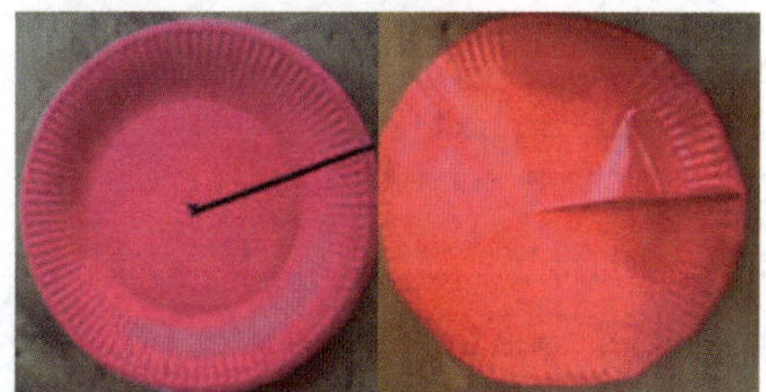

1. Je prends une assiette et au centre, je fais une croix au crayon. Avec la règle, je trace un trait, du centre au bord de l'assiette. Je découpe l'assiette le long du trait.

2. Je superpose la partie droite sur la partie gauche de l'assiette, puis j'agrafe les deux épaisseurs de carton.

3. Je lisse le papier métallisé avec les doigts pour enlever les plis. Je coupe des spirales ou des disques, dedans. Je les colle sur le chapeau.

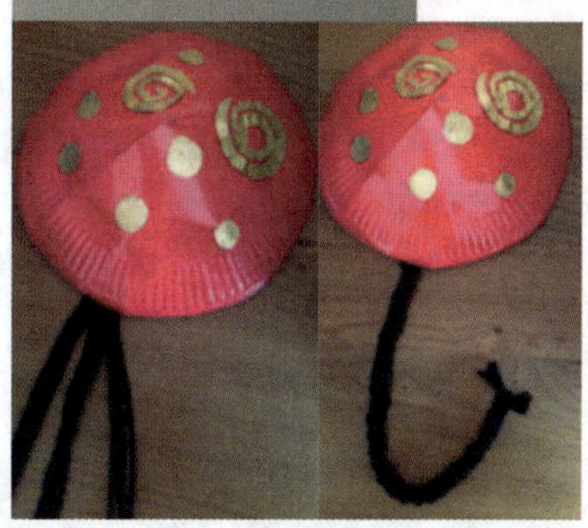

4. Je fixe les brins de laine au chapeau, je les tresse et je finis en nouant les brins ensemble. Puis, j'égalise avec les ciseaux.

5. Enfin, je coupe deux rubans de 30 cm et j'attache un ruban de chaque côté du chapeau.

Sur le chapeau, on peut créer d'autres motifs.

Lecture compréhension du texte

- **Faire expliciter** les différentes étapes de la fabrication en mettant en relation le texte et les dessins.
  Expliquer : *superpose – épaisseur – lisse – brin – égalise*
- **Distinguer** l'introduction du texte, le matériel et les étapes de la réalisation. Interpréter les points de suspension.
- **Relever** les mots ou groupes de mots qui donnent des indications de temps, d'espace, logiques.

JOUR 1 > Transposition du texte

- **Nommer** le temps employé dans le texte.
- **Transposer** le texte au futur.
Faire constater que la terminaison avec ***nous*** est ***-rons*** (à ne pas confondre avec celle de la 3e personne du pluriel ***-ront*** mais rappeler qu'avec ***nous*** quel que soit le temps, on a toujours ***-ons*** et qu'à la 3e personne du pluriel quel que soit le temps, il y a toujours un ***t***. Faire constater que la terminaison avec ***je*** est ***-rai***. Faire remarquer que pour les verbes du premier groupe, le radical se termine par un ***e*** que l'on ne prononce pas toujours.
Les CE2 recopient les deux premières phrases de l'introduction et l'étape 4 au futur. Ils soulignent les verbes et indiquent leur infinitif.
Poursuivre avec les CM.
- **Poursuivre** le relevé de ***et, son, à*** et expliciter leur rôle.

Collecte

Futur 1

Nous danserons.
Je tracerai un trait.
Je les collerai sur le chapeau.

Futur 2

À l'école, nous ferons une fête.
Nous serons déguisés en Chinois.
Nous aurons tous un chapeau.
Ces chapeaux seront rouges.
Mais on pourra également faire des chapeaux jaunes, verts, bleus…
Je prendrai une assiette.
Je ferai une croix au crayon.
Je finirai en nouant les brins ensemble.

Exercice

Transposer au futur.

En classe, nous faisons de la géométrie. Nous traçons des cercles. Le soir, je prends mon compas et je dessine des rosaces. Puis je les découpe et je les colle sur une feuille. Je colorie les rosaces de différentes couleurs et j'accroche la feuille dans ma chambre.

Texte transposé

Je fabriquerai un chapeau chinois

À l'école, nous ferons une fête qui aura pour thème la Chine. Nous serons déguisés en Chinois et nous danserons. Nous aurons tous un chapeau. Ces chapeaux seront rouges avec une natte noire, mais on pourra également confectionner des chapeaux jaunes, verts, bleus…

1. Je prendrai une assiette et au centre, je ferai une croix au crayon. Avec la règle, je tracerai un trait, du centre au bord de l'assiette. Je découperai l'assiette le long du trait.
2. Je superposerai la partie droite sur la partie gauche de l'assiette, puis j'agraferai les deux épaisseurs de carton.
3. Je lisserai le papier métallisé avec les doigts pour enlever les plis. Je couperai des spirales ou des disques, dedans. Je les collerai sur le chapeau.
4. Je fixerai les brins de laine au chapeau, je les tresserai et je finirai en nouant les brins ensemble. Puis, j'égaliserai avec les ciseaux.

5. Enfin, je couperai deux rubans de 30 cm et j'attacherai un ruban de chaque côté du chapeau.

Sur le chapeau, je pourrai créer d'autres motifs.

JOUR 2 > Activités sur les phrases

- **Compter** le nombre de phrases de chaque paragraphe.
- Dans les phrases suivantes, **entourer** le sujet, le prédicat, le groupe supprimable ou déplaçable s'il y en a (complément de phrase), souligner le verbe, donner son infinitif. Dans le groupe verbal, entourer l'attribut ou le complément du verbe (couleurs différentes).
  Je prends une assiette.
  Je lisse le papier or ou argent avec les doigts pour enlever les plis.
  Au centre, je fais une croix au crayon.
  À l'école, nous faisons une fête avec pour thème la Chine.
  Ces chapeaux sont rouges.
  Enfin, je coupe deux rubans de 30 cm.
  J'attache un ruban de chaque côté du chapeau.
  Les CE2 poursuivent en autonomie pendant que les CM travaillent sur les autres phrases.
  Je découpe l'assiette le long du trait.
  Je coupe des spirales ou des disques dedans.
  Récrire chaque phrase en déplaçant les compléments circonstanciels.
  Faire indiquer la nature des sujets, des compléments de phrases et de l'attribut.
  Récrire chaque phrase en remplaçant le complément du verbe par un pronom ***(le, la, les).***

Exercices

Souligner le verbe, indiquer son infinitif, entourer le sujet, le groupe déplaçable et supprimable (complément de phrase), l'attribut, le complément du verbe quand il y en a.

Tous les élèves auront un chapeau sur leur tête.
À la fête de l'école, nous chanterons plusieurs chansons anciennes.
Les chapeaux chinois seront multicolores.

Indiquer la nature des sujets.
Récrire les phrases en changeant les compléments de phrase de place.
Récrire les phrases en remplaçant le complément du verbe par un pronom.

JOUR 3 > Activités sur les groupes nominaux et sur les classes de mots (CM2)

- Dans la liste du matériel, **identifier** des noms, des adjectifs.
- **Ajouter** des adjectifs, des compléments du nom, aux groupes nominaux suivants :
  les brins – le chapeau – la règle – une assiette – les ciseaux
- **Relever** dans le texte des mots appartenant à des classes grammaticales différentes : *déterminant – nom – verbe – adjectif – pronom.*

Exercices

Classer les groupes nominaux suivant leur genre et leur nombre.

les plis – des disques – les doigts – un trait – la règle – ces chapeaux – une natte noire – le papier métallisé – des spirales

	masculin	féminin
singulier		
pluriel		

Récrire les groupes nominaux en en changeant le nombre.

JOUR 4 > Vocabulaire et production écrite

Vocabulaire

- **Faire classer** les noms avec leurs adjectifs dérivés suivant le suffixe utilisé :
  Chine / chinois – France / français – Mexique / mexicain – Luxembourg / luxembourgeois – Italie / italien – Amérique / américain - Suède / suédois – Irlande / irlandais – Paris / parisien – Hollande / hollandais – Norvège / norvégien – Afrique / africain.
- **Faire trouver** l'adjectif dérivé de chacun de ces noms : *Brésil – Japon – Algérie – Maroc – Tunisie – Berlin – Rome*.
- **Identifier** le préfixe utilisé dans les noms suivants et faire écrire l'adjectif de base : *épaisseur – noirceur – chaleur – grandeur – minceur – rougeur – douceur – pâleur – maigreur – blancheur – grosseur.*
- À partir des adjectifs suivants **faire trouver** le nom et entourer le préfixe utilisé : ***propre*** > ***propreté***
  sale – habile – honnête – facile – rapide – dur – obscur – utile
  faible – gentil – fin – mou – vieux

Production écrite

- **Écrire** une fiche de fabrication en utilisant le futur :
  Fabriquer un bilboquet
  Indiquer le matériel :
  un tube de papier toilette, de la ficelle, du papier journal, une grosse aiguille, de la peinture.
- **Décrire** oralement les différentes étapes, écrire les verbes à l'infinitif au tableau.
  prendre – percer un trou – enfiler – faire un nœud – froisser pour faire une boule – attacher – peindre le tube – essayer de poser la boule sur le tube
- **Relire** les phrases écrites en veillant aux accords.

COLLECTE de la semaine 4

- Nous danserons.
- Je tracerai un trait.
- Je les collerai sur le chapeau.

- À l'école, nous ferons une fête.
- Nous serons déguisés en Chinois.
- Nous aurons tous un chapeau.
- Ces chapeaux seront rouges.
- Mais on pourra également faire des chapeaux jaunes, verts, bleus…
- Je prendrai une assiette.
- Je ferai une croix au crayon.
- Je finirai en nouant les brins ensemble.

Semaine 5 La réalisation d'un chapeau chinois (2)

Autour d'une fiche de fabrication

Je fabriquerai un chapeau chinois

À l'école, nous ferons une fête qui aura pour thème la Chine. Nous serons déguisés en Chinois et nous danserons. Nous aurons tous un chapeau. Ces chapeaux seront rouges avec une natte noire, mais on pourra également confectionner des chapeaux jaunes, verts, bleus…

1. Je prendrai une assiette et au centre, je ferai une croix au crayon.
Avec la règle, je tracerai un trait, du centre au bord de l'assiette.
Je découperai l'assiette le long du trait.

2. Je superposerai la partie droite sur la partie gauche de l'assiette, puis j'agraferai les deux épaisseurs de carton.

3. Je lisserai le papier métallisé avec les doigts pour enlever les plis. Je couperai des spirales ou des disques, dedans. Je les collerai sur le chapeau.

4. Je fixerai les brins de laine au chapeau, je les tresserai et je finirai en nouant les brins ensemble. Puis, j'égaliserai avec les ciseaux.

5. Enfin, je couperai deux rubans de 30 cm et j'attacherai un ruban de chaque côté du chapeau.

Sur le chapeau, on pourra créer d'autres motifs.

JOUR 1 > Transposition du texte

- **Transposer** le texte à la deuxième personne.
- **Faire constater** que la terminaison avec ***vous*** est ***-rez*** (à ne pas confondre avec celle de la 1re personne du singulier ***-rai*** mais rappeler qu'avec ***vous*** quel que soit le temps, on a toujours ***-ez*** (sauf ***faire*** et ***dire*** au présent). Faire constater que la terminaison avec ***tu*** est ***-ras***. Faire remarquer que pour les verbes du premier groupe, le radical se termine par un ***e*** que l'on ne prononce pas toujours.
  Les CE2 recopient les deux premières phrases de l'introduction et l'étape 4 au futur. Ils soulignent les verbes et indiquent leur infinitif.
  Poursuivre avec les CM.

Collecte

Futur 1

Vous danserez.
Tu traceras un trait.
Tu les colleras sur le chapeau.

Futur 2

À l'école, vous ferez une fête.
Vous serez déguisés en Chinois.
Vous aurez tous un chapeau.
Tu prendras une assiette.
Tu feras une croix au crayon.
Tu finiras en nouant les brins ensemble.

CE2 | CM1 | CE2/CM1 | CM2 | CM1/CM2 | CE2/CM1/CM2

Exercice

Transposer en employant *vous* à la place de *nous* puis *tu* à la place de *je*.

En classe, nous faisons de la géométrie. Nous traçons des cercles. Le soir, je prends mon compas et je dessine des rosaces. Puis je les découpe et je les colle sur une feuille.

Texte transposé

Tu fabriqueras un chapeau chinois

À l'école, vous ferez une fête qui aura pour thème la Chine. Vous serez déguisés en Chinois et vous danserez. Vous aurez tous un chapeau. Ces chapeaux seront rouges avec une natte noire, mais on pourra également confectionner des chapeaux jaunes, verts, bleus…

1. Tu prendras une assiette et au centre, tu feras une croix au crayon. Avec la règle, tu traceras un trait, du centre au bord de l'assiette. Tu découperas l'assiette le long du trait.
2. Tu superposeras la partie droite sur la partie gauche de l'assiette, puis tu agraferas les deux épaisseurs de carton.
3. Tu lisseras le papier métallisé avec les doigts pour enlever les plis. Tu couperas des spirales ou des disques, dedans. Tu les colleras sur le chapeau.
4. Tu fixeras les brins de laine au chapeau, tu les tresseras et tu finiras en nouant les brins ensemble. Puis, tu égaliseras avec les ciseaux.

5. Enfin, tu couperas deux rubans de 30 cm et tu attacheras un ruban de chaque côté du chapeau.

Sur le chapeau, on pourra créer d'autres motifs.

JOUR 2 > Structuration : le futur des verbes en *-er* Séance 1

Il s'agit de :
- rappeler que le futur est utilisé pour raconter ce qui se passera dans l'avenir ;
- mettre en évidence que les terminaisons sont : ***-rai / -ras / -ra / -rons / -rez / -ront,*** que certaines terminaisons sont similaires à l'oral mais s'écrivent différemment ;
- que dans la terminaison le ***r*** est la marque du futur et que ***-ai / -as / -a / -ons / -ez / -ont*** sont les marques de personne ;
- insister sur le fait que le radical des verbes en ***-er*** se termine par un ***e*** qui ne se prononce pas toujours mais qu'il ne faut pas oublier.

Séance 1

- **Relire** les textes au futur pour montrer que le futur exprime des actions qui ne se sont pas encore déroulées.
- **Lire** les phrases sur la page de cahier du *Futur 1.*
- **Faire préciser** l'infinitif de chaque verbe et constater qu'il se termine par ***-er.*** Surligner les terminaisons, constater qu'elles commencent par la lettre ***r.***
  Entourer le ***e*** qui se trouve à la fin du radical et bien dire qu'il n'est pas toujours prononcé mais qu'il ne faut pas l'oublier.
- **Faire compléter** la conjugaison du verbe *jouer* et la garder comme trace écrite. Écrire les terminaisons en rouge et souligner le ***e*** à la fin du radical.

Verbe **jouer**
je jou ......
tu jou ......
il/elle, on jou ......
nous jou ......
vous jou ......
ils/elles jou ......

- **Ajouter** que les verbes *distinguer – manger – lancer* n'ont rien de particulier au futur.
  Les CE2 et les CM1 font des exercices.
  Poursuivre la séquence avec les CM2 en leur faisant remplir les tableaux suivants qu'ils conserveront comme trace écrite.

Verbe **voleter**	Verbe **jeter**	Verbe **peler**	Verbe **appeler**
je vol...........	je j	je p...........	j'app ....
tu vol...........	tu j...........	tu p...........	tu app...........
il/elle, on vol...........	il/elle, on j...........	il/elle, on p...........	il/elle, on app...........
nous vol...........	nous j...........	nous p...........	nous app...........
vous vol...........	vous j...........	vous p...........	vous app...........
ils/elles vol...........	ils/elles j...........	ils/elles p...........	ils/elles app...........
Verbe **glisser**	Verbe **employer**	Verbe **envoyer**	Verbe **essayer**
je gliss...........	j'emplo........	j'enver	j'essa ....
tu gliss...........	tu emplo........	tu enver...........	tu essa...........
il/elle, on gliss...........	il/elle, on emplo........	il/elle, on enver...........	il/elle, on essa...........
nous gliss...........	nous emplo........	nous enver...........	nous essa...........
vous gliss...........	vous emplo........	vous enver...........	vous essa...........
ils/elles gliss...........	ils/elles emplo........	ils/elles enver...........	ils/elles essa...........

- **Écrire** les terminaisons en rouge et souligner le ***e*** à la fin du radical (sauf pour *envoyer*). Observer que pour un même verbe, le radical ne change pas. Remarquer les deux ***r*** de *envoyer.*
  Comme au présent le verbe payer peut s'écrire avec un ***y*** mais le mieux est de le conjuguer comme *employer – nettoyer – etc.*

Exercices

1. Recopier les phrases qui sont au futur :

Tu rechercheras un trésor. – Vous quitterez l'école primaire. – Je débarrasse le grenier de toutes ces vieilleries. – J'enfilerai mes gants. – Les hirondelles arriveront bientôt. – Tu as joué aux osselets. – Demain ils participeront à une course. – Le soleil brillera toute la semaine ! – Elles arriveront par le train. – Mangerez-vous à la cantine ?

2. a. Souligner les verbes conjugués au futur, écrire leur infinitif. Entourer la terminaison et souligner le *e* à la fin du radical.

L'éclair illuminera le ciel. / Les éclairs ....
Tu démonteras tes legos. / Il ....
L'arbre retrouvera des feuilles. / Les arbres ....
Nous bavarderons avec des amis. / Ils ....
Les femmes parleront de la lessive autrefois. / La femme ....
Je chercherai les produits les plus naturels. / Vous ....
Vous oublierez votre sac. / Je ....
Participeront-ils à ces jeux ? / ....-nous .... ?
L'enfant hésitera plusieurs secondes. / Les enfants ....

b. Recopier ces phrases avec le sujet proposé.

3. Recopier les phrases en les complétant avec le pronom sujet qui convient :

Pour la fête, ... porterons un chapeau chinois.
Le soir, ... allumeront des bougies.
Tout à l'heure, ... chanteras en public.
Dans la cuisine, ... préparera le repas.

À la piscine, ... nagerez dans le grand bassin.
.... resterai à la maison.
.... décideront de partir en voyage ensemble.
.... traversera un bois touffu.

4. Recopier les phrases en les complétant avec le verbe *monter* conjugué au futur.

Le facteur .... un colis au troisième étage.
Nous .... la côte en vélo.
La mer .... beaucoup ce week-end.
Tu .... à cheval.
Vous .... en voiture.
Je .... au grenier.
Vous .... en grade.
Sa voix .... trop dans l'aigu.

5. Recopier les phrases en conjuguant les verbes au futur.

Les étudiants ***(loger)*** à plusieurs dans cet appartement.
Vous ***(habiller)*** votre petit frère.
Le douanier ***(fouiller)*** sa valise.
Tu ***(louer)*** une voiture.
Je ***(fabriquer)*** un cerf-volant.
Nous ***(décorer)*** la classe.
Ils ***(camper)*** près d'un lac.
Il ***(remuer)*** ciel et terre pour retrouver sa voiture.
Vous ***(employer)*** le futur dans votre texte.
Tu ***(ennuyer)*** tout le monde avec tes histoires.

6. Recopier les phrases en conjuguant les verbes au futur.

L'eau du lac ***(geler)*** cette nuit.
Je ***(jeter)*** un os au chien.
Nous ***(appeler)*** au secours.
Tu ***(acheter)*** une bande dessinée.
Ce personnage de roman policier ***(intriguer)*** les élèves.
Il ***(nettoyer)*** la salle de bain.

7. Écrire ce texte au futur.

Demain, nous ***(grimper)*** dans la montagne à côté du chalet. De bonne heure, nous ***(préparer)*** notre sac. Nous ***(emporter)*** des barres de céréales. Je n'***(oublier)*** pas mon appareil photo. Je ***(photographier)*** les plantes sans m'éloigner du sentier. Quand j'***(arriver)*** au sommet, je ***(poser)*** pour une photo avec le groupe. Ensuite nous ***(manger)***. Le soir, je ***(téléphoner)*** à mes parents. Ils me ***(demander)*** de leur raconter mon ascension. Certains élèves ***(envoyer)*** des messages électroniques pour raconter leur journée.

JOUR 2 > Structuration : le futur des autres verbes au programme – *Séance 2*

Séance 2

- **Lire** les phrases collectées de la page *Futur 2*.
  Trouver l'infinitif de chaque verbe.
  Pour chaque personne, entourer la terminaison. Constater que ce sont les mêmes terminaisons que pour les verbes en ***-er***.
  Constater que le radical du verbe conjugué est parfois très différent de celui de l'infinitif : ***aller*** > ***ira*** – ***être*** > ***serez*** – ***avoir*** > ***aurons*** – ***venir*** > ***viendra*** – ***etc***.
  Insister sur le fait qu'il n'y a pas de ***e*** muet à la fin du radical.

- **Compléter** la conjugaison des verbes suivants. Faire remarquer les deux ***r*** pour le verbe voir. Ajouter pour les CM2 que les verbes ***courir, parcourir, accourir, secourir*** prennent aussi deux ***r.***

être	**avoir**	**aller**
je …………	j' …………	j' …………
tu …………	tu …………	tu …………
il/elle, on …………	il/elle, on **aura**	il/elle, on **ira**
nous **serons**	nous **aurons**	nous **irons**
vous **serez**	vous **aurez**	vous **irez**
ils/elles **seront**	ils/elles **auront**	ils/elles **iront**

Verbe **obéir**	Verbe **venir**	Verbe **voir**
j' …………	je …………	je …………
tu …………	tu …………	tu …………
il/elle, on **obéira**	il/elle, on **viendra**	il/elle, on **verra**
nous ………………	nous ………………	nous ………………
vous ………………	vous ………………	vous ………………
ils/elles **obéiront**	ils/elles **viendront**	ils/elles **verront**
Verbe **prendre**	Verbe **faire**	Verbe **dire**
je **prendrai**	je **ferai**	je …………
tu **prendras**	tu **feras**	tu …………
il/elle, on **prendra**	il/elle, on …………	il/elle, on …………
nous ………………	nous **ferons**	nous ………………
vous ………………	vous **ferez**	vous ………………
ils/elles **prendront**	ils/elles ………………	ils/elles ………………
Verbe **vouloir**	Verbe **pouvoir**	Verbe **devoir**
je …………	je …………	je …………
tu …………	tu …………	tu …………
il/elle, on …………	il/elle, on **pourra**	il/elle, on …………
nous ………………	nous ………………	nous ………………
vous ………………	vous ………………	vous ………………
ils/elles ………………	ils/elles **pourront**	ils/elles ………………

- Comme trace écrite, **garder** la conjugaison des verbes *avoir – être – pouvoir – vouloir – faire – dire – prendre – voir – venir – devoir* qu'il faut mémoriser.

Exercices

1. Compléter les phrases avec un pronom sujet.

……….. prendrons le train. / ……….. prendront le train.
……….. ne verrai pas l'éclipse. / ……….. ne verrez pas l'éclipse.
……….. diras un nom au hasard. / ……….. dira un nom au hasard.
……….. voudront prendre un café. / ……….. voudrons prendre un café.
……….. surgira de l'eau. / ……….. surgiras de l'eau.
……….. fera du bruit. / ……….. feras du bruit.
……….. démasquerez le voleur. / ……….. démasquerai le voleur.
……….. viendra demain et ……….. réparera la fuite.

2. Recopier les phrases avec le pronom proposé.

Vous ferez du vélo. / Je ………………………………
Ils pourront rester plusieurs jours. / Nous ………………………………
Tu verras des dessins animés en 3D ! / Il ……………………………… !
Il pourra rester tranquillement dans son fauteuil. / Tu ………………………………
Je viendrai plus tard que prévu. / Vous ………………………………
Tu fuiras devant le danger. / Il ………………………………
Nous partirons en Italie. / Elles ………………………………
Nous gravir la pente. / Elle ………………………………
Il reverra ses parents un mois plus tard. / Tu ………………………………

3. Relier les sujets aux verbes puis écrire les phrases ainsi formées. Il peut y avoir plusieurs possibilités.

Les chiens •	• ne pourra pas rester longtemps sous l'eau.
Tu •	• partira en vacances.
Le garçon •	• voudront grimper dans les manèges.
Nous •	• verrez bien le film.
Les filles •	• dirai au-revoir.
Je •	• feras une brioche
Vous •	• retourneront dans leur niche.
On •	• prendrons un parapluie.

4. Recopier les phrases en les complétant avec le verbe qui convient.

devrai – voudra – pourrai – direz – viendrons – verras – feront

Je .... lire ce livre ?
Tu .... des poissons multicolores.
Vous .... cette poésie en articulant bien.
Elle .... rester plus longtemps au lit.
Nous .... avec la voiture décapotable.
Elles .... de la natation.
Je .... se lever tôt pour arriver à l'heure.

5. Recopier les phrases en conjuguant les verbes au futur.

En hiver, nous ***(voir)*** les oiseaux sur la fenêtre.
Le skieur ***(faire)*** un parcours sans fautes.
Vous ne ***(pouvoir)*** pas aller au spectacle.
Je ***(dire)*** des bêtises et je ***(faire)*** le clown.
Les taches ***(partir)*** au lavage.
Il ***(manger)*** trop et il ***(grossir)***.
Karim ***(devoir)*** ranger sa chambre.
Tu ***(revenir)*** de Bruxelles en avion.
Le chien ***(accomplir)*** le sauvetage en montagne et ***(repartir)*** avec son maitre.

6. Recopier les phrases en conjuguant les verbes au futur.

Tu ***(entendre)*** le téléphone et tu ***(répondre)***.
Les castors ***(bâtir)*** un barrage mais la rivière le ***(démolir)***.
Nous ***(descendre)*** les escaliers et nous ***(courir)*** en récréation.
Je ***(savoir)*** parler anglais mais je n'***(écrire)*** que quelques mots.
Vous ***(abandonner)*** la pièce et vous ***(sortir)*** de la pièce.
Je ***(lire)*** le livre ce soir et je le ***(rendre)*** demain à la bibliothèque.
Les enfants ***(boire)*** du jus de fruit après le match et ***(repartir)*** chez eux.

7. Récrire ce texte au futur.

Les sœurs de Cendrillon vont au bal. Cendrillon reste à la maison. Elle est triste et elle pleure. Sa marraine arrive et lui donne un carrosse avec un attelage et de beaux habits. Elle part au bal. On avertit le fils du roi de sa présence. Cendrillon danse avec lui jusqu'à minuit. Vite, elle le quitte en courant. Elle laisse tomber une pantoufle que le roi ramasse. Ce dernier veut épouser la jeune fille à la pantoufle et il la fait rechercher dans tout le royaume. Cendrillon essaie la pantoufle. Comme elle peut l'enfiler, elle devient l'épouse du fils du roi.

COLLECTE de la semaine 5

- Vous danserez.
- Tu traceras un trait.
- Tu les colleras sur le chapeau.

- À l'école, vous ferez une fête.
- Vous serez déguisés en Chinois.
- Vous aurez tous un chapeau.
- Tu prendras une assiette.
- Tu feras une croix au crayon.
- Tu finiras en nouant les brins ensemble.

Semaine 6 : Évaluation

Évaluation CE2

Il s'agit d'évaluer si les élèves savent :
- identifier un verbe conjugué au futur ;
- conjuguer les verbes du programme au futur ;
- dans une phrase, identifier le verbe, le sujet ;
- identifier des groupes nominaux, des pronoms sujets ;
- transposer un texte au futur.

Évaluation CM1

Il s'agit d'évaluer si les élèves savent :
- identifier un verbe conjugué au futur et donner son infinitif ;
- conjuguer les verbes du programme au futur ;
- dans une phrase, identifier le sujet, le prédicat, le complément de phrase, le verbe ;
- dans une phrase, relever des noms, des groupes nominaux, des pronoms personnels sujets ;
- transposer un texte.

Évaluation CM2

Il s'agit d'évaluer si les élèves savent :
- identifier un verbe conjugué au futur et en donner l'infinitif ;
- conjuguer les verbes du programme au futur ;
- dans une phrase, identifier le sujet, le prédicat, le complément de phrase, le verbe ;
- dans le groupe verbal prédicat, identifier le complément du verbe, l'attribut ;
- accorder l'attribut ;
- dans un texte, relever des mots de classes différentes ;
- transposer un texte au futur.

Évaluation 10 / CE2

1. a. Lis le texte. Souligne les verbes qui sont conjugués au futur.

Lili possède une belle jument grise. Elle s'appelle Mouna. Bientôt, Mouna aura un poulain. Il aura un pelage gris comme elle, pense Lili. Il sera aussi beau qu'elle. Je l'apprivoiserai. Plus tard, je pourrai le monter. Ce soir, le père de Lili est inquiet. Dans l'écurie, Mouna gémit doucement. Elle semble souffrir.

b. Écris qui est désigné par le pronom souligné.

Elle > .... Il > .... Je > .... le > ....

2. Écris cette phrase au futur à toutes les personnes.

Le samedi, je vais à la mer, je joue sur la plage et je repars le lendemain.

....

....

....

....

....

....

3. Dans chaque phrase, entoure le sujet, ce qu'on en dit, souligne le verbe.

Autrefois, dans les bois, Léo et sa petite sœur construisaient des cabanes.

Nous faisons un gâteau.

Dans le ciel, des nuages cachent le soleil.

4. Dans les phrases de l'exercice 3, il y a un pronom personnel sujet, un groupe nominal avec un adjectif, un nom propre. Recopie-les.

5. Transpose ce texte au futur.

Le joueur de flute quitte l'hôtel de ville et va vers la place du marché. Il commence à jouer une étrange mélodie avec une flute en bois. Alors les rats cessent de manger et écoutent la chanson. Puis, d'un même mouvement, ils viennent vers le joueur de flute. En quelques minutes, ils envahissent la place.

....

....

....

....

....

....

Évaluation 10 / CM1

1. a. Lis le texte. Souligne les verbes qui sont conjugués au futur et écris leur infinitif.

Lili possède une belle jument grise. Elle s'appelle Mouna. Bientôt, Mouna aura un poulain. Il aura un pelage gris comme elle, pense Lili. Il sera aussi beau qu'elle. Je l'apprivoiserai. Plus tard, je pourrai le monter. Ce soir, le père de Lili est inquiet. Dans l'écurie, Mouna gémit doucement. Elle semble souffrir. Papa se penche au-dessus de Mouna, il tâte son museau et dit à Lili :

– Vite, va à la maison et appelle le vétérinaire ! Mouna a besoin d'aide.

Lili court à la maison. Maman téléphone au vétérinaire mais la ligne est occupée. Elle décide :

– Allons chez lui !

....

b. Écris qui est désigné par le pronom souligné.

Elle > .... Il > .... Je > .... le > .... lui > ....

2. Écris cette phrase au futur à toutes les personnes.

Le samedi, je vais à la mer, je joue sur la plage et je repars le lendemain.

....

....

....

....

....

3. a. Dans chaque phrase, entoure le sujet, ce qu'on en dit, souligne le verbe.

Autrefois, dans les bois, Théo et sa petite sœur construisaient des cabanes.

Nous faisons un gâteau.

Dans le ciel, des nuages cachent le soleil.

Vous parlez à vos amis.

Ce livre appartient à ma sœur.

b. Dans chaque groupe verbal prédicat, souligne le verbe.

4. Dans les phrases de l'exercice 3, il y a des pronoms personnels sujets, un groupe nominal avec un adjectif, un nom propre, un groupe nominal avec un complément du nom. Recopie-les.

5. Transpose ce texte au futur.

Le joueur de flute quitte l'hôtel de ville et va vers la place du marché. Il commence à jouer une étrange mélodie avec une flute en bois. Alors les rats cessent de manger et écoutent la chanson. Puis, d'un même mouvement, ils viennent vers le joueur de flute. En quelques minutes, ils envahissent la place. Le joueur de flute avance vers la rivière et tous les rats le suivent.

....

....

....

....

....

....

Évaluation 11 / CM2

1. a. Lis le texte. Souligne les verbes qui sont conjugués au futur et écris leur infinitif.

Lili possède une belle jument grise. Elle s'appelle Mouna. Bientôt, Mouna aura un poulain. Il aura un pelage gris comme elle, pense Lili. Il sera aussi beau qu'elle. Je l'apprivoiserai. Plus tard, je pourrai le monter. Ce soir, le père de Lili est inquiet. Dans l'écurie, Mouna gémit doucement. Elle semble souffrir. Papa se penche au-dessus de Mouna, il tâte son museau et dit à Lili :

– Vite, va à la maison et appelle le vétérinaire ! Mouna a besoin d'aide.

Lili court à la maison. Maman téléphone au vétérinaire mais la ligne est occupée. Elle décide :

– Allons chez lui ! Lili, dis à papa que je pars avec ton frère chercher le vétérinaire.

....

b. Écris qui est désigné par le pronom souligné.

Elle > .... Il > .... Je > .... le > .... lui > ....

c. Relève dans le texte :

- **deux verbes à l'infinitif >** ....
- **trois déterminants différents >** ....
- **un adjectif >** ....
- **un nom propre >** ....
- **trois noms communs >** ....
- **un adverbe >** ....
- **deux pronoms >** ....

2. Écris cette phrase au futur à toutes les personnes.

Le samedi, je vais à la mer, je joue sur la plage et je repars le lendemain.

....

....

....

....

....

3. a. Dans chaque phrase, entoure le sujet, le prédicat, le ou les compléments de phrase quand il y en a.

Autrefois, dans les bois, les enfants construisaient des cabanes.

Nous faisons un gâteau.

Dans le ciel, des nuages cachent le soleil.

Vous parlez à vos amis.

Ce livre appartient à ma sœur.

b. Dans chaque groupe verbal prédicat, souligne le verbe.

4. Recopie dans la colonne qui convient les groupes verbaux surlignés.

Leila a de bonnes idées.
Vous êtes bavards.
La rue semble déserte.
Le temps parait beau.
Nous ouvrons la porte.
Les autruches sont des oiseaux.
Le chat court après une souris.

groupes verbaux avec attribut	groupes verbaux avec complément du nom

5. Récris les phrases avec le sujet proposé.

La bouteille est vide. / Les bouteilles ....

Ces vases sont fragiles. / Ce vase ....

Le lilas est fané. / Les roses ....

Le vieil homme est fatigué. / La vieille femme ....

Ce mammifère est une baleine. / Ces mammifères ....

6. Transpose ce texte au futur.

Le joueur de flute quitte l'hôtel de ville et va vers la place du marché. Il commence à jouer une étrange mélodie avec une flute en bois. Alors les rats cessent de manger et écoutent la chanson. Puis, d'un même mouvement, ils viennent vers le joueur de flute. En quelques minutes, ils envahissent la place. Le joueur de flute avance vers la rivière et tous les rats le suivent. La rivière les engloutit.

....

....

....

....

....

....

....

Mémoires et récits *(Début du texte)*

Derrière le Mas du Juge, c'est l'endroit où je suis né, il y avait le long du chemin un fossé qui menait son eau à notre vieux Puits à roue. Cette eau n'était pas profonde, mais elle était claire et riante, et, quand j'étais petit, je ne pouvais m'empêcher, surtout les jours d'été, d'aller jouer le long de sa rive. Le fossé du Puits à roue ! Mais de tout ce monde-là, ce qui m'engageait le plus, c'était la fleur des « glais ».

C'est une grande plante qui croît au bord des eaux par grosses touffes, avec de belles fleurs jaunes qui se dressent en l'air comme des hallebardes d'or.

Toujours est-il qu'un jour d'été, quelque temps après la moisson, on foulait nos gerbes, et tous les gens du « mas » étaient dans l'aire à travailler.

Par une belle après-midi, – je portais encore les jupes – j'avais à peine quatre ou cinq ans – après m'être bien roulé, comme font les enfants, sur la paille nouvelle, je m'acheminai donc seul vers le fossé du Puits à roue. J'arrive au fossé ; doucement, je descends au bord de l'eau ; j'envoie la main pour attraper les fleurs... Mais, comme elles étaient trop éloignées, je me courbe, je m'allonge, et patatras dedans : je tombe dans l'eau jusqu'au cou. Je crie. Ma mère accourt; elle me tire de l'eau, me donne quelques claques, et, devant elle, trempé comme un caneton, me faisant filer vers le Mas :

– Que je t'y voie encore, vaurien, vers le fossé !

– J'allais cueillir des fleurs de glais.

– Oui, va, retournes-y, cueillir tes glais, et encore tes glais. Tu ne sais donc pas qu'il y a un serpent dans les herbes caché, un gros serpent qui hume les oiseaux et les enfants, vaurien ?

Et elle me déshabilla, me quitta mes petits souliers, mes chaussettes, ma chemisette, et pour faire sécher ma robe trempée et ma chaussure, elle me chaussa mes sabots et me mit ma robe du dimanche, en me disant :

– Au moins, fais attention de ne pas te salir.

Et me voilà dans l'aire ; je fais sur la paille fraîche quelques jolies cabrioles ; j'aperçois un papillon blanc qui voltige dans un chaume. Je cours, je cours après, avec mes cheveux blonds flottant au vent hors de mon béguin... et paf ! me voilà encore vers le fossé du Puits à roue. Oh ! mes belles fleurs jaunes ! Elles étaient toujours là, fières au milieu de l'eau, me faisant montre d'elles, au point qu'il ne me fut plus possible d'y tenir. Je descends bien doucement, bien doucement sur le talus ; je place mes petons biens ras, bien ras de l'eau; j'envoie la main, je m'allonge, je m'étire tant que je puis... et patatras ! je me fiche jusqu'au derrière dans la vase. Aïe ! aïe ! aïe ! Autour de moi, pendant que je regardais les bulles gargouiller et qu'à travers les herbes je croyais entrevoir le gros serpent, j'entendais crier dans l'aire :

– Maîtresse ! courez vite, je crois que le petit est encore tombé à l'eau ! Ma mère accourt, elle me saisit, elle m'arrache tout noir de la boue puante, et la première chose, troussant ma petite robe, vlin! vlan ! elle m'applique une fessée retentissante.

– Y retourneras-tu, entêté, aux fleurs de glais ? Y retourneras-tu pour te noyer ?... Une robe toute neuve que voilà perdue, fripe-tout, petit monstre ! qui me feras mourir de transes !

Et, crotté et pleurant, je m'en revins donc au Mas, la tête basse, et de nouveau on me dévêtit et on me mit, cette fois, ma robe des jours de fête... Oh ! la galante robe ! Je l'ai encore devant les yeux, avec ses raies de velours noir, pointillée d'or sur fond bleuâtre. Mais bref, quand j'eus ma belle robe de velours :

– Et maintenant, dis-je à ma mère, que vais-je faire ?

– Va garder les gelines, me dit-elle ; qu'elles n'aillent pas dans l'aire... Et toi, tiens-toi à l'ombre.

(Fin du texte)

Tous les gens de l'aire accourent :

– Ce gars n'est pas comme les autres : il ne fait que courir pour ramasser des fleurs ; il perd tous ses jouets en allant dans les blés chercher des bouquets sauvages... Maintenant, pour comble, il va se jeter trois fois, depuis peut-être une heure, dans le fossé du Puits à roue...

Une fois dans le Mas, m'ayant quitté mon vêtement, ma mère m'essuya, nu, de son tablier ; et, de peur d'un effroi, m'ayant fait boire une cuillerée de vermifuge, elle me coucha dans ma berce, où, lassé de pleurer, au bout d'un peu je m'endormis.

Et savez-vous ce que je songeai : pardi ! mes fleurs de glais. Je cueillais à pleines mains, à jointées, à brassées les fleurs de lis blondines. Plus j'en cueillais, plus il en surgissait.

Tout à coup, j'entends une voix qui me crie : « Frédéric ! »

Je m'éveille et que vois-je ! Une grosse poignée de fleurs de glais couleur d'or qui blondissaient sur ma couchette.

Lui-même, le patriarche, le Maître, mon seigneur père, était allé cueillir les fleurs qui me faisaient envie et ma mère les avait mises sur mon lit.

Le cahier du

CE2

Présent 1

Il trouve une solution. / Ils trouvent une solution.

Le primate fabrique des sortes de tongs. / Les primates fabriquent des sortes de tongs.

Le chimpanzé utilise de nombreux outils. / Les chimpanzés utilisent de nombreux outils.

Jack échange sa vache contre un haricot. / Jack et John échangent leur vache contre un haricot.

Tu le plantes. / Vous le plantez.

Je regarde la géante. / Jack regarde la géante.

À ce moment, on pousse la porte.

Tu fabriques une deuxième boulette.

Ensuite, tu replies chaque extrémité sur elle-même.

Tu recommences la même opération.

Vous fabriquez une deuxième boulette.

Ensuite, vous repliez chaque extrémité sur elle-même.

Vous recommencez trois fois.

Nous volons à reculons.

Nous nageons.

Nous changeons de couleur.

Présent 2

Il veut manger une noix. / Ils veulent manger une noix.
Ainsi, il peut passer. / Ainsi, ils peuvent passer.
Il prend un bâton. / Ils prennent un bâton.
Il fait un coussin. / Is font un coussin.
Tu vois ce haricot. / Vous voyez ce haricot.
Si tu veux, tu peux devenir riche. / Si vous voulez, vous pouvez devenir riches.
Je dis : .... / Il dit : ....
Je peux avoir un peu à manger ?
Que viens-tu faire ici ?
Ils voient entrer un géant. Il voit entrer un géant.
Tu prends 15 cm de fil chenille.
Avec le papier journal, tu fais une grosse boule.
Vous prenez 15 cm de fil chenille.
Avec le papier journal, vous faites une grosse boule.
Je fais du surplace. / Nous faisons du surplace.
Très jeune, il apprend à combattre. / Très jeunes, ils apprennent à combattre.
Vers dix-huit ans, il devient chevalier. / Vers dix-huit ans, ils deviennent chevaliers.
J’en viens. / Nous en venons.

Présent 3

Les chimpanzés sont des as de la débrouille.
Le chimpanzé est un as de la débrouille.
Jack est très pauvre.
Jack et John sont très pauvres.
Tu es bien matinal.
Vous êtes bien matinaux.
Il est magique.
Je suis le toucan.
Nous sommes les toucans.
Nous sommes des voyageurs.

Tu as l'intention de la vendre ?
Vous avez l'intention de la vendre ?
Je n'ai plus d'argent.
Nous n'avons plus d'argent.
J'ai un peu peur.
Il a un peu peur.
Ils ont des murs épais.

Un matin, Jack va au marché.
Un matin, Jack et John vont au marché.
Où vas-tu avec cette vache ?
Où allez-vous avec cette vache ?
Je vais au marché.
Nous allons au marché.

Passé 1

Le seigneur était surtout un guerrier.
Il pouvait résister à de longs sièges.
Il protégeait ses habitants.
Il avait des murs épais.
Il abritait les paysans.
Très jeune, il apprenait à combattre.
Vers dix-huit ans, il devenait chevalier.
Il participait à des tournois.
On faisait la lessive du blanc tous les mois.
Je faisais la lessive du blanc tous les mois.
On plaçait le linge sale dans une grande cuve.
Je plaçais le linge sale dans une grande cuve.
On ajoutait des cristaux de carbonate de soude.
J'ajoutais des cristaux de carbonate de soude.
On plongeait le linge dans le grand bassin.
Nous plongions le linge dans le grand bassin.
On était à genoux sur un bac en bois rempli de paille.
Nous étions à genoux sur un bac en bois rempli de paille.
On avait très froid aux mains.
Nous avions très froid aux mains.
On rinçait la lessive dans l'eau glacée.
Nous rincions la lessive dans l'eau glacée.
On allait au lavoir.
Nous allions au lavoir.
On essorait chaque pièce en la tordant.
Nous essorions chaque pièce en la tordant.
On le repliait sur la pierre du lavoir.
Nous le repliions sur la pierre du lavoir.
Les seigneurs étaient surtout des guerriers.
Ils pouvaient résister à de longs sièges.
Ils protégeaient leurs habitants.
Ils avaient des murs épais.
Ils abritaient les paysans.
Très jeunes, ils apprenaient à combattre.
Vers dix-huit ans, ils devenaient chevaliers.
Ils participaient à des tournois.

Passé 2

Cosette a quitté l'auberge avec un seau.
J'ai quitté l'auberge avec un seau.
Mon grand-père a acheté un moulin en ruines.
Mes grands-parents ont acheté un moulin en ruines.
D'abord, j'ai réparé la roue du moulin et les vannes.
D'abord, nous avons réparé la roue du moulin et les vannes.
J'ai consolidé le barrage.
Nous avons consolidé le barrage.
Dans notre classe, nous avons fabriqué une mini-station d'épuration.
Dans votre classe, vous avez fabriqué une mini-station d'épuration.
Vous avez découpé quatre grandes bouteilles en plastique.
Dans leur classe, ils ont fabriqué une mini-station d'épuration.
Ils ont découpé quatre grandes bouteilles en plastique.

Passé 3

En ce soir de Noël, Mme Thénardier a dit à Cosette : …
Elle a vu une immense poupée.
Elle a pris le chemin de la source.
J'ai vu une immense poupée.
J'ai pris le chemin de la source.
Oui, nous avons fait beaucoup de travaux.
Oui, j'ai fait beaucoup de travaux.
As-tu fait beaucoup de travaux ?
Avez-vous fait beaucoup de travaux ?
Elle a eu mal au dos.
Elles ont eu mal au dos.
Je lui ai dit : …
Elle a voulu rentrer.
Elles ont voulu rentrer.
Elle a dit : …
Elles ont dit : …
Ils avaient des murs épais.
Ils abritaient les paysans.
Très jeunes, ils apprenaient à combattre.
Vers dix-huit ans, ils devenaient chevaliers.
Il participait à des tournois.

Futur 1

Il ne quittera pas notre Empire sans notre permission.
Il pensera à nos fidèles sujets.
L'homme montagne aidera à la construction de nos bâtiments impériaux.
Ils penseront à nos fidèles sujets.
Les hommes montagnes aideront à la construction de nos bâtiments impériaux.
Ils ne quitteront pas notre Empire sans notre permission.
Nous danserons.
Je tracerai un trait.
Je les collerai sur le chapeau.
Vous danserez.
Tu traceras un trait.
Tu les colleras sur le chapeau.

Futur 2

Il ne viendra dans notre capitale qu'avec notre permission.
Il n'ira ni dans un pré ni dans un champ de blé.
L'homme montagne pourra circuler dans nos principaux grands chemins.
Il verra un de nos sujets.
Il ne le prendra pas dans ses mains.
Un de nos messagers aura une course extraordinaire à faire.
Ils ne viendront dans notre capitale qu'avec notre permission.
Les hommes montagnes pourront circuler dans nos principaux grands chemins.
Ils verront un de nos sujets.
Ils ne le prendront pas dans leurs mains.
Nos messagers auront une course extraordinaire à faire.
À l'école, nous ferons une fête.
Nous serons déguisés en Chinois.
Nous aurons tous un chapeau.
Ces chapeaux seront rouges.
Mais on pourra également faire des chapeaux jaunes, verts, bleus…
Je prendrai une assiette.
Je ferai une croix au crayon.
À l'école, vous ferez une fête.
Vous serez déguisés en Chinois.
Vous aurez tous un chapeau.
Tu prendras une assiette.
Tu feras une croix au crayon.

Phrases négatives et phrases affirmatives correspondantes

Mais ce n'est pas un problème ! / Mais c'est un problème !
Leur vieille vache ne donne plus de lait. / Leur vieille vache donne encore du lait. / Leur vieille vache donne toujours du lait.
Je n'ai plus d'argent. / J'ai encore de l'argent. / J'ai toujours de l'argent.
On ne peut pas me voir, moi le caméléon. / On peut me voir, moi le caméléon.
Avec moi, on ne plaisante pas. / Avec moi, on plaisante.
L'hiver, nous n'aimions pas aller au lavoir. / L'hiver, nous aimions aller au lavoir.
Il n'y a plus d'eau ! / Il y a encore de l'eau ! / Il y a toujours de l'eau !
La jeune orpheline ne pouvait pas détacher ses yeux de cette prodigieuse poupée.
La jeune orpheline pouvait détacher ses yeux de cette prodigieuse poupée.
Il ne fonctionnait plus. / Il fonctionnait toujours. / Il fonctionnait encore.
Dans la bouteille D, nous n'avons rien mis. / Dans la bouteille D, nous avons mis quelque chose.
Elle n'aime pas la campagne. / Elle aime la campagne.
D'ailleurs, elle ne regarde pas la nature. / D'ailleurs, elle regarde la nature.
Il n'est plus pressé de se baigner. / Il est encore pressé de se baigner. / Il est toujours pressé de se baigner.

Groupes nominaux 1

le chimpanzé
ses pieds
des épines
des brindilles – une brindille
les insectes
une noix
ce singe
un ruisseau
Jack
Jack et John
leur mère – sa mère
le chemin
cette vache
notre vache – ma vache – votre vache – ta vache
ce haricot
une nuit
la géante
mon mari
un ogre
le buffet
l'araignée
chaque extrémité
le toucan – les toucans
mon corps – notre corps
ses habitants
leurs troupeaux
leur adversaire
vos papiers
un voyageur
la nuit
votre place
la direction

Groupes nominaux 2

les fourmis rouges
l'outil idéal
une petite ferme
leur vieille vache
un vieil homme
le petit vieux
mon pauvre enfant
un grand bruit
une grosse araignée noire
une grosse boule
du ruban adhésif
le fil élastique
un bec coloré, très léger mais immense
un animal bizarre – des animaux bizarres
des animaux étranges
le château fort
de longs sièges
de hautes tours
des murs épais
un donjon central
les campagnes environnantes
un gros et grand livre
la vieille dame
le linge mouillé
l'eau glacée
la dernière baraque
une immense poupée
cette prodigieuse poupée
la belle robe rose
les beaux cheveux lisses

Le verbe

- **Le verbe change avec la personne et avec le temps :**
  Il cherche. / Ils cherchent.
  Tu vois ce haricot. / Vous voyez ce haricot.
  Il pousse. / Hier, il a poussé. / Demain, il poussera.

- **Le verbe est le noyau du groupe verbal prédicat :**

  sujet : *Jack* — prédicat : *rencontre un vieil homme*

  Sur le chemin, [Jack] [rencontre un vieil homme].

  rencontre → verbe noyau du groupe verbal

- **Le verbe, à la forme négative, est encadré par les mots de la négation :**
  Jack regarde la géante.
  Jack ne regarde pas la géante.

- **Le verbe a un infinitif :** *avoir – être – prendre – jouer – etc.*

- **Les verbes peuvent être classés en trois groupes suivant la terminaison de leur infinitif :**
  verbes en *-er* : *manger – pousser – trouver – chercher – etc.*
  verbes en *-ir* : *venir – etc.*
  verbes en *-dre* : *prendre – comprendre – etc.*
  verbes en *-re* : *faire – dire – etc.*
  verbes en *-oir* : *voir – pouvoir – vouloir – etc.*

- Les verbes ***être, avoir*** et ***aller*** sont des verbes dont la conjugaison est très irrégulière.

Le sujet

- **Le sujet indique de qui ou de quoi on parle dans une phrase :**
  De bon matin, Jack part au marché.

- **Le sujet commande l'accord du verbe :**
  Jack obéit. / Jack et John obéissent.

- **Le sujet peut être :**
  un groupe nominal : *le vieil homme – les chimpanzés*
  un nom propre : *Jack*
  un pronom personnel : *je – tu – il – elle – nous – vous – ils – elles*
  un autre pronom : *on*

Le groupe nominal

• Le **nom** est le mot principal du **groupe nominal.**
le chimpanzé – sa mère – cette vache – une nuit

Il y a des **noms communs :** *vache – nuit – chimpanzé*
et des **noms propres :** *Jack – John*

Les **noms propres** commencent par une **majuscule.**

• Le **déterminant** accompagne le **nom.**
le – la – les – l'un – une – des – mon – ma – mes – ton – ta – tes – son – sa – ses – notre – votre – nos – vos – leur – leurs – ces – ce – cette – chaque

Le **déterminant** a le même **genre** (masculin ou féminin) et le même **nombre** (singulier ou pluriel) que le **nom** qu'il précède.

	masculin	**féminin**
singulier	***un*** *chimpanzé –* ***le*** *pied –* ***l'****ogre*	***la*** *vache –* ***une*** *noix –* ***l'****eau*
pluriel	***les*** *seaux –* ***des*** *pieds*	***les*** *vaches –* ***des*** *brindilles*

• L'**adjectif** apporte des **précisions** sur le nom.
un ***grand*** *bruit – le linge* ***sale*** *- la* ***belle*** *robe* ***rose***

L'**adjectif** est situé **avant** ou **après** le nom.

L'**adjectif** prend le **genre** (masculin ou féminin) et le **nombre** (singulier ou pluriel) **du nom.**
- **masculin singulier >** *un bec coloré*
- **masculin pluriel >** *des becs colorés*
- **féminin singulier >** *une plume colorée*
- **féminin pluriel >** *des plumes colorées*

La phrase affirmative et la phrase négative

phrases affirmatives	phrases négatives
La vache donne du lait. *La vache donne* ***encore*** *du lait.* *Vous observez* ***quelque chose.*** *Ici, l'hiver, il fait* ***toujours*** *froid. / En hiver, il fait* ***souvent*** *froid.*	*La vache* ***ne*** *donne* ***pas*** *de lait.* *La vache* ***ne*** *donne* ***plus*** *de lait.* *Vous* ***n'****observez* ***rien.*** *Ici, l'hiver, il* ***ne*** *fait* ***jamais*** *froid.*

Les phrases de la **colonne 2** sont des phrases **négatives :** elles contiennent des **négations :**
ne... pas – ne... jamais – n'... rien – n'... plus

Les deux parties de la négation, ***ne*** *(ou* ***n'****)* et ***pas*** *(ou* ***plus*** *–* ***jamais*** *–* ***personne****...)* sont **obligatoires.**

Tableaux de conjugaison

PRÉSENT

TROUVER	NAGER	COMMENCER
je trouve tu trouves il, elle, on trouve nous trouvons vous trouvez ils, elles trouvent	je nage tu nages il, elle, on nage nous nageons vous nagez ils, elles nagent	je commence tu commences il, elle, on commence nous commençons vous commencez ils, elles commencent

ÊTRE	AVOIR	ALLER
je suis tu es il, elle, on est nous sommes vous êtes ils, elles sont	j'ai tu as il, elle, on a nous avons vous avez ils, elles ont	je vais tu vas il, elle, on va nous allons vous allez ils, elles vont

FAIRE	PRENDRE	VOIR	DIRE
je fais tu fais il, elle, on fait nous faisons vous faites ils, elles font	je prends tu prends il, elle, on prend nous prenons vous prenez ils, elles prennent	je vois tu vois il, elle, on voit nous voyons vous voyez ils, elles voient	je dis tu dis il, elle, on dit nous disons vous dites ils, elles disent
VOULOIR je veux tu veux il, elle, on veut nous voulons vous voulez ils, elles veulent	**POUVOIR** je peux tu peux il, elle, on peut nous pouvons vous pouvez ils, elles peuvent	**VENIR** je viens tu viens il, elle, on vient nous venons vous venez ils, elles viennent	

IMPARFAIT

TROUVER	OUBLIER	NAGER	COMMENCER
je trouvais tu trouvais il, elle, on trouvait nous trouvions vous trouviez ils, elles trouvaient	j'oubliais tu oubliais il, elle, on oubliait nous oubliions vous oubliiez ils, elles oubliaient	je nageais tu nageais il, elle, on nageait nous nagions vous nagiez ils, elles nageaient	je commençais tu commençais il, elle, on commençait nous commencions vous commenciez ils, elles commençaient

ÊTRE	AVOIR	ALLER
j'étais tu étais il, elle, on était nous étions vous étiez ils, elles étaient	j'avais tu avais il, elle, on avait nous avions vous aviez ils, elles avaient	j'allais tu allais il, elle, on allait nous allions vous alliez ils, elles allaient

FAIRE	PRENDRE	VOIR	DIRE
je faisais tu faisais il, elle, on faisait nous faisions vous faisiez ils, elles faisaient	je prenais tu prenais il, elle, on prenait nous prenions vous preniez ils, elles prenaient	je voyais tu voyais il, elle, on voyait nous voyions vous voyiez ils, elles voyaient	je disais tu disais il, elle, on disait nous disions vous disiez ils, elles disaient
VOULOIR je voulais tu voulais il, elle, on voulait nous voulions vous vouliez ils, elles voulaient	**POUVOIR** je pouvais tu pouvais il, elle, on pouvait nous pouvions vous pouviez ils, elles pouvaient	**VENIR** je venais tu venais il, elle, on venait nous venions vous veniez ils, elles venaient	

PASSÉ COMPOSÉ

TROUVER	NAGER	COMMENCER	ÊTRE
j'ai trouvé tu as trouvé il, elle, on a trouvé nous avons trouvé vous avez trouvé ils, elles ont trouvé	j'ai nagé tu as nagé il, elle, on a nagé nous avons nagé vous avez nagé ils, elles ont nagé	j'ai commencé tu as commencé il, elle, on a commencé nous avons commencé vous avez commencé ils, elles ont commencé	j'ai été tu as été il, elle, on a été nous avons été vous avez été ils, elles ont été

AVOIR
j'ai eu tu as eu il, elle, on a eu nous avons eu vous avez eu ils, elles ont eu

FAIRE	PRENDRE	VOIR	DIRE
j'ai fait tu as fait il, elle, on a fait nous avons fait vous avez fait ils, elles ont fait	j'ai pris tu as pris il, elle, on a pris nous avons pris vous avez pris ils, elles ont pris	j'ai vu tu as vu il, elle, on a vu nous avons vu vous avez vu ils, elles ont vu	j'ai dit tu as dit il, elle, on a dit nous avons dit vous avez dit ils, elles ont dit
VOULOIR j'ai voulu tu as voulu il, elle, on a voulu nous avons voulu vous avez voulu ils, elles ont voulu	**POUVOIR** j'ai voulu tu as voulu il, elle, on a voulu nous avons voulu vous avez voulu ils, elles ont voulu		

FUTUR

TROUVER	JOUER	NAGER	COMMENCER
je trouverai tu trouveras il, elle, on trouvera nous trouverons vous trouverez ils, elles trouveront	je jouerai (e muet) tu joueras il, elle, on jouera nous jouerons vous jouerez ils, elles joueront	je nagerai tu nageras il, elle, on nagera nous nagerons vous nagerez ils, elles nageront	je commencerai tu commenceras il, elle, on commencera nous commencerons vous commencerez ils, elles commenceront

ÊTRE	AVOIR	ALLER
Je serai tu seras il, elle, on sera nous serons vous serez ils, elles seront	j'aurai tu auras il, elle, on aura nous aurons vous aurez ils, elles auront	j'irai tu iras il, elle, on ira nous irons vous irez ils, elles iront

FAIRE	PRENDRE	VOIR	DIRE
je ferai tu feras il, elle, on fera nous ferons vous ferez ils, elles feront	je prendrai tu prendras il, elle, on prendra nous prendrons vous prendrez ils, elles prendront	je verrai tu verras il, elle, on verra nous verrons vous verrez ils, elles verront	je dirai tu diras il, elle, on dira nous dirons vous direz ils, elles diront
VOULOIR je voudrai tu voudras il, elle, on voudra nous voudrons vous voudrez ils, elles voudront	**POUVOIR** je pourrai tu pourras il, elle, on pourra nous pourrons vous pourrez ils, elles pourront	**VENIR** je viendrai tu viendras il, elle, on viendra nous viendrons vous viendrez ils, elles viendront	

Le cahier du

CM1

Présent 1

Il trouve une solution. / Ils trouvent une solution.

Le primate fabrique des sortes de tongs. / Les primates fabriquent des sortes de tongs.

Le chimpanzé utilise de nombreux outils. / Les chimpanzés utilisent de nombreux outils.

Jack échange sa vache contre un haricot. / Jack et John échangent leur vache contre un haricot.

Tu le plantes. / Vous le plantez.

Je regarde la géante. / Jack regarde la géante.

À ce moment, on pousse la porte.

Tu fabriques une deuxième boulette.

Ensuite, tu replies chaque extrémité sur elle-même.

Tu recommences la même opération.

Vous fabriquez une deuxième boulette.

Ensuite, vous repliez chaque extrémité sur elle-même.

Vous recommencez trois fois.

Nous volons à reculons.

Nous nageons.

Nous changeons de couleur.

Présent 2

Il veut manger une noix. / Ils veulent manger une noix.

Ainsi, il peut passer. / Ainsi, ils peuvent passer.

Il prend un bâton. / Ils prennent un bâton.

Il fait un coussin. / Ils font un coussin.

Tu vois ce haricot. / Vous voyez ce haricot.

Si tu veux, tu peux devenir riche. / Si vous voulez, vous pouvez devenir riches.

Je dois vendre ma vache. / Nous devons vendre notre vache.

Je dis : …. / Il dit : ….

Je peux avoir un peu à manger ?

Que viens-tu faire ici ?

Ils voient entrer un géant. Il voit entrer un géant.

Tu prends 15 cm de fil chenille.

Avec le papier journal, tu fais une grosse boule.

Vous prenez 15 cm de fil chenille.

Avec le papier journal, vous faites une grosse boule.

Je fais du surplace. / Nous faisons du surplace.

Très jeune, il apprend à combattre. / Très jeunes, ils apprennent à combattre.

Vers dix-huit ans, il devient chevalier. / Vers dix-huit ans, ils deviennent chevaliers.

J'en viens. / Nous en venons.

Présent 3

Les chimpanzés sont des as de la débrouille.
Le chimpanzé est un as de la débrouille.
Jack est très pauvre.
Jack et John sont très pauvres.
Tu es bien matinal.
Vous êtes bien matinaux.
Il est magique.
Je suis le toucan.
Nous sommes les toucans.
Nous sommes des voyageurs.

Tu as l'intention de la vendre ?
Vous avez l'intention de la vendre ?
Je n'ai plus d'argent.
Nous n'avons plus d'argent.
J'ai un peu peur.
Il a un peu peur.
Ils ont des murs épais.

Un matin, Jack va au marché.
Un matin, Jack et John vont au marché.
Où vas-tu avec cette vache ?
Où allez-vous avec cette vache ?
Je vais au marché.
Nous allons au marché.

Passé 1

Le seigneur était surtout un guerrier.
Il pouvait résister à de longs sièges.
Il protégeait ses habitants.
Il avait des murs épais.
Il abritait les paysans.
Très jeune, il apprenait à combattre.
Vers dix-huit ans, il devenait chevalier.
Il participait à des tournois.
On faisait la lessive du blanc tous les mois.
Je faisais la lessive du blanc tous les mois.
On plaçait le linge sale dans une grande cuve.
Je plaçais le linge sale dans une grande cuve.
On ajoutait des cristaux de carbonate de soude.
J'ajoutais des cristaux de carbonate de soude.
On remplissait plusieurs seaux avec de l'eau.
Je remplissais plusieurs seaux avec de l'eau.
On plongeait le linge dans le grand bassin.
Nous plongions le linge dans le grand bassin.
On était à genoux sur un bac en bois rempli de paille.
Nous étions à genoux sur un bac en bois rempli de paille.
On avait très froid aux mains.
Nous avions très froid aux mains.
On rinçait la lessive dans l'eau glacée.
Nous rincions la lessive dans l'eau glacée.
On allait au lavoir.
Nous allions au lavoir.
On essorait chaque pièce en la tordant.
Nous essorions chaque pièce en la tordant.
On le repliait sur la pierre du lavoir.
Nous le repliions sur la pierre du lavoir.
Les seigneurs étaient surtout des guerriers.
Ils pouvaient résister à de longs sièges.
Ils protégeaient leurs habitants.
Ils avaient des murs épais.
Ils abritaient les paysans.
Très jeunes, ils apprenaient à combattre.
Vers dix-huit ans, ils devenaient chevaliers.
Ils participaient à des tournois.

Passé 2

Cosette a quitté l'auberge avec un seau.
J'ai quitté l'auberge avec un seau.
Mon grand-père a acheté un moulin en ruines.
Mes grands-parents ont acheté un moulin en ruines.
D'abord, j'ai réparé la roue du moulin et les vannes.
D'abord, nous avons réparé la roue du moulin et les vannes.
J'ai consolidé le barrage.
Nous avons consolidé le barrage.
Dans notre classe, nous avons fabriqué une mini-station d'épuration.
Dans votre classe, vous avez fabriqué une mini-station d'épuration.
Vous avez découpé quatre grandes bouteilles en plastique.
Dans leur classe, ils ont fabriqué une mini-station d'épuration.
Ils ont découpé quatre grandes bouteilles en plastique.

Passé 3

En ce soir de Noël, Mme Thénardier a dit à Cosette : …
Elle a vu une immense poupée.
Elle a pris le chemin de la source.
Elle a saisi l'anse à deux mains.
Elle a fait plusieurs pas.
Elle a dû le poser à nouveau.
J'ai vu une immense poupée.
J'ai pris le chemin de la source.
J'ai saisi l'anse à deux mains.
J'ai fait plusieurs pas.
Oui, nous avons fait beaucoup de travaux.
Oui, j'ai fait beaucoup de travaux.
As-tu fait beaucoup de travaux ?
Avez-vous fait beaucoup de travaux ?
Et… vous avez réussi !
Et… ils ont réussi !
Elle a eu mal au dos.
Elles ont eu mal au dos.
Je lui ai dit : …
Elle a voulu rentrer.
Elles ont voulu rentrer.
Elle a dit : …
Elles ont dit : …
Elle a rempli un panier.
Elles ont rempli un panier.

Passé 4

Elle est entrée dans le bois.
Elle est repartie vers le village.
Je suis entrée dans le bois.
Je suis repartie vers le village.
Je suis allé voir un moulin en fonctionnement.
Nous sommes allés voir un moulin en fonctionnement.
Alors, elle est montée dans leur chambre.
Alors, elles sont montées dans leur chambre.
Puis, un peu plus tard, elle est partie explorer le grenier.
Puis, un peu plus tard, elles sont parties explorer le grenier.
Alors, il est monté dans sa chambre.
Alors, ils sont montés dans leur chambre.
Puis, un peu plus tard, il est parti explorer le grenier.
Puis, un peu plus tard, ils sont partis explorer le grenier.
Les deux promeneuses sont passées tranquillement à côté des vaches.
Après le repas, le soir, elles sont allées dans la cour.
Elles sont restées un long moment à contempler le ciel.

Futur 1

Il ne quittera pas notre Empire sans notre permission.
Il pensera à nos fidèles sujets.
L'homme montagne aidera à la construction de nos bâtiments impériaux.
Ils penseront à nos fidèles sujets.
Les hommes montagnes aideront à la construction de nos bâtiments impériaux.
Ils ne quitteront pas notre Empire sans notre permission.
Nous danserons.
Je tracerai un trait.
Je les collerai sur le chapeau.
Vous danserez.
Tu traceras un trait.
Tu les colleras sur le chapeau.

Futur 2

L'homme montagne obéira à nos ordres.
Il ne viendra dans notre capitale qu'avec notre permission.
Deux heures avant, il avertira les habitants.
Il n'ira ni dans un pré ni dans un champ de blé.
L'homme montagne pourra circuler dans nos principaux grands chemins.
Il verra un de nos sujets.
Il ne le prendra pas dans ses mains.
Un de nos messagers aura une course extraordinaire à faire.
Ils ne viendront dans notre capitale qu'avec notre permission.
Les hommes montagnes pourront circuler dans nos principaux grands chemins.
Ils verront un de nos sujets.
Ils ne le prendront pas dans leurs mains.
Nos messagers auront une course extraordinaire à faire.
Deux heures avant, ils avertiront les habitants.
Les hommes montagnes obéiront à nos ordres.
À l'école, nous ferons une fête.
Nous serons déguisés en Chinois.
Nous aurons tous un chapeau.
Ces chapeaux seront rouges.
Mais on pourra également faire des chapeaux jaunes, verts, bleus…
Je prendrai une assiette.
Je ferai une croix au crayon.
Je finirai en nouant les brins ensemble.
À l'école, vous ferez une fête.
Vous serez déguisés en Chinois.
Vous aurez tous un chapeau.
Tu prendras une assiette.
Tu feras une croix au crayon.
Tu finiras en nouant les brins ensemble.

Compléments

Avec des brindilles, le primate fabrique des sortes de tongs.
Avec des feuilles, le chimpanzé fait un coussin.
Sur le chemin, Jack et John rencontrent un vieil homme.
Un matin, le vieil homme donne un haricot à Jack.
Sans perdre son aplomb, Jack regarde la géante.
Aussitôt, il obéit.
Pour Halloween, les élèves fabriquent une grosse araignée.
Avec de la laine noire, tu entoures le corps et la tête de l'araignée.
En temps de guerre, le château protège ses habitants.
Vers dix-huit ans, ils devenaient chevaliers.
Le château domine le paysage sur une colline.
Les livres de bibliothèque bavardent le soir.

Groupes nominaux 1

le chimpanzé
ses pieds
des épines
des brindilles – une brindille
les insectes
une noix
ce singe
un ruisseau
Jack
Jack et John
leur mère – sa mère
le chemin
cette vache
notre vache – ma vache – votre vache – ta vache
ce haricot
une nuit
la géante
mon mari
un ogre
le buffet
l'araignée
chaque extrémité
le toucan – les toucans
mon corps – notre corps
ses habitants
leurs troupeaux
leur adversaire
vos papiers
un voyageur
la nuit
votre place
la direction
son voisin

Groupes nominaux 2

les fourmis rouges
l'outil idéal
une petite ferme
leur vieille vache
un vieil homme
le petit vieux
mon pauvre enfant
un grand bruit
une grosse araignée noire
une grosse boule
du ruban adhésif
le fil élastique
un bec coloré, très léger mais immense
un animal bizarre – des animaux bizarres
des animaux étranges
le château fort
de longs sièges
de hautes tours
des murs épais
un donjon central
les campagnes environnantes
un gros et grand livre
la vieille dame
le linge mouillé
l'eau glacée
la dernière baraque
une immense poupée
cette prodigieuse poupée
la belle robe rose
les beaux cheveux lisses

Groupes nominaux 3

le tronc de cet arbre
des pièces d'or
deux pattes de l'araignée
le dos de l'araignée
le corps de l'araignée
la tête de l'araignée
aucune région de la planète
une véritable forteresse en pierre
les livres de la bibliothèque
les Livres de Géographie
un voyageur de passage
le Livre de Nouvelles
la pierre du lavoir
un bac en bois
une rangée de boutiques
la sortie du village
un moulin en ruines
le journal de l'école
l'eau de la rivière
quel horrible mois de juillet
les livres aux pages jaunies
un bouquet de fleurs séchées
une boite avec des photos
un gros cahier d'écolier

Le verbe

- **Le verbe change avec la personne et avec le temps :**
Il cherche. / Ils cherchent.
Tu vois ce haricot. / Vous voyez ce haricot.
Il pousse. / Hier, il a poussé. / Demain, il poussera.
Jack et John obéissent. Jack obéit.

- **Le verbe est le noyau du groupe verbal prédicat :**

sujet — prédicat
Sur le chemin, [Jack] [rencontre un vieil homme].
↓ verbe noyau du groupe verbal

- **Le verbe, à la forme négative, est encadré par les mots de la négation :**
Jack regarde la géante.
Jack ne regarde pas la géante.

- **Le verbe a un infinitif :** *avoir – être – prendre – jouer – etc.*

- **Les verbes peuvent être classés en trois groupes suivant la terminaison de leur infinitif :**
verbes en *-er* : *manger – pousser – trouver – chercher – etc.*
verbes en *-ir* : *venir – obéir – franchir – etc.*
verbes en *-dre* : *prendre – comprendre – entendre – vendre – etc.*
verbes en *-re* : *faire – dire – lire – sourire – écrire – connaitre – etc.*
verbes en *-oir* : *voir – pouvoir – vouloir – devoir – etc.*

- Les verbes ***être, avoir*** et ***aller*** sont des verbes dont la conjugaison est très irrégulière.

Le sujet

- **Le sujet indique de qui ou de quoi on parle dans une phrase :**
  De bon matin, Jack part au marché.

- **Le sujet commande l'accord du verbe :**
  Jack obéit. / Jack et John obéissent.

- **Le sujet peut être séparé du verbe par un mot ou un groupe de mots :**
  Jack, de bon matin, part au marché.
  Vous le plantez.

- **Le sujet peut être :**
  un groupe nominal : *le vieil homme – les chimpanzés*
  un nom propre : *Jack*
  un pronom personnel : *je – tu – il – elle – nous – vous – ils – elles*
  un autre pronom : *on*

Les compléments de phrase

- Dans une phrase, des mots ou groupes de mots peuvent être déplacés ou supprimés : ce sont des **compléments de phrase.**
  Sur le chemin, *Jack et John* *rencontrent un vieil homme*.
  Aussitôt, *il* *obéit*.

- Les **compléments de phrase** donnent des **renseignements supplémentaires** dans la phrase, ils ne sont pas obligatoires.

Le groupe nominal

- Le **nom** est le mot principal du **groupe nominal.**
  le chimpanzé – sa mère – cette vache – une nuit

  Il y a des **noms communs :** *vache – nuit – chimpanzé*
  et des **noms propres :** *Jack – John*

  Les **noms propres** commencent par une **majuscule.** Ils désignent des êtres, des lieux uniques.

- Le **déterminant** accompagne le **nom.**
  le – la – les – l'un – une – des – mon – ma – mes – ton – ta – tes – son – sa – ses – notre – votre – nos – vos – leur – leurs – ces – ce – cette – chaque

  Le **déterminant** a le même **genre** (masculin ou féminin) et le même **nombre** (singulier ou pluriel) que le **nom** qu'il précède.

	masculin	féminin
singulier	***un*** *chimpanzé –* ***le*** *pied –* ***l'****ogre* ***ton*** *sac –* ***votre*** *sac –* ***leur*** *sac* ***ce*** *seau*	***la*** *vache –* ***une*** *noix –* ***l'****eau* ***ton*** *équerre –* ***ta*** *vache –* ***votre*** *vache –* ***leur*** *vache* ***cette*** *nuit*
pluriel	***les*** *seaux –* ***des*** *pieds* ***nos*** *sacs –* ***leurs*** *gants* ***ces*** *seaux*	***les*** *vaches –* ***des*** *brindilles* ***mes*** *mains –* ***leurs*** *mains* ***ces*** *feuilles*

- L'**adjectif** apporte des **précisions** sur le nom.
  un ***grand*** *bruit – le linge* ***sale*** *– la* ***belle*** *robe* ***rose***

  L'**adjectif** est situé **avant** ou **après** le nom.

  L'**adjectif** prend le **genre** (masculin ou féminin) et le **nombre** (singulier ou pluriel) **du nom.**
  - **masculin singulier >** *un bec coloré*
  - **masculin pluriel >** *des becs colorés*
  - **féminin singulier >** *une plume colorée*
  - **féminin pluriel >** *des plumes colorées*

- Dans un groupe nominal, **un complément du nom apporte des précisions sur le nom principal :**
  l'eau ***de la rivière*** *– une boite* ***avec des photos***

  Le complément du nom est introduit par un petit mot : ***à*** – ***de*** – ***sans*** – ***en*** – ***au*** – ***aux*** – ***en*** – ***avec*** – ***pour***
  un sac à main – une bouteille d'eau – un gâteau au chocolat – une soupe de légumes

 /

Tableaux de conjugaison

PRÉSENT

TROUVER	NAGER	COMMENCER	DISTINGUER
je trouve tu trouves il, elle, on trouve nous trouvons vous trouvez ils, elles trouvent	je nage tu nages il, elle, on nage nous nageons vous nagez ils, elles nagent	je commence tu commences il, elle, on commence nous commençons vous commencez ils, elles commencent	je distingue tu distingues il, elle, on distingue nous distinguons vous distinguez ils, elles distinguent

ÊTRE	AVOIR	ALLER
je suis tu es il, elle, on est nous sommes vous êtes ils, elles sont	j'ai tu as il, elle, on a nous avons vous avez ils, elles ont	je vais tu vas il, elle, on va nous allons vous allez ils, elles vont

FAIRE	PRENDRE	VOIR	DIRE
je fais tu fais il, elle, on fait nous faisons vous faites ils, elles font	je prends tu prends il, elle, on prend nous prenons vous prenez ils, elles prennent	je vois tu vois il, elle, on voit nous voyons vous voyez ils, elles voient	je dis tu dis il, elle, on dit nous disons vous dites ils, elles disent
VOULOIR	**POUVOIR**	**VENIR**	**DEVOIR**
je veux tu veux il, elle, on veut nous voulons vous voulez ils, elles veulent	je peux tu peux il, elle, on peut nous pouvons vous pouvez ils, elles peuvent	je viens tu viens il, elle, on vient nous venons vous venez ils, elles viennent	je dois tu dois il, elle, on doit nous devons vous devez ils, elles doivent

IMPARFAIT

TROUVER	NAGER	COMMENCER	DISTINGUER
je trouvais tu trouvais il, elle, on trouvait nous trouvions vous trouviez ils, elles trouvaient	je nageais tu nageais il, elle, on nageait nous nagions vous nagiez ils, elles nageaient	je commençais tu commençais il, elle, on commençait nous commencions vous commenciez ils, elles commençaient	je distinguais tu distinguais il, elle, on distinguait nous distinguions vous distinguiez ils, elles distinguaient

ÊTRE	AVOIR	ALLER
j'étais tu étais il, elle, on était nous étions vous étiez ils, elles étaient	j'avais tu avais il, elle, on avait nous avions vous aviez ils, elles avaient	j'allais tu allais il, elle, on allait nous allions vous alliez ils, elles allaient

FAIRE	PRENDRE	VOIR	DIRE
je faisais tu faisais il, elle, on faisait nous faisions vous faisiez ils, elles faisaient	je prenais tu prenais il, elle, on prenait nous prenions vous preniez ils, elles prenaient	je voyais tu voyais il, elle, on voyait nous voyions vous voyiez ils, elles voyaient	je disais tu disais il, elle, on disait nous disions vous disiez ils, elles disaient
VOULOIR je voulais tu voulais il, elle, on voulait nous voulions vous vouliez ils, elles voulaient	**POUVOIR** je pouvais tu pouvais il, elle, on pouvait nous pouvions vous pouviez ils, elles pouvaient	**VENIR** je venais tu venais il, elle, on venait nous venions vous veniez ils, elles venaient	**DEVOIR** je devais tu devais il, elle, on devait nous devions vous deviez ils, elles devaient

PASSÉ COMPOSÉ

TROUVER	NAGER	COMMENCER	DISTINGUER
j'ai trouvé tu as trouvé il, elle, on a trouvé nous avons trouvé vous avez trouvé ils, elles ont trouvé	j'ai nagé tu as nagé il, elle, on a nagé nous avons nagé vous avez nagé ils, elles ont nagé	j'ai commencé tu as commencé il, elle, on a commencé nous avons commencé vous avez commencé ils, elles ont commencé	j'ai distingué tu as distingué il, elle, on a distingué nous avons distingué vous avez distingué ils, elles ont distingué

ÊTRE
j'ai été tu as été il, elle, on a été nous avons été vous avez été ils, elles ont été

FAIRE	PRENDRE	VOIR	DIRE
j'ai fait tu as fait il, elle, on a fait nous avons fait vous avez fait ils, elles ont fait	j'ai pris tu as pris il, elle, on a pris nous avons pris vous avez pris ils, elles ont pris	j'ai vu tu as vu il, elle, on a vu nous avons vu vous avez vu ils, elles ont vu	j'ai dit tu as dit il, elle, on a dit nous avons dit vous avez dit ils, elles ont dit
AVOIR j'ai eu tu as eu il, elle, on a eu nous avons eu vous avez eu ils, elles ont eu	**VOULOIR** j'ai voulu tu as voulu il, elle, on a voulu nous avons voulu vous avez voulu ils, elles ont voulu	**POUVOIR** j'ai pu tu as pu il, elle, on a pu nous avons pu vous avez pu ils, elles ont pu	**DEVOIR** j'ai dû tu as dû il, elle, on a dû nous avons dû vous avez dû ils, elles ont dû

ALLER	TOMBER	VENIR
je suis allé / allée tu es allé / allée il, on est allé elle est allée nous sommes allés / allées vous êtes allés / allées ils sont allés elles sont allées	je suis tombé / tombée tu es tombé / tombée il, on est tombé elle est tombée nous sommes tombés / tombées vous êtes tombés / tombées ils sont tombés elles sont tombées	je suis venu / venue tu es venu / venue il, on est venu elle est venue nous sommes venus / venues vous êtes venus / venues ils sont venus elles sont venues

FUTUR

TROUVER	**JOUER**	**NAGER**	**COMMENCER**
je trouverai tu trouveras il, elle, on trouvera nous trouverons vous trouverez ils, elles trouveront	je jouerai (e muet) tu joueras il, elle, on jouera nous jouerons vous jouerez ils, elles joueront	je nagerai tu nageras il, elle, on nagera nous nagerons vous nagerez ils, elles nageront	je commencerai tu commenceras il, elle, on commencera nous commencerons vous commencerez ils, elles commenceront
DISTINGUER je distinguerai tu distingueras il, elle, on distinguera nous distinguerons vous distinguerez ils, elles distingueront			

ÊTRE	**AVOIR**	**ALLER**
je serai tu seras il, elle, on sera nous serons vous serez ils, elles seront	j'aurai tu auras il, elle, on aura nous aurons vous aurez ils, elles auront	j'irai tu iras il, elle, on ira nous irons vous irez ils, elles iront

FAIRE	**PRENDRE**	**VOIR**	**DIRE**
je ferai tu feras il, elle, on fera nous ferons vous ferez ils, elles feront	je prendrai tu prendras il, elle, on prendra nous prendrons vous prendrez ils, elles prendront	je verrai tu verras il, elle, on verra nous verrons vous verrez ils, elles verront	je dirai tu diras il, elle, on dira nous dirons vous direz ils, elles diront
VOULOIR je voudrai tu voudras il, elle, on voudra nous voudrons vous voudrez ils, elles voudront	**POUVOIR** je pourrai tu pourras il, elle, on pourra nous pourrons vous pourrez ils, elles pourront	**VENIR** je viendrai tu viendras il, elle, on viendra nous viendrons vous viendrez ils, elles viendront	**DEVOIR** je devrai tu devras il, elle, on devra nous devrons vous devrez ils, elles devront

Le cahier du

CM2

Présent 1

Il trouve une solution. / Ils trouvent une solution.
Le primate fabrique des sortes de tongs. / Les primates fabriquent des sortes de tongs.
Le chimpanzé utilise de nombreux outils. / Les chimpanzés utilisent de nombreux outils.
Jack échange sa vache contre un haricot. / Jack et John échangent leur vache contre un haricot.
Tu le plantes. / Vous le plantez.
Celui-ci l'appelle.
Je regarde la géante. / Jack regarde la géante.
À ce moment, on pousse la porte.
Le géant jette le sac dans un coin.
Tu fabriques une deuxième boulette.
Ensuite, tu replies chaque extrémité sur elle-même.
Tu recommences la même opération.
Tu emploies de la colle forte.
Vous fabriquez une deuxième boulette.
Ensuite, vous repliez chaque extrémité sur elle-même.
Vous recommencez trois fois.
Vous employez de la colle forte.
Nous volons à reculons.
Nous nageons.
Nous changeons de couleur.

Présent 2

Il veut manger une noix. / Ils veulent manger une noix.

Ainsi, il peut passer. / Ainsi, ils peuvent passer.

Il prend un bâton. / Ils prennent un bâton.

Il fait un coussin. / Ils font un coussin.

Il franchit un ruisseau. / Ils franchissent un ruisseau.

Tu vois ce haricot. / Vous voyez ce haricot.

Si tu veux, tu peux devenir riche. / Si vous voulez, vous pouvez devenir riches.

Je dois vendre ma vache. / Nous devons vendre notre vache.

Je dis : .... / Il dit : ....

Je peux avoir un peu à manger ?

Que viens-tu faire ici ?

Ils voient entrer un géant. Il voit entrer un géant.

Aussitôt, j'obéis. / Aussitôt, Jack obéit.

Tu prends 15 cm de fil chenille.

Avec le papier journal, tu fais une grosse boule.

Vous prenez 15 cm de fil chenille.

Avec le papier journal, vous faites une grosse boule.

Je fais du surplace. / Nous faisons du surplace.

Très jeune, il apprend à combattre. / Très jeunes, ils apprennent à combattre.

Vers dix-huit ans, il devient chevalier. / Vers dix-huit ans, ils deviennent chevaliers.

J'en viens. / Nous en venons.

Présent 3

Les chimpanzés sont des as de la débrouille.
Le chimpanzé est un as de la débrouille.
Jack est très pauvre.
Jack et John sont très pauvres.
Tu es bien matinal.
Vous êtes bien matinaux.
Il est magique.
Je suis le toucan.
Nous sommes les toucans.
Nous sommes des voyageurs.

Tu as l'intention de la vendre ?
Vous avez l'intention de la vendre ?
Je n'ai plus d'argent.
Nous n'avons plus d'argent.
J'ai un peu peur.
Il a un peu peur.
Ils ont des murs épais.

Un matin, Jack va au marché.
Un matin, Jack et John vont au marché.
Où vas-tu avec cette vache ?
Où allez-vous avec cette vache ?
Je vais au marché.
Nous allons au marché.

Passé 1

Le seigneur était surtout un guerrier.
Il pouvait résister à de longs sièges.
Il protégeait ses habitants.
Il avait des murs épais.
Il abritait les paysans.
Très jeune, il apprenait à combattre.
Vers dix-huit ans, il devenait chevalier.
Il participait à des tournois.
Il essayait de faire tomber son adversaire.
On faisait la lessive du blanc, tous les mois.
Je faisais la lessive du blanc tous les mois.
On plaçait le linge sale dans une grande cuve.
Je plaçais le linge sale dans une grande cuve.
On ajoutait des cristaux de carbonate de soude.
J'ajoutais des cristaux de carbonate de soude.
On remplissait plusieurs seaux avec de l'eau.
Je remplissais plusieurs seaux avec de l'eau.
On plongeait le linge dans le grand bassin.
Nous plongions le linge dans le grand bassin.
On était à genoux sur un bac en bois rempli de paille.
Nous étions à genoux sur un bac en bois rempli de paille.
On avait très froid aux mains.
Nous avions très froid aux mains.
On rinçait la lessive dans l'eau glacée.
Nous rincions la lessive dans l'eau glacée.
On allait au lavoir.
Nous allions au lavoir.
On essorait chaque pièce en la tordant.
Nous essorions chaque pièce en la tordant.
On le repliait sur la pierre du lavoir.
Nous le repliions sur la pierre du lavoir.
Les seigneurs étaient surtout des guerriers.
Ils pouvaient résister à de longs sièges.
Ils protégeaient leurs habitants.
Ils avaient des murs épais.
Ils abritaient les paysans.
Très jeunes, ils apprenaient à combattre.
Vers dix-huit ans, ils devenaient chevaliers.
Ils participaient à des tournois.
Ils essayaient de faire tomber leur adversaire.

Passé 2

Cosette a quitté l'auberge avec un seau.
J'ai quitté l'auberge avec un seau.
Mon grand-père a acheté un moulin en ruines.
Mes grands-parents ont acheté un moulin en ruines.
D'abord, j'ai réparé la roue du moulin et les vannes.
D'abord, nous avons réparé la roue du moulin et les vannes.
J'ai consolidé le barrage.
Nous avons consolidé le barrage.
Enfin, j'ai nettoyé le canal d'arrivée d'eau.
Enfin, nous avons nettoyé le canal d'arrivée d'eau.
Dans notre classe, nous avons fabriqué une mini-station d'épuration.
Dans votre classe, vous avez fabriqué une mini-station d'épuration.
Vous avez découpé quatre grandes bouteilles en plastique.
Dans leur classe, ils ont fabriqué une mini-station d'épuration.
Ils ont découpé quatre grandes bouteilles en plastique.

Passé 3

En ce soir de Noël, Mme Thénardier a dit à Cosette : …
Elle a vu une immense poupée.
Elle a pris le chemin de la source.
Elle a saisi l'anse à deux mains.
Elle a fait plusieurs pas.
Elle a dû le poser à nouveau.
J'ai vu une immense poupée.
J'ai pris le chemin de la source.
J'ai saisi l'anse à deux mains.
J'ai fait plusieurs pas.
Oui, nous avons fait beaucoup de travaux.
Oui, j'ai fait beaucoup de travaux.
As-tu fait beaucoup de travaux ?
Avez-vous fait beaucoup de travaux ?
Et… vous avez réussi !
Et… ils ont réussi !
Dans la bouteille D, vous n'avez rien mis.
Néanmoins, vous n'avez pas bu cette eau.
Et… ils ont réussi !
Dans la bouteille D, ils n'ont rien mis.
Néanmoins, ils n'ont pas bu cette eau.
Elle a eu mal au dos.
Elles ont eu mal au dos.
Je lui ai dit : …
Elle a voulu rentrer.
Elles ont voulu rentrer.
Elle a dit : …
Elles ont dit : …
Elle a rempli un panier.
Elles ont rempli un panier.

Passé 4

Elle est entrée dans le bois.
Elle est repartie vers le village.
Je suis entrée dans le bois.
Je suis repartie vers le village.
Je suis allé voir un moulin en fonctionnement.
Nous sommes allés voir un moulin en fonctionnement.
Alors, elle est montée dans leur chambre.
Alors, elles sont montées dans leur chambre.
Puis, un peu plus tard, elle est partie explorer le grenier.
Puis, un peu plus tard, elles sont parties explorer le grenier.
Alors, il est monté dans sa chambre.
Alors, ils sont montés dans leur chambre.
Puis, un peu plus tard, il est parti explorer le grenier.
Puis, un peu plus tard, ils sont partis explorer le grenier.
Les deux promeneuses sont passées tranquillement à côté des vaches.
Après le repas, le soir, elles sont allées dans la cour.
Elles sont restées un long moment à contempler le ciel.

Passé 5

Poil de Carotte, M. Lepic et grand frère Félix décidèrent d'aller se baigner dans la rivière.
Félix ordonna à son frère de porter les caleçons.
Il alla vers l'eau.
Il commença à se déshabiller.
Il enleva sa chemise courte.
Il se frotta l'estomac.
Poil de Carotte tomba.
Grand frère Félix l'appela.
Frédéric et son frère volèrent vers les poules.
Ils sautèrent à travers champs,
Ils essayèrent d'atteindre les fleurs de glais.
Ils plongèrent la tête première.
Ils crièrent comme des perdus.

Passé 6

Il vit la rivière devant lui.
Il eut de l'eau jusqu'au ventre.
Il voulut remonter.
Poil de Carotte fit aller ses bras.
Ils dirent…

Futur 1

Il ne quittera pas notre Empire sans notre permission.
Il pensera à nos fidèles sujets.
L'homme montagne aidera à la construction de nos bâtiments impériaux.
Ils penseront à nos fidèles sujets.
Les hommes montagnes aideront à la construction de nos bâtiments impériaux.
Ils ne quitteront pas notre Empire sans notre permission.
Nous danserons.
Je tracerai un trait.
Je les collerai sur le chapeau.
Vous danserez.
Tu traceras un trait.
Tu les colleras sur le chapeau.

Futur 2

L'homme montagne obéira à nos ordres.
Il ne viendra dans notre capitale qu'avec notre permission.
Deux heures avant, il avertira les habitants.
Il n'ira ni dans un pré ni dans un champ de blé.
L'homme montagne pourra circuler dans nos principaux grands chemins.
Il verra un de nos sujets.
Il ne le prendra pas dans ses mains.
Un de nos messagers aura une course extraordinaire à faire.
Ils ne viendront dans notre capitale qu'avec notre permission.
Les hommes montagnes pourront circuler dans nos principaux grands chemins.
Ils verront un de nos sujets.
Ils ne le prendront pas dans leurs mains.
Nos messagers auront une course extraordinaire à faire.
Deux heures avant, ils avertiront les habitants.
Les hommes montagnes obéiront à nos ordres.
À l'école, nous ferons une fête.
Nous serons déguisés en Chinois.
Nous aurons tous un chapeau.
Ces chapeaux seront rouges.
Mais on pourra également faire des chapeaux jaunes, verts, bleus…
Je prendrai une assiette.
Je ferai une croix au crayon.
Je finirai en nouant les brins ensemble.
À l'école, vous ferez une fête.
Vous serez déguisés en Chinois.
Vous aurez tous un chapeau.
Tu prendras une assiette.
Tu feras une croix au crayon.
Tu finiras en nouant les brins ensemble.

Compléments

Avec des brindilles, le primate fabrique des sortes de tongs.
Avec des feuilles, le chimpanzé fait un coussin.
Sur le chemin, Jack et John rencontrent un vieil homme.
Un matin, le vieil homme donne un haricot à Jack.
Sans perdre son aplomb, Jack regarde la géante.
Aussitôt, il obéit.
Grâce à l'or du géant, la vieille femme vit des jours heureux.
Pour Halloween, les élèves fabriquent une grosse araignée.
Avec de la laine noire, tu entoures le corps et la tête de l'araignée.
En temps de guerre, le château protège ses habitants.
Vers dix-huit ans, ils devenaient chevaliers.
Le château domine le paysage sur une colline.
Les livres de bibliothèque bavardent le soir.

Groupe verbal 1

Le chimpanzé est un grand bavard. / Les chimpanzés sont des grands bavards.
Ce primate est omnivore. / Ces primates sont omnivores.
Jack et John sont très pauvres. / Jack est très pauvre.
Les garçons sont bien matinaux. / Le garçon est bien matinal.
Le haricot est magique. / Les haricots sont magiques.
Mon mari est un ogre. / Ma femme est une ogresse.
Ma mère est surprise. / Mon père est surpris.
Je suis le toucan. / Nous sommes les toucans.
Je suis tout petit. / Nous sommes tout petits
Je suis un animal bizarre. / Nous sommes des animaux bizarres.
Je suis un poisson carnivore. / Nous sommes des poissons carnivores.
Vers dix-huit ans, il devenait chevalier. / Vers dix-huit ans, ils devenaient chevaliers.
Les seigneurs étaient surtout des guerriers. / Le seigneur était surtout un guerrier.
La vie au château est monotone. / Les journées sont monotones.
La bibliothécaire est absente. / Les bibliothécaires sont absentes.
Je suis un voyageur. / Nous (les livres de géographie) sommes des voyageurs.
Nous (les cartes de géographie) sommes des voyageuses.
Le linge était bouillant. / L'eau était bouillante. / Les chocolats étaient bouillants.
Les crèmes étaient bouillantes.
Le linge était sec. / Le pantalon était sec. / La robe était sèche. / Les chemises étaient sèches.
Les ténèbres étaient de plus en plus épaisses. / La nuit était épaisse.
La fillette était terrifiée. / Les fillettes étaient terrifiées. / Le garçon était terrifié.
L'eau était claire. / Le liquide était clair.
Les eaux étaient claires. / Les liquides étaient clairs.
Elles sont toujours tristes. / Elle est toute triste.
Mes petites-filles sont de vraies citadines. / Ma petite-fille est une vraie citadine.
Elle est restée seule toute la journée. / Elles sont restées seules toute la journée.
La rivière est si belle et paisible ! / Le fleuve est si beau et paisible !

Groupe verbal 2

Pour bien enlever le savon, on battait le linge. / Pour bien enlever le savon, on le battait.
Au lavoir, dans l'eau glacée, les femmes rinçaient le linge.
Au lavoir, dans l'eau glacée, les femmes le rinçaient.

Dans la vitrine de la dernière baraque, elle voit une immense poupée.
Dans la vitrine de la dernière baraque, elle la voit.

Enfin elle quitte la baraque. / Enfin, elle la quitte.

Puis, les élèves percent trois trous dans le fond de trois bouteilles.
Puis, les élèves les percent dans le fond de trois bouteilles.

Dans la bouteille A, ils déposent une grille. / Dans la bouteille A, ils la déposent.

Après le piquenique, elles font la sieste dans l'herbe haute.
Après le piquenique, elles la font dans l'herbe haute.

La fillette portait le sac avec le piquenique. / La fillette le portait.

Soudain, elles ont croisé un troupeau de vaches. / Soudain, elles l'ont croisé.

Poil de Carotte agite ses bras dans l'eau. / Poil de Carotte les agite.

Le jeune garçon remue ses jambes sur le sable. / Le jeune garçon les remue sur le sable.

À ce moment-là, grand frère Félix appelle Poil de Carotte.
À ce moment-là, grand frère Félix l'appelle.

Deux heures avant, il avertira les habitants. / Deux heures avant, il les avertira.

Lors de ses promenades, Gulliver suivra les chemins. / Lors de ses promenades, Gulliver les suivra.

L'homme montagne obéira à l'Empereur. / L'homme montagne lui obéira.

Pour mesurer l'ile, Gulliver comptera ses pas. / Pour mesurer l'ile, Gulliver les comptera.

Sa très Haute Majesté propose un règlement à Gulliver.
Sa très Haute Majesté lui propose un règlement.
Sa très Haute Majesté le propose à Gulliver. / Sa très Haute Majesté le lui propose.

Groupes nominaux 1

le chimpanzé
ses pieds
des épines
des brindilles – une brindille
les insectes
une noix
ce singe
un ruisseau
Jack
Jack et John
leur mère – sa mère
le chemin
cette vache
notre vache – ma vache – votre vache – ta vache
ce haricot
une nuit
la géante
mon mari
un ogre
le buffet
l'araignée
chaque extrémité
le toucan – les toucans
mon corps – notre corps
ses habitants
leurs troupeaux
leur adversaire
vos papiers
un voyageur
la nuit
votre place
la direction
son voisin

Groupes nominaux 2

les fourmis rouges
l'outil idéal
une petite ferme
leur vieille vache
un vieil homme
le petit vieux
mon pauvre enfant
un grand bruit
une grosse araignée noire
une grosse boule
du ruban adhésif
le fil élastique
un bec coloré, très léger mais immense
un animal bizarre – des animaux bizarres
des animaux étranges
le château fort
de longs sièges
de hautes tours
des murs épais
un donjon central
les campagnes environnantes
un gros et grand livre
la vieille dame
le linge mouillé
l'eau glacée
la dernière baraque
une immense poupée
cette prodigieuse poupée
la belle robe rose
les beaux cheveux lisses

Groupes nominaux 3

le tronc de cet arbre
des pièces d'or
deux pattes de l'araignée
le dos de l'araignée
le corps de l'araignée
la tête de l'araignée
aucune région de la planète
une véritable forteresse en pierre
les livres de la bibliothèque
les Livres de Géographie
un voyageur de passage
le Livre de Nouvelles
la pierre du lavoir
un bac en bois
une rangée de boutiques
la sortie du village
un moulin en ruine
le journal de l'école
l'eau de la rivière
quel horrible mois de juillet
les livres aux pages jaunies
un bouquet de fleurs séchées
une boite avec des photos
un gros cahier d'écolier

Le verbe

- **Le verbe change avec la personne et avec le temps :**
  Il cherche. / Ils cherchent.
  Tu vois ce haricot. / Vous voyez ce haricot.
  Il pousse. / Hier, il a poussé. / Demain, il poussera.
  Jack et John obéissent. Jack obéit.

- **Le verbe est le noyau du groupe verbal prédicat :**

  sujet — **prédicat**
  Sur le chemin, [Jack] [rencontre un vieil homme].
  ↓ **verbe noyau du groupe verbal** (rencontre)

- **Le verbe, à la forme négative, est encadré par les mots de la négation :**
  Jack regarde la géante.
  Jack ne regarde pas la géante.

- **Le verbe a un infinitif :** *avoir - être - prendre - jouer - etc.*

- **Les verbes peuvent être classés en trois groupes suivant la terminaison de leur infinitif :**
  verbes en *-er* : *manger - pousser - trouver - chercher - etc.*
  verbes en *-ir* : *venir - obéir - franchir - etc.*
  verbes en *-dre* : *prendre - comprendre - entendre - vendre - etc.*
  verbes en *-re* : *faire - dire - lire - sourire - écrire - connaitre - etc.*
  verbes en *-oir* : *voir - pouvoir - vouloir - devoir - etc.*

- Les verbes ***être, avoir*** et ***aller*** sont des verbes dont la conjugaison est très irrégulière.

Le sujet

- **Le sujet indique de qui ou de quoi on parle dans une phrase :**
  De bon matin, Jack part au marché.

- **Le sujet commande l'accord du verbe :**
  Jack obéit. / Jack et John obéissent.

- **Le sujet peut être séparé du verbe par un mot ou un groupe de mots :**
  Jack, de bon matin, part au marché.
  Vous le plantez.

- **Le sujet peut être situé derrière le verbe :**
  Où vont Jack et John avec leur vache ?
  Tout à coup, devant eux, arrive une géante.

- **Le sujet peut être :**
  un groupe nominal : *le vieil homme – les chimpanzés*
  un nom propre : *Jack*
  un pronom personnel : *je – tu – il – elle – nous – vous – ils – elles*
  un autre pronom : *on – celui-ci*

Les compléments de phrase

- Dans une phrase, des mots ou groupes de mots peuvent être déplacés ou supprimés : ce sont des **compléments de phrase.**
  Sur le chemin, *Jack et John* *rencontrent un vieil homme*.
  Aussitôt, *il* *obéit*.

- Les **compléments de phrase** donnent des **renseignements supplémentaires** dans la phrase, ils ne sont pas obligatoires.

- Les **compléments de phrase** peut être :
  - un **groupe nominal** introduit ou non par une **préposition :**
    ***sur** le chemin – **pour** Halloween – **avec** des feuillages – **vers** dix-huit ans – le soir*
  - un **adverbe : *aussitôt*...**

Le groupe nominal

- Le **nom** est le mot principal du **groupe nominal.**
le chimpanzé – sa mère – cette vache – une nuit

Il y a des **noms communs :** *vache – nuit – chimpanzé*
et des **noms propres :** *Jack – John*

Les **noms propres** commencent par une **majuscule.** Ils désignent des êtres, des lieux uniques.

- Le **déterminant** accompagne le **nom.**

le – la – les – l'un – une – des – mon – ma – mes – ton – ta – tes – son – sa – ses – notre – votre – nos – vos – leur – leurs – ces – ce – cette – chaque

Le **déterminant** a le même **genre** (masculin ou féminin) et le même **nombre** (singulier ou pluriel) que le **nom** qu'il précède.

	masculin	féminin
singulier	***un** chimpanzé – **le** pied – **l'**ogre* ***ton** sac – **votre** sac – **leur** sac* ***ce** seau*	***la** vache – **une** noix – **l'**eau* ***ton** équerre – **ta** vache – **votre** vache – **leur** vache* ***cette** nuit*
pluriel	***les** seaux – **des** pieds* ***nos** sacs – **leurs** gants* ***ces** seaux*	***les** vaches – **des** brindilles* ***mes** mains – **leurs** mains* ***ces** feuilles*

- L'**adjectif** apporte des **précisions** sur le nom.
*un **grand** bruit – le linge **sale** – la **belle** robe **rose***

L'**adjectif** est situé **avant** ou **après** le nom.

L'**adjectif** prend le **genre** (masculin ou féminin) et le **nombre** (singulier ou pluriel) **du nom.**

- **masculin singulier >** *un bec coloré*
- **masculin pluriel >** *des becs colorés*
- **féminin singulier >** *une plume colorée*
- **féminin pluriel >** *des plumes colorées*

- Dans un groupe nominal, **un complément du nom apporte des précisions sur le nom principal :**
*l'eau **de la rivière** – une boite **avec des photos***

Le complément du nom est introduit par un petit mot : ***à** – **de** – **sans** – **en** – **au** – **aux** – **en** – **avec** – **pour***
un sac à main – une bouteille d'eau – un gâteau au chocolat – une soupe de légumes

L'attribut du sujet

- L'**attribut du sujet** fait partie du **groupe verbal.** Il **ne peut pas être supprimé.**
  Il est situé juste après le verbe *être* ou un autre verbe d'état :
  Le haricot ***semble*** *magique. Le haricot* ***parait*** *magique. Le haricot* ***reste*** *magique. Le haricot* ***a l'air*** *magique. Le haricot* ***devient*** *magique. Le haricot* ***demeure*** *magique.*

- L'**attribut du sujet** apporte des **précisions** sur le sujet. Il **s'accorde** avec le sujet.
  Le seau est ***lourd.*** *La cuve est* ***lourde.***
  Les seaux sont ***lourds.*** *Les cuves sont* ***lourdes.***

Le complément du verbe

- Le **complément du verbe** fait partie du groupe verbal (surligné dans les exemples).
Il ne peut être **ni supprimé ni placé en début de phrase :**

Dans la bouteille A, ils déposent une grille.

- **Le complément du verbe** peut être remplacé par un **pronom personnel :** *le – la – les – l' – leur – lui*

La fillette portait le sac avec le pique-nique. La fillette le portait.

Soudain, elles ont croisé un troupeau de vaches. Soudain, elles l'ont croisé.

Enfin, elle quitte la baraque. Enfin, elle la quitte.

Poil de Carotte agite ses bras dans l'eau. Poil de Carotte les agite.

L'homme montagne obéira à l'Empereur. L'homme montagne lui obéira.

Sa très Haute Majesté propose un règlement à Gulliver. Sa Majesté lui propose un règlement.

Sa très Haute Majesté le propose à Gulliver. Sa très Haute Majesté le lui propose.

Tableaux de conjugaison

PRÉSENT

TROUVER	NAGER	COMMENCER	DISTINGUER
je trouve tu trouves il, elle, on trouve nous trouvons vous trouvez ils, elles trouvent	je nage tu nages il, elle, on nage nous nageons vous nagez ils, elles nagent	je commence tu commences il, elle, on commence nous commençons vous commencez ils, elles commencent	je distingue tu distingues il, elle, on distingue nous distinguons vous distinguez ils, elles distinguent
ACHETER	**JETER**	**CHANCELER**	**APPELER**
j'achète tu achètes il, elle, on achète nous achetons vous achetez ils, elles achètent	je jette tu jettes il, elle, on jette nous jetons vous jetez ils, elles jettent	je chancèle tu chancèles il, elle, on chancèle nous chancelons vous chancelez ils, elles chancèlent	j'appelle tu appelles il, elle, on appelle nous appelons vous appelez ils, elles appellent
EMPLOYER	**ESSUYER**	**PAYER**	
j'emploie tu emploies il, elle, on emploie nous employons vous employez ils, elles emploient	j'essuie tu essuies il, elle, on essuie nous essuyons vous essuyez ils, elles essuient	je paie tu paies il, elle, on paie nous payons vous payez ils, elles payent	

ÊTRE	AVOIR	ALLER
je suis tu es il, elle, on est nous sommes vous êtes ils, elles sont	j'ai tu as il, elle, on a nous avons vous avez ils, elles ont	je vais tu vas il, elle, on va nous allons vous allez ils, elles vont

FAIRE	PRENDRE	VOIR	DIRE
je fais tu fais il, elle, on fait nous faisons vous faites ils, elles font	je prends tu prends il, elle, on prend nous prenons vous prenez ils, elles prennent	je vois tu vois il, elle, on voit nous voyons vous voyez ils, elles voient	je dis tu dis il, elle, on dit nous disons vous dites ils, elles disent
VOULOIR	**POUVOIR**	**VENIR**	**DEVOIR**
je veux tu veux il, elle, on veut nous voulons vous voulez ils, elles veulent	je peux tu peux il, elle, on peut nous pouvons vous pouvez ils, elles peuvent	je viens tu viens il, elle, on vient nous venons vous venez ils, elles viennent	je dois tu dois il, elle, on doit nous devons vous devez ils, elles doivent

IMPARFAIT

TROUVER je trouvais tu trouvais il, elle, on trouvait nous trouvions vous trouviez ils, elles trouvaient	**NAGER** je nageais tu nageais il, elle, on nageait nous nagions vous nagiez ils, elles nageaient	**COMMENCER** je commençais tu commençais il, elle, on commençait nous commencions vous commenciez ils, elles commençaient	**DISTINGUER** je distinguais tu distinguais il, elle, on distinguait nous distinguions vous distinguiez ils, elles distinguaient
ACHETER j'achetais tu achetais il, elle, on achetait nous achetions vous achetiez ils, elles achetaient	**JETER** je jetais tu jetais il, elle, on jetait nous jetions vous jetiez ils, elles jetaient	**CHANCELER** je chancelais tu chancelais il, elle, on chancelait nous chancelions vous chanceliez ils, elles chancelaient	**APPELER** j'appelais tu appelais il, elle, on appelait nous appelions vous appeliez ils, elles appelaient
EMPLOYER j'employais tu employais il, elle, on employait nous employions vous employiez ils, elles employaient	**ESSUYER** j'essuyais tu essuyais il, elle, on essuyait nous essuyions vous essuyiez ils, elles essuyaient	**PAYER** je payais tu payais il, elle, on payait nous payions vous payiez ils, elles payaient	

ÊTRE j'étais tu étais il, elle, on était nous étions vous étiez ils, elles étaient	**AVOIR** j'avais tu avais il, elle, on avait nous avions vous aviez ils, elles avaient	**ALLER** j'allais tu allais il, elle, on allait nous allions vous alliez ils, elles allaient

FAIRE je faisais tu faisais il, elle, on faisait nous faisions vous faisiez ils, elles faisaient	**PRENDRE** je prenais tu prenais il, elle, on prenait nous prenions vous preniez ils, elles prenaient	**VOIR** je voyais tu voyais il, elle, on voyait nous voyions vous voyiez ils, elles voyaient	**DIRE** je disais tu disais il, elle, on disait nous disions vous disiez ils, elles disaient
VOULOIR je voulais tu voulais il, elle, on voulait nous voulions vous vouliez ils, elles voulaient	**POUVOIR** je pouvais tu pouvais il, elle, on pouvait nous pouvions vous pouviez ils, elles pouvaient	**VENIR** je venais tu venais il, elle, on venait nous venions vous veniez ils, elles venaient	**DEVOIR** je devais tu devais il, elle, on devait nous devions vous deviez ils, elles devaient

PASSÉ COMPOSÉ

TROUVER	NAGER	COMMENCER	DISTINGUER
j'ai trouvé tu as trouvé il, elle, on a trouvé nous avons trouvé vous avez trouvé ils, elles ont trouvé	j'ai nagé tu as nagé il, elle, on a nagé nous avons nagé vous avez nagé ils, elles ont nagé	j'ai commencé tu as commencé il, elle, on a commencé nous avons commencé vous avez commencé ils, elles ont commencé	j'ai distingué tu as distingué il, elle, on a distingué nous avons distingué vous avez distingué ils, elles ont distingué

ACHETER	JETER	CHANCELER	APPELER
j'ai acheté tu as acheté il, elle, on a acheté nous avons acheté vous avez acheté ils, elles ont acheté	j'ai jeté tu as jeté il, elle, on a jeté nous avons jeté vous avez jeté ils, elles ont jeté	j'ai chancelé tu as chancelé il, elle, on a chancelé nous avons chancelé vous avez chancelé ils, elles ont chancelé	j'ai appelé tu as appelé il, elle, on a appelé nous avons appelé vous avez appelé ils, elles ont appelé
EMPLOYER j'ai employé tu as employé il, elle, on a employé nous avons employé vous avez employé ils, elles ont employé	**ESSUYER** j'ai essuyé tu as essuyé il, elle, on a essuyé nous avons essuyé vous avez essuyé ils, elles ont essuyé	**PAYER** j'ai payé tu as payé il, elle, on a payé nous avons payé vous avez payé ils, elles ont payé	**ÊTRE** j'ai été tu as été il, elle, on a été nous avons été vous avez été ils, elles ont été

FAIRE	PRENDRE	VOIR	DIRE
j'ai fait tu as fait il, elle, on a fait nous avons fait vous avez fait ils, elles ont fait	j'ai pris tu as pris il, elle, on a pris nous avons pris vous avez pris ils, elles ont pris	j'ai vu tu as vu il, elle, on a vu nous avons vu vous avez vu ils, elles ont vu	j'ai dit tu as dit il, elle, on a dit nous avons dit vous avez dit ils, elles ont dit
AVOIR j'ai eu tu as eu il, elle, on a eu nous avons eu vous avez eu ils, elles ont eu	**VOULOIR** j'ai voulu tu as voulu il, elle, on a voulu nous avons voulu vous avez voulu ils, elles ont voulu	**POUVOIR** j'ai pu tu as pu il, elle, on a plu nous avons pu vous avez pu ils, elles ont pu	**DEVOIR** j'ai dû tu as dû il, elle, on a dû nous avons dû vous avez dû ils, elles ont dû

ALLER	TOMBER	VENIR
je suis allé / allée tu es allé / allée il, on est allé elle est allée nous sommes allés / allées vous êtes allés / allées ils sont allés elles sont allées	je suis tombé / tombée tu es tombé / tombée il, on est tombé elle est tombée nous sommes tombés / tombées vous êtes tombés / tombées ils sont tombés elles sont tombées	je suis venu(e) tu es venu(e) il, on est venu elle est venue nous sommes venu(e)s vous êtes venu(e)s ils sont venus elles sont venues

FUTUR

TROUVER	JOUER	NAGER	COMMENCER
je trouverai tu trouveras il, elle, on trouvera nous trouverons vous trouverez ils, elles trouveront	je jouerai (e muet) tu joueras il, elle, on jouera nous jouerons vous jouerez ils, elles joueront	je nagerai tu nageras il, elle, on nagera nous nagerons vous nagerez ils, elles nageront	je commencerai tu commenceras il, elle, on commencera nous commencerons vous commencerez ils, elles commenceront

ÊTRE	AVOIR	ALLER
je serai tu seras il, elle, on sera nous serons vous serez ils, elles seront	j'aurai tu auras il, elle, on aura nous aurons vous aurez ils, elles auront	j'irai tu iras il, elle, on ira nous irons vous irez ils, elles iront

ACHETER	JETER	CHANCELER	APPELER
j'achèterai tu achèteras il, elle, on achètera nous achèterons vous achèterez ils, elles achèteront	je jetterai tu jetteras il, elle, on jettera nous jetterons vous jetterez ils, elles jetteront	je chancèlerai tu chancèleras il, elle, on chancèlera nous chancèlerons vous chancèlerez ils, elles chancèleront	j'appellerai tu appelleras il, elle, on appellera nous appellerons vous appellerez ils, elles appelleront
EMPLOYER	**ENVOYER**	**ESSUYER**	**PAYER**
j'emploierai tu emploieras il, elle, on emploiera nous emploierons vous emploierez ils, elles emploieront	j'enverrai tu enverras il, elle, on enverra nous enverrons vous enverrez ils, elles enverront	j'essuierai tu essuieras il, elle, on essuiera nous essuierons vous essuierez ils, elles essuieront	je paierai tu paieras il, elle, on paiera nous paierons vous paierez ils, elles paieront

FAIRE	PRENDRE	VOIR	DIRE
je ferai tu feras il, elle, on fera nous ferons vous ferez ils, elles feront	je prendrai tu prendras il, elle, on prendra nous prendrons vous prendrez ils, elles prendront	je verrai tu verras il, elle, on verra nous verrons vous verrez ils, elles verront	je dirai tu diras il, elle, on dira nous dirons vous direz ils, elles diront
VOULOIR	**POUVOIR**	**VENIR**	**DEVOIR**
je voudrai tu voudras il, elle, on voudra nous voudrons vous voudrez ils, elles voudront	je pourrai tu pourras il, elle, on pourra nous pourrons vous pourrez ils, elles pourront	je viendrai tu viendras il, elle, on viendra nous viendrons vous viendrez ils, elles viendront	je devrai tu devras il, elle, on devra nous devrons vous devrez ils, elles devront

PASSÉ SIMPLE

TROUVER	NAGER	COMMENCER	DISTINGUER
il, elle, on trouva ils, elles trouvèrent	il, elle, on nagea ils, elles nagèrent	il, elle, on commença ils, elles commencèrent	il, elle, on distingua ils, elles distinguèrent

ACHETER	JETER	CHANCELER	DISTINGUER
il, elle, on acheta ils, elles achetèrent	il, elle, on jeta ils, elles jetèrent	il, elle, on chancela ils, elles chancelèrent	il, elle, on appela ils, elles appelèrent
EMPLOYER	**ESSUYER**	**PAYER**	
il, elle, on emploie ils, elles employèrent	il, elle, on essuie ils, elles essuyèrent	il, elle, on paie ils, elles payèrent	

ÊTRE	AVOIR	ALLER
il, elle, on fut ils, elles furent	il, elle, on eut ils, elles eurent	il, elle, on alla ils, elles allèrent

FAIRE	PRENDRE	VOIR	DIRE
il, elle, on fit ils, elles firent	il, elle, on prit ils, elles prirent	il, elle, on vit ils, elles virent	il, elle, on dit ils, elles dirent
VOULOIR	**POUVOIR**	**VENIR**	**DEVOIR**
il, elle, on voulut ils, elles voulurent	il, elle, on put ils, elles purent	il, elle, on vint ils, elles vinrent	il, elle, on dut ils, elles durent

Impression & brochage sepec - France
N° d'impression : 06601160736 - Dépôt légal : juillet 2016
N° éditeur : 10228266

IMPRIM'VERT®